JN078360

IMMIGRANT
INTEGRATION
IN JAPAN
Current Status
and Challenges

日本の移民統合

全国調査から見る現況と障壁

永吉希久子 編

明石書店

はしがき

　2019 年の出入国管理法の改定は，日本社会に「移民」の受け入れをめぐる大きな議論を巻き起こした．2020 年からは新型コロナウイルスの感染が拡大し，国境を越えた人の移動が大幅に減少しているものの，少子高齢化を迎えている日本において，移民の存在が重要性を増していることは変わりない．総務省の「人口推計（2019 年）」によれば，2007 年以降日本社会は死亡者数が出生者数を上回る自然減の状態に転じており，減少幅も年々拡大している．減少していく人口を補うように，国内に暮らす外国籍者の人数は増加しており，その中で永住者の資格を持つ人も増えている（詳しくは**序章**）．繰り返し指摘されてきたように，日本社会はすでに移民受け入れ社会となっている．

　では，日本に暮らす移民たちは，ネイティブの日本人と比べて，どのような経済状況にいるのだろうか．もし不利な立場にいるとすれば，時間がたつにつれ，そうした不利は改善されているのだろうか．日本社会でどのような社会関係を作っており，日本社会に対してどのような考えをもっているのだろうか．これらの「移民の統合」をめぐる問いに答えることが，本書の目的である．

　移民受け入れの長い歴史をもつ欧米諸国では，上記の問いは移民そのものを研究の焦点とする狭い意味での移民研究の範疇にとどまらず，階層研究，社会関係研究など，幅広い分野の中で扱われてきた．これに対し，日本の社会学の多くの領域では移民の存在は視野に入っていなかった．本書の執筆者の多くは階層研究を研究の土台としており，本書でも階層研究の枠組みを用いつつ，移民の生活状況を検証している．これにより，日本の階層構造の中に移民を位置付けることも，本書の目的となる．

　執筆者のほとんどが計量研究を専門としているために，統計的な手法になじみがない読者にとって，とっつきにくい部分もあるかもしれない．しかし，文章だけを読んでも結果が伝わるように書くことを心がけたため，広く移民に関わるテーマに関心がある研究者や大学生，社会人の方々に読んで頂ければ幸い

である．また，階層研究者にも興味を持って頂ける内容となっていると思う．

本書は科学研究費補助金（若手研究 A「外国籍者の階層的地位に関する実証的研究」16H05954）の助成を受けた研究の成果である．その中心をなすのは，同研究プロジェクトの一環として 2018 年に筆者らが実施した在日外国籍住民に対する社会調査「くらしと仕事に関する外国籍市民調査」（ILW 調査）のデータ分析である．詳しい説明は**序章**および**補論**を参照頂きたいが，無作為抽出による外国籍者に対する調査は新しい試みであることもあり，実施の過程は試行錯誤の連続であった．対象者の方々の母語に対応した調査票をすべて用意できないなど，様々な課題が残された調査であったにもかかわらず，多くの方が回答してくださった．英語の調査票にローマ字や母語を混じえながら回答してくださった方もおられ，この調査を通じて声を届けようとしてくださった対象者の方々の思いを強く感じた．忙しい生活の中で，調査にご協力頂いた皆様には心からお礼を申し上げたい．

本書は上記の調査データを用いた研究の第一歩にすぎない．同調査データは東京大学社会科学研究所付属社会調査・データアーカイブ研究センターの SSJ データアーカイブ（Social Science Japan Data Archive）に寄託予定である．多くの方に利用頂き，調査にご協力頂いた方々のご厚意に応えられるだけの知見が積み上げられ，日本において「移民の統合」の障壁を取り除くために何が必要なのかについて，議論がさらに発展していくことを期待している．

本書の分析を進める過程で多くの方々に有益なコメントを頂き，研究を発展させることができた．お一人お一人の名前を挙げることはできないが，感謝申し上げたい．また，本調査を実施する過程においては，東京大学の白波瀬佐和子先生を中心とした「日本のくらしと仕事に関する全国調査」に参加した経験が非常に役立った．貴重な機会を頂いたことを記してお礼申し上げる．最後に，調査の結果を書籍にまとめる機会をくださり，原稿の遅れや繰り返しの修正にもかかわらず，温かいサポートをくださった明石書店の上田哲平さんに感謝申し上げたい．

2021 年 4 月 25 日

編者　永吉　希久子

目　次

第3部　移民の心理的統合

日本の移民統合

全国調査から見る現況と障壁

移民の統合を考える

永吉　希久子

1　はじめに

　日本に居住する外国籍者は 1990 年の出入国管理及び難民認定法 (以下, 出入国
管理法) 改定を皮切りに急速に増加し, 2018 年末には 270 万人に達した (**図序 -1**).
1990 年以前, 国内に暮らす外国籍者の大多数は植民地主義体制のもとで, ある
いはその終焉後の混乱の中で, 日本に移住した旧植民地出身者とその子弟で
あった. しかし出入国管理法の改定によって, いわゆる「ニューカマー」と呼
ばれる, 新たな滞日外国人が増加していく. **図序 -1** からわかるように, 特に顕
著な拡大を見せているのは永住者である. 1992 年から 2018 年にかけて, 特別永
住者の人口が 59 万人から 32 万人まで 45.5％の減少を見せているのに対し, 永
住者の人口は 4 万 5,000 人から 77 万人と 17 倍に増加している. つまり, ニュー
カマーとして来日し, 永住資格を取る人が増えつつある. 他方で, 技術・人文
知識・国際業務, 留学, 技能実習などの在留資格で滞在する人も顕著に増加し
ている. 「移民」の受け入れを行わないという建前とは別に, 実態としてニュー
カマー移民の定住化は進展しており, 滞日外国籍者の構成は旧植民地出身者を
中心としたものから, 労働や就学など, 多様な目的のもとで滞日する人が混在
する状況へと変化していっている.
　在留資格の構成の変化は, 国籍の構成の変化も伴っている (**図序 -2**). 1980 年

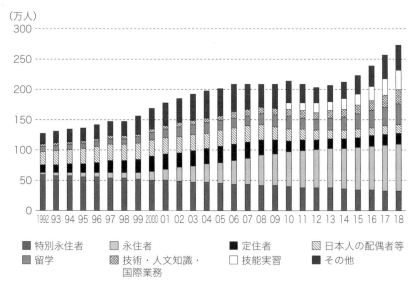

（万人）

図序-1　在留資格別外国籍人口の推移

注：「留学」は 2009 年まで「留学」と「就学」を合わせた人数を示している．また，「技能実習」は 2009
年まで「研修」と「特定活動（技能実習）」に分かれていたが，「特定活動」内の内訳が不明であったため，「そ
の他」に含めた．「技術・人文知識・国際業務」は 2014 年までは「技術」と「人文知識・国際業務」を合わ
せた人数を示している．
出所：2011 年までは「登録外国人統計」（法務省），2012 年以降は「在留外国人統計」（法務省）をもとに作成．

代前半までは国内に居住する外国籍者の 8 割が韓国・朝鮮籍であった．しかし，
2018 年にはその割合は 20％を下回っている．その一方で，1990 年代以降，中
国籍者，ブラジル籍者，フィリピン籍者の人数が増加し，中国籍者は 2007 年に
韓国・朝鮮籍者の人口を上回った．近年ではベトナム籍者の人口も増えている．
また，「その他」の割合の増加からわかるように，出身国の多様化も生じており，
1990 年時点では上位 5 か国の国籍者で 90％以上を占めていたが，2018 年では
その割合は 73.9％まで低下している．

　今日の日本における「移民」の定住化は，統合の進展を意味するのだろうか．
統合の進展が阻害されているとすれば，何が障壁となっているのだろうか．これ

1　1990 年については，国立社会保障・人口問題研究所の「人口統計資料集 2017 年改訂版」，
　2018 年については法務省による「在留外国人統計」をもとに算出した．

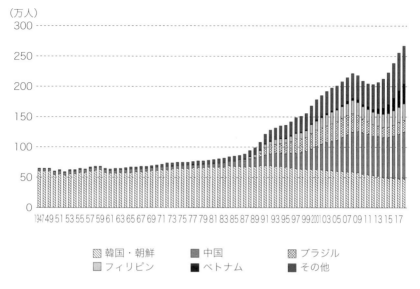

図序-2　国籍別外国籍者数の推移

出所：2011年までは「登録外国人統計」（法務省），2012年以降は「在留外国人統計」（法務省）をもとに作成．

らの問いに，実証的なデータ分析をもとに答えることが本書の目的である．すでに質的研究を中心に，特定の在留資格，地域，あるいは国籍の移民の社会統合について知見が積み上げられているが，移民の統合状況を俯瞰でとらえ，そこから統合メカニズムの全体像を描き出すような研究は十分に蓄積されていない．本書では，移民受け入れの長い歴史を持つ欧米諸国で発展してきた諸理論をベースとしつつ，計量的な分析手法によって，移民統合メカニズムとその障壁を明らかにする．

　また，これを通じて，階層研究に移民の存在を組み込むことも本書の目的となる．日本の階層研究は一部の例外的な研究を除き，日本国籍をもつ日本人男性のみを対象に発展してきた．日本の階層研究をけん引してきた「社会階層と

2　例外的な研究として，在日コリアン男性の階層移動を扱った金（1997），稲月（2002），ニューカマー移民の階層移動を扱った竹ノ下による一連の研究（2005, 2006），国勢調査データをもとに外国籍者の階級構成を検証した小内（2001）などが挙げられる．

社会移動全国調査」(SSM 調査) で女性が男性と同様に調査対象として含まれたのは 1985 年調査からである。そして，調査対象者を抽出するための台帳に外国籍者が含まれなかったこともその理由の 1 つであろうが，今日まで外国籍者は調査の対象となっておらず，対象者のエスニシティも調査されることはなかった。しかし，移民の受け入れの拡大もあり，こうした状況に警鐘を鳴らす研究者も少なくない (笹谷ほか編 2001; 佐藤 2008)。本書では，従来の階層論で見落とされてきた移民の存在を，日本の階層構造の中に位置付けたい。

　本書では，「移民」を，「生まれ育った国を離れ，自国以外の国（ここでは日本）で暮らしている人」を指す広い意味で用いる。「外国人労働者を受け入れる一方，移民政策はとらない」という日本政府の立場に見られるように，定住を前提として移住する人を指す概念として「移民」という語が用いられることも少なくない。[3] しかし，当初は定住を意図していなかった人が，受け入れ社会での子どもの誕生などを機に定住していくという例は多くの国で見られる (Castles and Miller 2009=2011)。したがって，移住の目的や当初の意図をもって移民を定義することは困難である。そこで，本書では OECD や国際連合にならい，このような定義を採用した(United Nations Department of Economic and Social Affairs 1998; OECD 2013)。本書の中心的な対象は他国で生まれ，調査時に日本で暮らしていた，移民第 1 世代にあたる人たちである。ただし，章によっては日本で生まれ育った移民の子どもたちも対象となり，その中には在日コリアンを中心に，親世代からすでに日本で生まれ育った，第 3 世代以降の人たちも含まれている。[4] また本書では，日本国籍者との比較を通じて，移民の社会統合の状況を検証している。日本国籍者の中には外国で生まれ育って帰化により日本国籍を取得した人も含まれており，国籍による二分法を用いることは妥当ではない。しかし，移民の置かれている状況の把握にマジョリティとの比較が必要であり，比較対象として使用す

3　実際には日本政府は「移民」を定義しているわけではなく，「移民政策」を「国民の人口に比して一定程度の規模の外国人及びその家族を期限を設けることなく受け入れることによって国家を維持していこうといった，いわゆる移民政策」と定義するにとどまる (2018 年 10 月 31 日，参議院本会議における安倍晋三首相の答弁)。

4　ここで在日コリアンとは，日本の植民地政策の影響のもとで戦前および戦後の混乱期に日本に移住した朝鮮半島出身者とその子弟を指す。

るデータの制約上，国籍を区分の基準とした．

　「統合」も多義的な概念であるが，一般に古典的な同化概念を乗り越えるものとして提示される[5]（e.g., Schneider and Crul 2010; Pfeffer 2014）．ただし，その特徴として指摘されてきた多次元性，変化の双方向性，受け入れ社会の状況の影響への着目という点（Entzinger and Biezeveld 2003; Ager and Strang 2008; Pfeffer 2014; Penninx and Garcés-Mascareñas 2016; Kemppainen et al. 2020）は，後述するように，同化概念を用いた議論でも言及されており[6]，統合は同化と重なる部分も多い．以上の点をふまえ，本書では移民の統合を「移民が日本社会の主要な制度に参加する過程」として定義し，社会経済的統合（教育，職業的地位，賃金の面での地位達成）と社会的統合（社会関係の形成），心理的統合（精神的な健康，日本への帰属意識，永住意図）の3つの次元からとらえる．同化について指摘されるように，社会的統合や心理的統合について，その進展を望ましいものとして扱うことは問題をはらんでいる．しかし，これらの側面における統合の検証を通じて，労働市場に限定されない，統合の障壁の存在を明らかにできると考え，これらの次元も対象とした．次章以降では先行研究での一般的な呼称に従い，「同化」という語を用いている場合もある．この際に含意しているのは，「ホスト社会住民に移民が似ていくことを自明なこととしたり，望ましいと見なす意味での古典的な同化概念」ではなく，統合と重なる現代的な同化概念である．

　筆者らが調査を実施して以降，日本は移民受け入れについて，大きな2つの転換点を迎えた．1つは2019年の改正出入国管理法の施行である．これにより，新たな在留資格である「特定技能」が創設された．これは，日本政府が維持してきた，専門的・技術的分野に限定した受け入れという建前を取り払い，「人手

5　ただし，古典的な同化理論が「マジョリティ文化への一方的な同化」を想定してきたとは必ずしも言えないことや，ヨーロッパで発展してきた統合概念の方がむしろマジョリティ社会の文化的同質性を前提としていることも指摘されている（Feldmeyer 2018; Schneider and Crul 2010; Loch 2014）．

6　本書では移民の文化変容については大きく扱わないため，双方向性については詳しく論じていないが，たとえばアルバとニーは文化変容を一方が他方に適合するということによってのみ生じるのではなく，「集団間の収束（convergence）」の過程から生じる結果と表現している（Alba and Nee 2003: 25）．

不足への対応」として「一定の専門性・技能を有し即戦力となる外国人」の受け入れを認めるものであった（法務省 2018）．ただし，十分な準備を経ないままに施行されたこともあり，特定技能の在留資格で滞日する人は 2020 年 6 月現在で 5,950 人にとどまっており，実際にこの方針転換が日本における移民の構成に大きな影響をもたらしたとは，少なくとも現時点では言えない．第 2 の転換点は，新型コロナウイルスの感染の世界的な拡大である．具体的な数値として調べられていないものの，飲食業や観光・宿泊業の経営状態の悪化，製造業における工場の休業は，多くの移民の失業を招いたと考えられる[7]．さらに，国境を越えた人の移動も制限された．この経験により，長期的に見れば，移民労働者の供給を前提とした産業のあり方も変化する可能性がある．

　このように，移民の受け入れをめぐる状況は，グローバルな経済状況や政治状況等に影響を受けて変化する．しかし，日本に暮らす移民の人数や，出身国，従事する産業の構成が変わったとしても，移民の統合が生じるメカニズムやその障壁自体が変化するとは限らない．本書の結果が示すように，移民の統合の障壁は社会の構造に深く根付き，容易に変化しない諸制度によって生み出されていると考えられる．そうであれば，本書で得られた知見は将来の移民の統合を考える上でも一定の有効性を持ちうるのではないだろうか．

2　移民の統合に関する諸理論

2.1　古典的同化理論

　前述のように，移民の「統合（integration）」は学術領域や政策領域で盛んに用いられる概念だが，必ずしも明確に定義されていない．それが何を指すのかについては，「同化（assimilation）」と関連付けて論じられることが多いが，その関連も論者によって異なる説明がなされている．いずれにせよ，移民の統合に関する研究は，移民の同化過程に関する理論を端緒として発展してきた．

7　生活困窮者向けに設置されている「自立相談支援機関」の一部の運営を担う 290 の各地区社会福祉協議会（社協）のうち 185 社協で，2020 年度上半期に寄せられた相談の 1 割以上が外国人によるものであったことが報じられている（読売新聞 2020 年 12 月 20 日朝刊記事）．

　移民の同化過程についての理論は，シカゴ学派の研究を皮切りとしている．
これらの研究では，移民は世代を経る中で，受け入れ社会と文化やアイデン
ティティを共有していき，両者の間に差異がなくなっていくと考えられていた
（Feldmeyer 2018）．たとえば古典的な同化理論の代表的な研究者といえるパークと
バージェスは，同化を「人や集団が，経験や歴史を共有することで他の個人や
集団の記憶や感情，態度を獲得し，共通の文化的生活に包摂されることによっ
て，相互に浸透し，融合する過程」と定義している（Park and Burgess［1921］1969:
735）．この同化の過程は，人種関係サイクル（race relations cycle）と呼ばれる．集
団間の交流は地位や承認をめぐる闘争（conflict）へと発展し，やがて支配－従属
関係なども含んだ形で一定の安定に達する（accommodation）．しかし，集団間の
交流が増えていく中で，こうした階層構造は徐々に崩れていき，集団間の差異
がなくなる同化（assimilation）の段階に至る．パークらは，移民に対する偏見な
どによって変化のスピードが遅くなることはあるとしながらも，このプロセス
を不可逆的で，避けがたいものとしてとらえていた（Park 1950: 150）．

　同じく古典的な同化理論の研究者であるゴードン（1963=2000）は，同化に関す
る様々な議論を体系化し，6つの型からなる多次元的なものとして整理した．第
1の型は文化変容であり，移民は言語や服装などを主流社会（コア社会）と適合
的なものに変化させる．第2の型は構造的同化であり，主流社会の教育や仕事
などの主要な制度，友人関係や団体などに移民が参加していくことを指す．第
3の型は集団間結婚（婚姻的同化），第4の型は主流社会のメンバーとしてのアイ
デンティティの共有（アイデンティティの同化）を指す．第5の型はネイティブ住
民の移民に対する偏見がなくなる態度受容的同化，第6の型は差別がなくなる
行動受容的同化である．そして第7の型として，移民とネイティブの間で闘争
が生じない市民的同化がある．この中でゴードンは同化の過程の要として構造
的同化を挙げ，「一旦構造的な同化が起これば，文化変容と同時にもしくはそ
のあとに続くかたちで，その他の型の同化も自然に実現されるだろう」（Gordon
1963=2000: 75）と述べる．ゴードンの分析ではアメリカ社会において構造的同化
は達成されているわけではなく，むしろ多くのエスニック集団が友人関係など
の親密な関係性を同じエスニック集団内（かつ同じ社会的地位を持つ集団の内部）に

とどめている．ゴードンはこうしたエスニック集団内での親密なつながりの維持を政府が介入すべきでないものとする一方で，第二次集団――雇用や教育などの公的な場――におけるエスニック集団間の分断状況を問題としている．

　シブタニとクワンは同化過程における，集団間の階層構造の形成，維持，解体に着目し，そこに影響する制度要因を論じている（Shibutani and Kwan 1965; Alba and Nee 2003）．集団間の階層構造は，フォーマル・インフォーマルな制度を通じて支えられ，維持される．シブタニとクワンは，これを変化させる可能性がある要因として，災害や戦争に加え，技術革新，人口変動，価値観の変化の 3 つを挙げる．ネイティブが優位な社会経済的地位を占め，移民がそこから締め出されている状態では，上昇移動の契機を見つけるのは難しい．技術革新は雇用者が必要とする労働力の種類を変える．移民はこうした新たに生じた労働需要に対して，賃金の相対的な低さによる，あるいは新しい技術の取得による競争優位性を獲得することによって，上昇移動のための道を開くことができる．あるいは，移民人口が増加し，規模が大きくなれば，その存在は無視できなくなる．また，教育等を通じて平等や民主主義の価値観を学ぶことや，世界の状況を知ることによって，移民自身が自分たちの置かれた状況を不公正だと認識するようになり，抵抗運動へと動機づけられる．このような，移民の経済的，政治的力の獲得や価値観の変化によって，集団間の階層構造は維持できなくなっていくと，シブタニとクワンは考えた．

　後の研究はこの構造的同化，特に社会経済的同化の程度に対する社会制度の影響という関心を引き継ぎつつ，個人属性（特に人的・経済的・社会関係資本）と制度の影響による移民内部での同化の程度の多様性の説明を行っていく．

2.2　移民の社会統合と社会制度

　移民の同化過程に関する理論の中で，今日まで大きな影響を与えているものとして，ポルテスとルンバウトによる分節化された同化理論（Segmented Assimilation Theory）と，アルバとニーによる新しい同化理論（New Assimilation Theory）が挙げられる．この 2 つのモデルは 1960 年代以降のアメリカ社会における移民の同化過程を対象としている．そのため，基盤とする理論こそ異なるものの，想定して

いる影響要因は類似している.

　分節化された同化理論は，移民の第 2 世代の社会経済的地位が，親世代の人的資本と家族構造に加え，移民を受け入れる社会環境（編入様式（mode of incorporation））によって規定されると説明する（Portes and Rumbaut 2001=2014）．親世代の人的資本が豊富であることによって，子どもはより良い教育を受けるための環境や情報を得られる．また，家族構造が安定的であれば，子どもに対して目が届きやすくなる．しかし，こうした親世代の資源が子どもの地位達成に影響する程度は，移民の置かれた受け入れ社会の環境に依存する．たとえ親が高い人的資本をもっていたとしても，差別によってそれに見合った社会経済的地位を得ることができなければ，子どもに良い教育を与えるのに十分な環境を提供することができない．政府が合法的な在留資格を認めるかどうかや，定住を促進するような支援を提供するかどうかも，移民の社会経済的地位に影響を与える.

　これらに加えて受け入れ社会の環境の中で重要な要素となるのが，エスニック・コミュニティの有無である．結束の強いエスニック・コミュニティはホスト社会で必要な情報（仕事や住居，買い物をする店など）を提供するとともに，親に代わって子どもたちを監督したり，外からの差別の防波堤になったりすることで，移民の子どもたちの地位達成をサポートすることができる．このようなエスニック・コミュニティの重要性は，親世代の人的資本が十分ではない移民において，より重要になると考えられる．ただし，エスニック・コミュニティが提供する情報はコミュニティ内部で保有しているものに限定されるため，同じエスニシティの移民以上の職業的地位の雇用につながるものではない.

　これらの要素をもとに，ポルテスとルンバウトは移民の同化の 3 つのルートを提示する．第 1 のルートは，豊富な人的資本と好意的な受け入れ環境によって，第 1 世代のうちに中流階級に到達するルートであり，このルートでは第 2 世代に十分な機会を提供することで，その地位を受け継ぐことが可能となる．また，親世代に豊富な資本があれば，居住国の言語の習得など，主流社会に文化的に適応しやすくなる．このため，居住国で生まれ育った子どもたちが，居住国の言語しか十分に話せなくとも，親子のコミュニケーションが維持され，監督しやすくなることも（協和型文化変容），第 2 世代の地位達成に寄与している．第 2

のルートは，親世代においては労働者階級の地位にとどまるものの，エスニック・コミュニティから提供される資源を利用することで，子どもの地位達成を可能とするルートである．このルートでは，エスニック・コミュニティが第2世代の母語能力や出身国の文化の維持に貢献するため，親世代が居住国に文化的に同化しなくとも，親子のコミュニケーションは維持される（選択型文化変容）．第3のルートは，親世代は労働者階級にとどまり，またエスニック・コミュニティの支援も得られなかったために，親と同じ地位を維持するか，あるいはアンダークラスへと下降移動を遂げるルートである．このルートでは，居住国に文化的に同化できない親世代と，急速に同化していく子世代の間でコミュニケーションの断絶，あるいは親子の役割の逆転が生じ，親の監督がきかなくなる（不協和型文化変容）．上昇移動の可能性を感じることができず，社会から排除されていると感じる中で，移民第2世代は逸脱的な文化に引きつけられ，アンダークラスへと同化する．このように，分節化された同化理論は主流社会の中の階層構造に注目することにより，同じ主流社会への「同化」の多様性をとらえている．

　分節化された同化理論は，1960年代以降の移民が置かれたアメリカの社会の特徴を背景としている（Portes and Rumbaut 2001=2014: 114-121）．具体的には，根強く存在する人種差別，脱工業化とそれに伴う労働市場の二極化，そして，インナーシティにおけるギャングの存在や麻薬文化といった逸脱的なライフスタイルの存在である．人種差別は人種的マイノリティの移民の子どもの地位達成の障害となる．労働市場の二極化は，低技能職の雇用の質を悪化させるとともに，職業経験を積むことによって到達可能な，中程度の技能の職の雇用機会を減らした．つまり，移民が労働者階級から上昇移動を果たすための経路を狭めたことになる．また，逸脱的なライフスタイルの存在は，差別に直面し，将来へのアスピレーションがもてない移民の子どもの下降移動を促す要因となる．

　新しい同化理論もまた，移民第1世代の保有する資本と取り巻く制度から，移民の多様な同化過程を説明しようとする（Alba and Nee 2003）．新しい同化理論は新制度学派の理論に基礎を置き，行為者の合理的選択とそれを制約するものとして制度の影響に着目する．この理論によれば，移民は自分のもつ資本の形態

（人的資本，経済資本，社会関係資本）と自分自身を取り巻く制度の状況から割り出される将来の見通しをもとに，少なくとも一定程度は意識的に同化の程度を選択する．たとえば豊富な人的資本や経済資本を持つ専門職移民は，受け入れ国で中流階級の生活を送るために，ネイティブが多く暮らす地域に住み，子どもに良い教育を受けさせようとする．つまり，戦略的に主流社会への同化を選択する．これに対して，人的資本や経済資本をもたない労働移民の場合，同じエスニック集団との社会関係資本に依存せざるをえない．この場合，主流社会に同化するかの選択は，エスニック集団の集合的な戦略によって決まる．

　移民が自分たちの上昇移動の可能性をどのように見積もるかは，制度によって制約を受けている．アルバとニーは特に重要な制度として，憲法上の基本的権利のエスニック・マイノリティへの適用，高等教育の拡大と産業構造の変化，価値観の変化を挙げる．基本的権利の付与と価値観の変化は，差別のコストを高めることで，エスニック・マイノリティの構造的同化の道を確かなものにする．差別の抑制は社会経済的な上昇移動だけでなく，空間的分離や社会的分離の解消にもつながる．差別が広がっている場合，たとえそこに住むのに十分な経済力を持っていても，マジョリティの集住するエリアや社会関係から締め出されるからだ（Alba and Nee 2003: 275）．また，職業構造の変化と，専門・技術職の労働者養成のための高等教育の拡大は，移民が社会経済的な上昇移動を果たすためのスペースを労働市場に開く意味をもつ（Alba and Nee 2003: 56）．

　このように，新しい同化理論は移民集団間の同化の程度に多様性を生じさせる要因として，エスニック・コミュニティよりも，親世代の資本の差と根強く残る人種差別を重視している．分節化された同化理論の中でも指摘されているように，エスニック・コミュニティの提供する雇用は必ずしも上昇移動を可能にするものではなく，親世代の資本の差が，子ども世代にも格差として持続する．ただし，アルバらは分節化された同化理論で想定されていた第2世代の下降移動はほとんど生じておらず，むしろ総じて第2世代は第1世代よりも教育達成の面でも職業的地位の面でも向上していたことを指摘する（Farley and Alba 2002）．他方で，社会関係や居住地における同化には一定の制約が見られ，アジア系や「肌の色の薄い（light-skinned）」中南米移民においては確認される一方，西インド

移民やその他の中南米移民では集団間結婚の割合は低いままであり，非ヒスパニックの白人の割合の高い居住地には居住しにくい傾向が見られた（Alba and Nee 2003）．

　以上のように，移民の同化過程についての研究は，多次元的なものとして同化をとらえ，特に社会構造的な面での同化に焦点を合わせた形で発展してきた．そして，移民第1世代の保有する人的・経済的・社会関係資本の量と，移民制度，エスニック・コミュニティ，差別の程度，産業構造などの受け入れ社会のフォーマル・インフォーマルな制度の影響によって，社会構造的な面での同化の程度に多様性が生まれていることを明らかにしている．本書は移民第1世代の統合を対象とするため，数世代を経た同化の過程を対象とするこれらの理論とはタイムスパンが異なる．しかし，個人の資本と制度の影響から移民の統合の多様性を分析する枠組みは，移民第1世代の統合を説明する上でも有効であると考えられる．そこで，本書もこの分析枠組みを引き継ぎ，個人の資本と制度の影響に注目した上で，日本における移民の統合に影響を与える要因を検証する．

2.3　日本の移民統合に関する研究

　日本ではデータの不足もあり，新しい同化理論や分節化された同化理論のように，国内の移民の統合状況を出身国や在留資格を超えて，網羅的かつ多次元的に把握する研究は行われてこなかった．しかし，特定の地域や在留資格，出身国の移民の統合状況をつぶさに記述するような研究は数多く存在する．これらは大まかにいって，在日コリアンの社会統合に関する研究，地域における社会的統合を中心的に扱う都市社会学やコミュニティ研究，労働市場の構造と移民制度の社会経済的，社会的統合への影響に着目した労働社会学研究に分けられる．

　在日コリアンの社会統合については，社会経済的，社会的，心理的次元にわたって，統合の状況と影響を与える要因が検証されてきた（たとえば，福岡 1993; 福岡・金 1997; 金・稲月 2000; 谷編 2002）．代表的な研究として，谷富夫らの研究チームによる大阪市生野区を対象とした研究が挙げられる（谷編 2002）．この研究では，

インタビューによる「世代間生活史調査」や在日韓国人男性に対する質問紙調査，日本人住民に対する質問紙調査などの手法を組み合わせ，日本人と在日コリアンの民族関係を分析している．特に在日コリアンが自らの民族性を顕在化させながら，日本人と在日コリアンの間に協働関係が形成されている「顕在－結合」型の民族関係の形成要因を探求している．しかし，その射程は社会的統合の側面にとどまらず，本書の言葉で言えば社会経済的統合や心理的統合の側面，在日コリアンの民族文化の継承などにも広がっている．その意味で，在日コリアンという１つの民族集団に限定されているとはいえ，体系的に移民の社会統合を検証した先駆的な研究といえるだろう．そこから得られた知見は多岐にわたるが，本書の課題と関わりの深い点として次の２点が挙げられる．第１に，在日コリアンは，日本社会の構造的な差別の結果として大企業や官公庁への就職を通じた地位達成が困難である中で，自力主義や家族・同胞ネットワークでの支え合いにより，中小企業マニュアル・ノンマニュアル職から自営業というルートでの地位達成を果たす傾向にあった．ただし，仕事関係の情報を得る手段として，日本人とのネットワークが地位達成に必要となっていることも指摘されている．第２に，日本人との結合関係は，「社会構造＝生活構造の中で「民族」役割以外のさまざまな地位－役割に基づく協働関係（symbiosis）を迂回路として，その過程で互いの民族性を尊重しながら共同関係（conviviality）を形成する」（谷編 2002: 721, 傍点原文）〈バイパス結合〉によって形成されていた．そして，このようなバイパス結合が発生する条件の１つとして，混住化が挙げられた．混住化とは異なる民族がそれぞれ一定の人口規模で存在することを意味し，これによって個々の民族が各々の下位文化を表出できるだけでなく，お互いのことをよく知り，偏見を低下させていくことができると谷は指摘している．

　ニューカマー移民の社会統合をいち早く検証した研究として，奥田道大と田嶋淳子らによる東京インナーエリアでの調査が挙げられる（奥田・田嶋編 1991, 1993; 奥田編 1995）．奥田らはアメリカにおけるコミュニティ研究の流れを引き継ぎ，大都市の構造転換を背景として，個々のコミュニティが歴史的に形成してきた基盤の上で，移民と日本人とがどのような関係性を形成しているのかを分析している．たとえば，奥田は新宿や池袋が 1960 年代まで国内地方出身者の受

け入れを行ってきた歴史を持つことをふまえ，これらの地域に「さまざまな意味での異質性・多様性を認め合って，相互に折り合いながらともに自覚的，意志的に築く，洗練された新しい共同生活の規範，様式」が存在することを指摘する（奥田 1995: 31）．そして，このような「都市共生の作法」を基盤としつつ，国内労働者の流入の停止によって生じた穴を埋める形でアジア系移住者の受け入れが生じ，日本人と移民との「事実としての住み合い」が生じていたと分析している（奥田 1995: 31）．このような結論の妥当性に対しては批判があるものの[8]，個々のコミュニティの産業構造，住民の人口構成，歴史的に形成されてきた住民間の関係性のあり方などの特性をふまえつつ，そこでの社会関係を詳述する研究視座は今日まで多くの研究に引き継がれている（たとえば，小内・酒井編 2001; 徳田ほか 2016）．

　都市社会学研究では，コミュニティに焦点を合わせる一方，国家や市場という側面は相対的に後景に退く．これに対し，国家や市場が移民の社会統合に与える影響を明示的に検証した研究の代表として，梶田孝道や丹野清人，樋口直人らによる南米移民についての研究が挙げられる（梶田ほか 2005; 丹野 2007）．梶田ほか（2005）では，社会経済的な地位，日本人／移民どうしの社会関係，滞日見通し，子どもの教育など，多次元的な統合に対し，移民制度や労働市場の二重構造などの制度が与える影響を活写する[9]．梶田らによれば，日系移民は，出入国管理法の改定により相対的に制約の少ない形での滞日が可能となったこと，フレキシブルな労働力を必要とする企業のニーズ，それを反映した形で形成された，市場媒介型の移住システムなどの影響の中で，二重労働市場の不安定雇用層を埋める労働力の供給源となった．不安定雇用での就労は，頻繁な地域移動や長時間の非典型的なスケジュールでの就労，派遣会社による生活管理を促

8　たとえば西澤（1997）はこうしたコミュニティ観が，コミュニティに内部化可能な側面においてのみ外国人住民を見ることにつながっていることを，樋口（2010）は国家と市場という側面が見落とされていることを指摘している．

9　梶田らも「統合」という語を用いているが，そこでの定義は「異なるエスニック集団が，社会文化的領域で集団の境界と独自性を維持しつつ，政治経済的領域での平等を可能にすること」（梶田ほか 2005: 298）とされており，社会領域での参加を統合の一側面とする一方で，文化領域については考慮しない本書の定義とは異なっている．

し，地域での日本人住民とのネットワーク形成は困難になる．これらの研究は，国家や市場といったマクロ要因と，移住システムに関わる請負業者などのメゾレベル要因，それらを構造的な制約かつ誘因とした移民の適応行動の結果として，移民の社会統合のあり方が規定されていることを示している．同様の視点を持った研究として，技能実習制度を扱った上林千恵子の研究などが挙げられる（上林 2015）．

　これら 3 つの研究群には膨大な蓄積があり，個別の地域や出身国，在留資格等によってカテゴライズされた個々の移民グループの社会統合について詳細な説明が行われてきた．他方で，これらの多様な移民グループを俯瞰でとらえ，社会統合の状況の差を共通の枠組みで説明しようとするような試みは十分に行われてこなかった[10]．これは言い換えれば，日本において，移民の社会統合は地域の経てきた歴史や移民制度など，個々の地域や移民グループに特有の影響要因を主として説明されてきたことを意味する．そこで得られた知見の重要性は言を俟たない．しかし，個々の移民グループ，地域のディティールの重視が，結果的に，それを超えて移民の統合を論じる枠組みを持ちにくくしてきた可能性もある．

　移民研究と階層研究の接合は，移民グループを超えて共通したモデルをもとに移民の統合を分析することで，移民の統合状況とそれに対する制度の影響を明らかにする，1 つの方向性を示している．前述した在日コリアンの社会経済的地位達成の特徴に関する知見——自営業を通じた地位達成——は，日本国籍者と同様の地位達成モデルを在日コリアンに適用した上で，両者の比較から見出されたものだ（金 1997; 稲月 2002）．この分析は，たとえば在日コリアンの職業的地位達成における教育達成の効果の，日本人と比した弱さを明らかにすることにより，高い学歴を職業的地位につなげられないという形で，在日コリアンに対する差別の統合への影響を示している．ニューカマー移民についても，国勢調査データをはじめとした公的統計や独自に実施した量的調査データを利用することにより，社会経済的統合の状況や，その規定要因を探るような研究が

---

10 例外的な研究として，樋口らによる自営業についての移民グループ間の比較研究が挙げられる（樋口編 2012）．

行われつつある．たとえば是川夕は国勢調査データの分析を通じ，移民の職業的地位達成の程度とその規定要因について分析を行っている（是川 2019）．その結果，移民男性については入国直後には同程度の人的資本を有する日本人よりも低い職業的地位達成しか示さないものの，その後滞日が長期化することによって上昇移動を経験していることを明らかにした．ただし，上昇移動の程度は多くの場合日本人を上回るものではなく，格差は維持されていた．従来の研究では上昇移動の困難が指摘されているブラジル人についても，滞日の長期化によって職業的地位の上昇が見られる一方で，比較対象となった日本人や中国人との間には大きな差が残された．このような結果は，日系南米人の研究で得られた知見の妥当性を裏付けるものであるが，それにとどまらず，日本人や中国人との比較によってその労働市場の位置の特殊性を示している．ただし，社会階層研究の枠組みを導入した研究では，社会統合の中でも社会経済的統合の次元のみが扱われることが多く，その他の次元での統合については十分に検証されていない．また，国勢調査は移民の統合状況を把握するために行われている調査ではないため，言語能力や日本での人間関係などが把握できず，統合状況やそこに至るメカニズムの分析には十分でない．他方で独自に実施された調査では，特定の地域や国籍，在留資格の人のみが対象とされることが多く，日本全体の状況をとらえることは困難である．

　本書は日本全国を対象に実施した独自の社会調査データをもとに，移民の社会経済的・社会的・心理的統合の状況とその規定要因について検証することにより，この点を乗り越えたい．

3　日本における移民の受け入れ環境

　次章以降の各章では，個人のもつ資本や制度が統合の過程に与える影響について，より詳細な検討を行う．本節ではその前段階として，制度要因にあたる，日本における移民の受け入れ環境の状況を，出入国管理制度，労働市場の構造，受け入れ社会の態度，エスニック・コミュニティに焦点を絞って確認する．

3.1　出入国管理制度

前節で見たように，政府からの統合のための支援は移民の社会統合に影響を
与えることが指摘されている．日本政府は第三国定住や認定を受けた難民に対
して，日本語教育や就労支援などがパッケージとなった包括的な統合プログラ
ムを提供する一方，他の移民に対しては積極的な支援政策を打ち出していない[11]．
2006年に一部の先進的な自治体の取り組みを取りまとめる形で「地域における
多文化共生推進プラン」を提出したものの，提案された施策は多言語での情報
提供を中心としたものにとどまっていた．ただし，一部の移民の集住地域にお
いては移民自身の声を施策に取り入れるための仕組みなども整えられ，より進
んだ統合支援策が実施されている（Pak 2000; Kashiwazaki 2003）．これは言い換えれ
ば自治体によって支援政策の程度に差があることを意味する．2018年に実施さ
れた調査では，比較的実施率の高い日本語学習支援であっても，実施している
自治体は44.7％にとどまっていた（若山ほか 2018）．2018年に政府は特定技能制
度の創設などを含む出入国管理法の改定をふまえ，「外国人材の受入れ・共生の
ための総合的対応策」を提出，日本語教育の充実，職業訓練や再就職支援の実
施を施策として盛り込むなど，少しずつではあるが統合政策の整備に向けて進
みつつある．しかし，経済的支援がない中での日本語学習や職業訓練は受講に
時間的・経済的余裕が必要となるため，そうした余裕のない人にとって有効な
制度とはならない可能性もある（樋口 2019）．

政府の施策が移民の統合に影響を与えるのは，直接的な統合政策を通じての
みではない．髙谷（2019）が指摘するように，日本は出入国管理政策を通じて移
民がどのような形で入国するかを方向付けし，その生活に影響を与えてきた[12]．

11　難民のための定住支援については，難民対策連絡調整会議（2014）に詳しい．

12　利用できる社会保障制度にも，在留資格によって違いがある．1979年の国際人権規約への
　　批准，1982年の難民条約への加入によって，社会保障制度の多くから国籍条項が撤廃され
　　た．しかし「最後のセーフティネット」といえる生活保護制度については，在留資格によっ
　　て利用可能性が異なり，「活動に制限を受けない在留資格を有する者」すなわち身分または
　　地位にもとづく在留資格をもつ人に限定されている．ただし，身分または地位にもとづく
　　在留資格を持つ人であっても，許可が下りなくとも異議申し立てのできない「準用」とし
　　て認められているにすぎない点には注意が必要である．

日本の在留資格は大きくいって「身分または地位にもとづく在留資格」と「活動にもとづく在留資格」に分けられる．前者は永住者や定住者，日本人の配偶者等，永住者の配偶者等の在留資格を指し，日系3世，日本人の配偶者などの「身分または地位」にもとづき，日本での在留が認められている．したがって，就労する場合に職種や労働時間などの制限はない．また，在留資格の取得に際して，職業資格や学歴等が求められるものでもない．これに対し，活動にもとづく在留資格は就労や留学など，日本で行う活動に紐づけられた在留資格である．この場合，日本で滞在中に行うことのできる活動に制限がある．たとえば仕事に関わる在留資格であれば，教育なら教育職，介護であれば介護職など，就ける職業に制限がある．また，留学であれば就労できる時間に制限がある．さらに，日本に移住する時点ですでに雇用契約を結んでいたり，入学を認められていたりしなければならないし，就労に関わる資格であればその職に就ける能力があることを証明する必要もある．したがって，仕事に関する在留資格であれば，職業が保有する人的資本とある程度は見合ったものになるのに対し，身分・地位に関する在留資格であればそうした関連は弱まる可能性があり，留学などの在留資格であれば人的資本によらず短時間労働での就労が促されるだろう．このように出入国管理制度は，移民の保有する資本と日本での活動の結びつきに影響を与えることにより，移民の統合に影響を与えている．

　さらに，出入国管理制度は移民の家族の受け入れを許可／制限することを通じても，移民の統合に影響を与えていると考えられる．移民の定住の過程において，受け入れ社会での家族の形成，あるいは受け入れ社会への家族の呼び寄せは重要な意味を持つ．これによって，生活の拠点が受け入れ社会に移行するからだ（梶田1994）．特に，子どもが受け入れ社会で成長し，社会化されていくと，なじみのない母国よりも受け入れ社会で暮らすことを希望するようになり，定住を選択する大きな理由となる．また，同居する家族が就労資格を持っていれば，職を失った場合のセーフティネットとしても機能する．配偶者と未成年の子どもの呼び寄せに関しては，技能実習などの在留資格を除き，原則として[13]

13　特定活動1号も家族の呼び寄せは認められていない．

認められている．しかし活動に制限のない在留資格での家族の呼び寄せは，永住者や定住者など身分または地位としての在留資格を持つ人に認められており，活動にもとづく在留資格の場合には就労に制限のある資格での在留になる．また，明確な基準は設けられていないものの，生計を維持するのに必要な経済力があることも求められている（近藤2004）．こうした制限がある場合，社会経済的な統合が，受け入れ社会での家族との生活を通じた社会的・心理的な統合の前提として必要になる．

3.2　労働市場の構造

在日コリアン第1世代，第2世代は自営業を通じて社会経済的な地位の上昇を果たしたことが指摘されている（稲月2002; 韓2012）．これを可能とした要因として，**3.4**で詳述するエスニック・コミュニティに加えて，当時の日本の労働市場の構造が挙げられる（福本2004; 韓2012）．当時の日本は近代工業化の進展の過程にあり，初期投資の少ない軽工業分野での新規参入のチャンスが豊富にあった．これは移住当初に資源を持たない移民の起業を促す重要な要素である．**図序-3**に示したように，日本全体で見ても，1953年時点では非農林業の就業者に占める自営業者の割合は30％を超えていた．

しかし，こうした少ない初期投資での新規参入のチャンスが，今日も豊富に存在するとはいえない．**図序-3**を見ると，その後自営業の割合は急速に低下していき，2010年には1割を下回っている．この自営業率の低下が生じる一方で，非正規雇用の増加が生じている（**図序-4**）．

自営業割合の低下は，移民が自営業に参入する雇用機会が開いている（樋口2012）と見ることもできるが，ニューカマー移民の自営業への参入は限定的であり，実際に生じたのは移民労働者の非正規雇用への大規模な参入であった．ニューカマー移民の受け入れが行われた1980年代以降の時期は，労働者の不足を経験した時期だが，その際に拡大していたのは正規雇用としての労働力需要ではなく，非正規雇用の需要であった．Kambayashi and Kato（2016）によれば，正社員数は1980年代からほとんど変化していない．この結果をふまえつつ，神林は1980年代以降の労働市場の特徴について，「着々と縮小する自営業

図序-3　非農林業就業者に占める自営業割合

注：家族従業者を含む．2011年は東日本大震災の影響により調査が実施されていない．
出所：厚生労働省『労働力調査』．

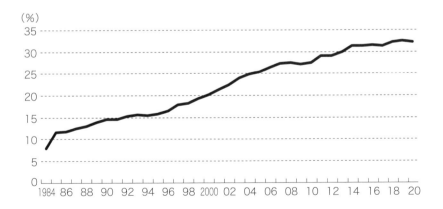

図序-4　就業者に占める非正規雇用割合

注：2001年までは2月現在，2002年以降は1〜3月の平均を用いている．2011年は国勢調査から補完している．
出所：厚生労働省『労働力調査（長期時系列データ）』．

セクターを吸収しながら労働市場が持続的に拡大」した点を挙げ，「その拡大した部分を非正社員が担った」と述べている（神林 2016: 5）．フレキシブルな労働力に対する需要は，低技能職においてのみ広がっているわけではない．村田（2010: 77）はインド系 IT エンジニアの国際派遣業についての分析から，「ジャストインタイムの労働力供給」が高技能職でも活用されていることを明らかにしている．就業構造基本調査で見た場合でも，専門・技術職内の非正規雇用割合は増加しており，2017 年には 20％に上っている．

　非正規雇用の増加はしばしば二重労働市場と関連付けて論じられる（玄田 2008, 2011）．二重労働市場論によれば，労働市場は安定的な雇用と昇進や昇給の可能性，OJT を通じた職業能力開発の機会の提供によって特徴づけられる第一次労働市場と，そのどれもが提供されない第二次労働市場に分かれる（Piore 1978）．職業能力開発の機会が提供されない第二次労働市場で長年働くことは職業能力の蓄積につながらず，第二次労働市場から第一次労働市場に移動することは困難になる．特に，日本では第一次労働市場への参入経路が新卒一括採用を中心としており，その他の機会は限定的である．つまり，1960 年代のアメリカ社会をもとにした同化理論の背景と同様，日本においても移民の社会経済的上昇移動の経路は狭まっている可能性がある．ただし，非正規雇用の基幹化が進む中で，正規雇用／非正規雇用の分断は第一次労働市場／第二次労働市場の区分に必ずしも一致せず，非正規雇用であっても同一企業での継続的な就労によって賃金が高まる傾向にあることを示す研究もある（玄田 2008）．同様の知見は移民についての研究でも指摘されており，非正規雇用であっても同一職種での就労を続けることでスキルを向上させ，正規就労を可能とした例や職業的地位を向上させた例が指摘されている（鈴木 2009, 2018）．

3.3　受け入れ社会の態度
　移民の統合は受け入れ社会が彼らに対してどのような態度を示すかによっても異なる．強い偏見が向けられると，ネイティブ住民と社会関係を作ったり，受け入れ社会に愛着を持ったりすることは難しくなるだろう（Ager and Strang 2008）．また，そうした偏見が差別の形をとれば，職を得ることも困難になる．

日本は国際人権規約や人種差別撤廃条約に批准しており，憲法でも差別は禁止されている．しかし，直接的に差別を禁止する法律の制定には至っていない．2016年にはヘイトスピーチ規制法や部落差別解消法が成立したが，ともに罰則規定を持たない，啓発的な内容にとどまる．2019年に川崎市でヘイトスピーチに対し罰則を課す「川崎市差別のない人権尊重のまちづくり条例」が施行されたのが，唯一の取り組みといえるだろう．2016年に37市区に居住する外国籍者を対象に実施した調査では，家を探した人の40％程度の人が住宅差別を，職を探した人の25％が就職差別を経験していた（人権教育啓発推進センター 2017）．つまり，差別を禁止する十分な法整備が進まない一方で，少なくない割合の外国籍者が，日本で差別を経験している．

　日本人の移民に対する態度は，移民の出身国によって異なり，欧米出身の移民に対しては肯定的な態度が見られるのに対し，中国や韓国出身の移民に対しては否定的な態度が見られる（田辺編 2019）．**図序-5**は2017年に日本全国に暮らす日本国籍者を対象とした社会調査から得られた，出身国別の移民受け入れの賛否の分布である（日系ブラジル人については出身国とはいえないが，ここでは出身国と仮に呼んでおく）．「賛成」と「やや賛成」を合わせた割合は，アメリカ人で7割，ドイツ人では6割を超えるのに対し，中国人では22.2％，韓国人は30.7％にとどまる．フィリピン人や日系ブラジル人は両者の中間に位置付けられる．

　このような視線は，目の前に暮らす移民にも注がれている．たとえばリュー・ファーラーは日本に暮らす中国人へのインタビューの中で，彼らが「劣った国」の出身者として，ネガティブなステレオタイプを付与されていると感じていることを指摘する（Liu-Farrer 2020: 145）．こうした状況に対し，彼ら／彼女らは個人としての能力の高さ（英語力や仕事の成果）を示すことや，外で中国語を使わない，中国語の資料などを読まないなどの手段で「日本人として通す」ことによって，対処しようとする（Liu-Farrer 2020: 146）．

　「日本人として通す」という戦略は，外見上の差異が認識されにくいアジア系移民には可能であっても，ビジブルな移民にとっては難しい．そして，日本人が移民との間に引く境界線の強さに着目した場合，欧米出身者に対する好感度の高さがそのまま社会統合につながるわけではない．デブナールは在日「白

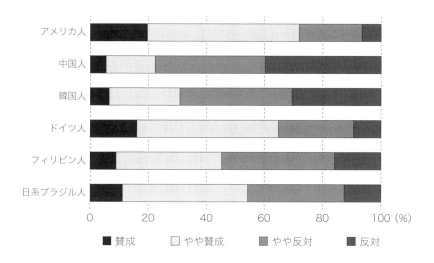

図序-5　出身国別移民受け入れの賛否の分布

出所：「国際化と市民の政治参加に関する世論調査 2017」.

人」ヨーロッパ人へのインタビュー調査から，彼らが一方では歓迎されながら，他方では排除される様相を明らかにする．「白人」であることは日本人に肯定的に受け止められ，関係性を作りやすくする（Debnár 2016）．しかし，デブナールはこうした「白人」移民の特権が，「ゲスト」としての扱いと表裏一体であることも指摘する．このため，長期滞在者の多くが，差別に遭う経験は多くないものの，「受け入れられているが統合されていない」という感覚を抱くことになる（Debnár 2016: 148）．さらに，こうした「ゲスト」としての位置付けは労働市場にも現れる．たとえ日本語ができたとしても，彼らは英会話講師などの「白人」イメージと結びつく仕事（その多くが非正規雇用である）以外の「普通の職」を得ることは困難になる（Debnár 2016: 160）．つまり，「白人であること」は人的資本を社会統合へと生かすことを阻んでいる可能性がある．

3.4　エスニック・コミュニティ

　エスニック・コミュニティは雇用口や生活に必要な情報を提供したり，差別

からの障壁になったりすることで，移民の社会統合を促進すると考えられてきた．日本でも，在日コリアンの社会経済的統合に対してエスニック・コミュニティが重要な役割を果たしたことが繰り返し指摘されている（金 1997; 稲月 2002; 韓 2012）．金は在日コリアンと日本人の職業達成のメカニズムを比較する中で，在日コリアンは初職，現職ともに日本人と比べ学歴の効果が弱いにもかかわらず，現職では同程度の職業達成を果たしていることを明らかにした（金 1997）．就職差別によって自分自身の人的資本を生かした職に就くことが困難である中で，家族や親族，同胞のネットワークからの情報や技術の提供，経済的支援を受けることで，また，コミュニティ内で維持された自助の規範を内面化することによって，在日コリアンは自営を通じた地位達成をすることが可能となったのである（稲月 2002; 韓 2012）．他方で，一定規模以上の集住が起これば，日本人と必ずしも接さなくても生活が可能となるため，ネットワーク形成の機会を減少させてもいた（谷編 2002）．

　ニューカマー移民のエスニック・コミュニティについては，在日ブラジル人を対象に多くの研究がなされている（e.g., 都築 1998; 小内・酒井編 2001; 梶田ほか 2005）．ブラジル籍者は同国出身者の多く居住する地域を選択して移住する傾向にあるが（是川 2008），それが豊富な資源や情報を持つエスニック・コミュニティの形成につながっているかは明確ではない．確かに，集住地においてはエスニック・ビジネスの事業所が，移民にとって生活情報の獲得やネットワーク形成の拠点となっていることが指摘されている（片岡 2005）．また，在日ブラジル人は仕事の情報などを，エスニック・ネットワークを介して獲得している（都築 1998; 梶田ほか 2005）．他方で，同胞ネットワークを通じて得られる雇用は条件の良い仕事とはいえない（Takenoshita 2006）．さらに，リーマンショックによる大量解雇と帰国は，形成されつつあったエスニック・コミュニティの弱体化を招いたことが指摘されている（松宮 2019）．そうであれば，ブラジル人のコミュニティは社会統合を促進する機能を十分に持ちえないかもしれない[14]．

---

14 ただし松宮（2010）は，ブラジル人コミュニティと居住地の自治会や支援組織が連携することで不況後のブラジル人に対する支援が行われた愛知県西尾市の事例を示し，不況時にこそエスニック・コミュニティが社会統合に重要な役割を果たした可能性も指摘している．

　ただし，エスニック・コミュニティの形成は必ずしも目立った集住を必要と
するわけではない．たとえば，フィリピン人は日本人の配偶者として各地に分
散して居住する傾向にあるが，教会やフィリピン食材・雑貨店を通じて，フィ
リピン人どうしの情報交換やネットワーク形成が行われていることが指摘され
ている（高畑 2012; 高畑・原 2012; 徳田 2016）．額賀（2019）が指摘するように，この
ようなエスニック・コミュニティは，領域性や人間関係の安定性をもたず，移
民のニーズを満たす多様な制度（エスニック食材を売る店などの商業施設，教育施設や
宗教施設，エスニック・メディア，コミュニティ施設など（Breton 1964））を備えているも
のでもない．しかしそのような場合でも，「ネットワークの束としてのコミュニ
ティ」（三浦 2015: 12）が，移民の統合を促す機能を持つ可能性が示唆される．
　また，今日のニューカマー移民が置かれている状況を考える上では，トラン
スナショナルなネットワークの維持が容易であることを考慮に入れる必要があ
るだろう．母国とのネットワークの維持は，受け入れ社会でのネットワーク形
成を阻害するという見方がある一方で，経済的な資源や情報，心理的なサポー
トを提供することによって，受け入れ社会での統合を促進するとの見方もある
（Tsuda 2012; Erdal and Oeppen 2013; Kemppainen et al. 2020）．トランスナショナルなネッ
トワークについては，ブラジル人に関する研究で多く言及されており，彼ら／彼女
らが母国とのつながりを維持していることが指摘されている．たとえば，集住
地に暮らすブラジル人に調査を行った小内（2011）によれば，彼ら／彼女らは電
話やインターネットを通じて母国の家族・親族，友人と頻繁に連絡をとり，滞
在が長期化しても仕送りを行っている．そして，こうした母国とのつながりの
維持が帰国の意思を持続させている．また，いったん出稼ぎを終えた後に，ブ
ラジルでの経済状況が悪化し，再度出稼ぎに行く「リピーター」も多い（梶田ほ
か 2005; 濱田 2005; 飯田 2006）．リーマンショック後の 2011 年に愛知県のある人材派
遣会社で働くブラジル人を対象に行った山本と松宮の調査では，38.2％が母国
に不動産をもっており，そのことは日本への滞在意思を弱めていた（山本・松宮
2011）．これらの研究では，トランスナショナルなネットワークの維持が日本で
の定住と対立することが示唆されている．
　他方で，エスニック・ビジネスに関する研究では，中国人のソフトウェアビ

ジネスやパキスタン人の中古車事業など，トランスナショナルなネットワークが，移民が事業を行う上で活用できる資源となっていることが指摘されている（樋口編 2012）．馬（2019）も，永住資格の所得者の中には，トランスナショナルなビジネスを行うために永住資格を取得する人も少なくないことを指摘している．つまり，トランスナショナルなネットワークの維持とホスト社会での統合は対立せず，むしろ場合によっては強め合うような関係にある．

　こうした出入国管理制度，労働市場の状況，受け入れ社会住民の態度，エスニック・コミュニティやトランス・ナショナルなネットワークの状況に制約を受けながら，移民の統合は生じる．次章以降ではこうした状況をふまえつつ，移民の統合のメカニズムを具体的に分析していくが，その前に本書で使用するデータについて紹介する．

4　使用データの概要と本書の構成

4.1　「くらしと仕事に関する外国籍市民調査」（ILW 調査）の概要

　本書では 2018 年に外国籍市民を対象に実施した調査データを使用する．外国籍者を対象とした全国調査はほとんど初めての試みであり，その実施過程では様々な課題が浮かび上がった．この点については本書の**補論**で詳しく論じ，ここでは調査の概要と対象者の特性について述べるにとどめる．

　調査は外国籍人口の 90％をカバーする範囲の市区町村に居住する 20 歳〜 69 歳の外国籍者 5,000 人を対象に実施した．対象者は住民基本台帳から多段抽出法により抽出された．調査票をふりがな付きの日本語，英語，中国語，ポルトガル語で作成し，郵送調査法により，2018 年 1 月 15 日から 2 月 16 日にかけて調査を実施した．5,000 人の調査対象者のうち，283 件は宛先不明，対象者が帰国しており回答不能などの理由で返送された．白票や途中で回答をやめているもの，対象年齢を超えており，対象者と異なる人が回答しているとうかがえるものを除き，最終的な有効回収数 1,122，有効回収率は 23.8％であった．[15]

15　この数値は 2019 年に発表した論文（永吉 2019）から 1 人減っているが，これは対象者以外
　　の人が回答していると思われるケースを有効回答から新たに除外したことによる．

表序-1　年齢分布の比較

	ILW 調査	在留外国人統計
20 代	25.7	35.9
30 代	29.6	26.1
40 代	20.4	18.7
50 代	13.5	13.4
60 代	10.2	12.5
DK/NA	0.6	
n	1,122	2,126,476

表序-2　性別分布の比較

	ILW 調査	在留外国人統計
男性	42.4	48.0
女性	52.9	52.0
DK/NA	4.7	
n	1,122	2,126,476

　このように，ILW 調査の回収率は高いとはいえない．これは外国籍者を対象とした調査では同程度ではあるが，[16]サンプルに偏りが生じている可能性がある．これを確認するため，本調査の対象者の属性分布を，政府統計（「在留外国人統計」（2017 年）または「国勢調査」（2010 年，2015 年））のデータと比較した．[17]

　まず，年齢と性別の分布を在留外国人統計と比較した（**表序 -1，表序 -2**）．年齢分布を見ると，ILW 調査では 20 代の割合が在留外国人統計と比べ 10 ポイント程度低く，30 代，40 代の割合がわずかに高い．また，性別分布を見ると男性の割合がわずかに低い．ただし，いずれとも大きな偏りとはいえない．

　次に，在留外国人統計と国籍，在留資格の分布を比較した（**図序 -6，図序 -7**）．ILW 調査ではやや中国籍者の割合が高く，ベトナム国籍者の割合が 8 ポイント低い．在留資格については技能実習の割合が 10 ポイント低くなっている．これは外国籍人口の小さい地点は母集団から外し，外国籍人口に応じた確率比例抽出を行ったため，都市部に調査地点が偏ったことを反映したものと考えられる．ただし，ベトナム国籍者，技能実習の割合の低さを除けば誤差は 6 ポイント以内に収まっており，大きなバイアスは生じていない．

　次に，2015 年の国勢調査と就労状態および職業の分布を比較した（**図序 -8，図序 -9**）．ILW 調査では男女ともに就労状態にいる人の割合が国勢調査よりも高い．ただし国勢調査では DK（不詳）の割合が高くなっており，この中に就労状態に

16　たとえば 2017 年に法務省の委託を受けて人権教育啓発推進センターが実施した外国人住民調査の有効回収率は 23.0％である．

17　政府統計も 20 歳から 69 歳に限定しているが，国勢調査は外国籍者の年齢別の職業についてのデータがないため，**図序 -9** では 15 歳以上のデータと比較している．

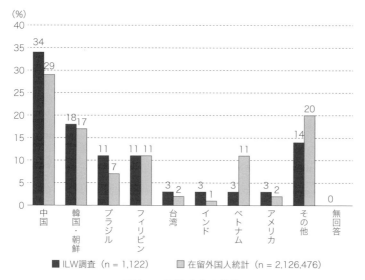

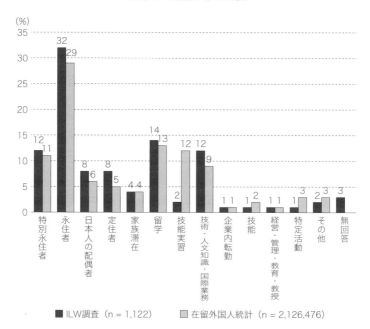

図序-6　国籍分布の比較

図序-7　在留資格分布の比較

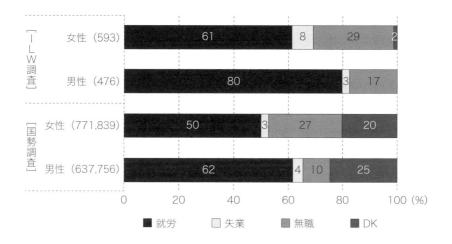

図序-8　就労状態の分布の比較

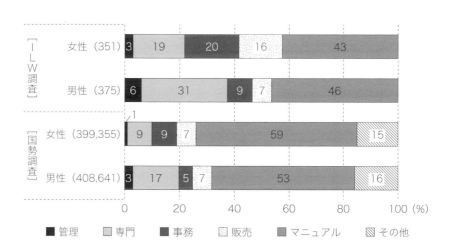

図序-9　職業の分布の比較（有職者のみ）

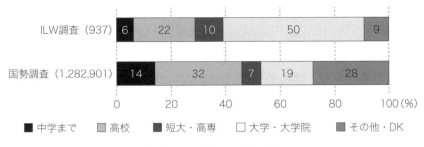

ILW調査（937）	6	22	10	50	9
国勢調査（1,282,901）	14	32	7	19	28

0　　　20　　　40　　　60　　　80　　　100（%）

■ 中学まで　　■ 高校　　■ 短大・高専　　□ 大学・大学院　　■ その他・DK

図序-10　学歴の分布の比較

注：在学者を除いた分布.

いる人が含まれうる．職業分布についても偏りが見られ，ILW調査では男性の
31％，女性の19％が専門職であるのに対し，国勢調査ではそれぞれ17％，9％
となっている．逆にILW調査ではマニュアル職者の割合が男女ともに45％前
後にとどまるのに対し，国勢調査では5割を超えている．

　学歴については政府統計が2010年の国勢調査が最新となるため，この調査
との比較を行った．在学者を除いた分布を見ると（**図序-10**），ILW調査では半数
が大学・大学院の学歴を持っているのに対し，国勢調査での割合は19％にとど
まる．逆に国勢調査では46％が高校までの学歴であるのに対し，ILW調査では
28％になっている．ただし，ILW調査は卒業の有無を考慮しない分布を示して
おり，国勢調査では「その他・DK」（不詳）の割合が高いため，単純な比較はで
きないが，ILW調査の対象者は高学歴層に偏っている可能性がある．また，政
府統計との比較はできないものの，ILW調査では日本生まれの人を除き，滞日
年数の平均値は11年であり，25％は3年以下であった．

　まとめると，ILW調査のデータは年齢や性別，国籍，在留資格といった基本
的属性に大きな偏りはないものの，専門職者の割合が高くなっている点に注意
が必要である．本書ではこのデータのversion 2020.12.16を用いる．

4.2　本書の構成

　本書では移民の統合が生じるメカニズムについて，社会経済的統合，社会的
統合，心理的統合の3つの次元から検討する．各章の構成は以下のようになる．

　第1部では移民の社会経済的統合について，教育，雇用，賃金の3つの面から見ていく．まず**第1章**では移民の出身背景（親の階層）やその教育達成への影響が在留資格によって異なるのかを検証する．これにより，親の階層の高低が子どもの達成に影響していくような再生産のプロセスが移民にも見られるのか，そのことが今後の移民第2世代の社会統合にどのような帰結をもたらすのかを検討する．**第2章**では，移民の雇用形態と職業の分布の特徴を日本国籍者と比較した上で，安定的な雇用や専門職・管理職での就労を可能とする要因について，特に日本での教育・就労経験と国外での教育・就労経験のもつ効果を比較しながら検証する．**第3章**では，日本国籍者と移民の賃金の状況を比較するとともに，賃金の上昇に学歴の与える効果や，勤続年数に応じた賃金カーブのもたらす効果の違いを検証する．

　第2部では移民の社会的統合を，家族の形成と社会参加の面から見ていく．**第4章**では移民の日本国内，国外での家族形成の状況について概観した上で，そのことが日本社会への統合にもたらす影響を検証する．**第5章**では移民の社会参加について，特に自治会，ボランティア団体，同国人団体への参加に着目し，参加の程度や参加を促す要因に，日本国籍者との違いがあるのかを検証する．

　第3部では移民の心理的統合を，メンタルヘルス，日本社会への帰属意識，日本への永住意図の面から見ていく．**第6章**では移民のメンタルヘルスの状況を日本国籍者と比較した上で，それに対して移住後の様々なストレス要因や日本人・同国人との社会関係が与える影響を検証する．**第7章**では移民の日本社会への帰属意識の程度について，日本国籍者の日本社会への帰属意識や，移民のエスニック集団への帰属意識と比較し，その特徴を示す．その上で，経済的要因，社会関係，文化的要因に着目し，その規定要因を検証する．**第8章**では移民の日本への永住意図が何によって規定されているのかを検証する．特に，経済的要因や日本あるいは母国との社会関係のあり方，日本での差別経験等の影響に着目する．

　終章ではこれらの結果をまとめた上で，日本における移民の社会統合の状況と，それを促進／阻害する要因について検証を行う．

　なお，本書の多くの章では，2015年に実施された「社会階層と社会移動全国

調査」（SSM 調査）データを用いている．データの使用にあたっては 2015 年 SSM 調査データ管理委員会の許可を得た．

［文献］

Ager, A. and A. Strang, 2008, "Understanding Integration: A Conceptual Framework," *Journal of Refugee Studies*, 21（2）: 166-191.

Alba, R. and V. Nee, 2003, *Remaking the American Mainstream*, Cambridge: Harvard University Press.

Breton, R., 1964, "Institutional Completeness of Ethnic Communities and the Personal Relations of Immigrants," *American Journal of Sociology*, 70（2）: 193-205.

Castles, S. and M. J. Miller, 2009, *The Age of Migration: International Population Movements in the Modern World*, 4th edition, Basingstoke: Palgrave Macmillan.（関根政美・関根薫監訳，2011，『国際移民の時代 第 4 版』名古屋大学出版会．）

Debnár, Milos, 2016, *Migration, Whiteness, and Cosmopolitanism: Europeans in Japan*, Basingstoke: Palgrave Macmillan.

Entzinger, H. and R. Biezeveld, 2003, *Benchmarking in Immigrant Integration*, Rotterdam: European Research Centre on Migration and Ethnic Relations.

Erdal, M. B. and C. Oeppen, 2013, "Migrant Balancing Acts: Understanding the Interactions Between Integration and Transnationalism," *Journal of Ethnic and Migration Studies*, 39（6）: 867-884.

Farley, R. and R. Alba, 2002, "The New Second Generation in the United States," *International Migration Review*, 36（3）: 669-701.

Feldmeyer, B., 2018, "The Classical Assimilation Model," H. V. Miller and A. Peguero eds., *Routledge Handbook on Immigration and Crime*, Routledge,（2020 年 7 月 13 日取得，https://www.routledgehandbooks.com/doi/10.4324/9781317211563-4）.

玄田有史，2008，「内部労働市場下位層としての非正規雇用」『経済研究』59（4）: 340-355.

──────，2011，「二重構造論──『再考』」『日本労働研究雑誌』609: 2-5.

Gordon, M. M., 1963, *Assimilation in American Life: The Role of Race, Religion and National Origins*, New York: Oxford University Press.（倉田和四生・山本剛郎訳，2000，『アメリカンライフにおける同化理論の諸相──人種・宗教および出身国の役割』晃洋書房．）

福本拓，2004，「1920 年代から 1950 年代初頭の大阪市における在日朝鮮人集住地の変遷」『人文地理』56（2）: 42-57.

福岡安則，1993，『在日韓国・朝鮮人──若い世代のアイデンティティ』中央公論新社.

福岡安則・金明秀，1997，『在日韓国人青年の生活と意識』東京大学出版会.

濱田国佑, 2005, 「在日ブラジル人の定住化とその意識」『北海道大学大学院教育科学研究科紀要』97: 225-239.

韓載香, 2012, 「在日韓国・朝鮮人――ビジネスのダイナミズムと限界」樋口直人編『日本のエスニック・ビジネス』世界思想社, 37-72.

Hashimoto, Y., 2017, "Highly-skilled Immigrants' Occupational Choice and the Japanese Employment System," *RIETI Discussion Paper Series*, 17-E-59.

樋口直人, 2010, 「都市エスニシティ研究の再構築に向けて――都市社会学者は何を見ないできたのか」『年報社会学論集』23: 153-164.

―――, 2012, 「日本のエスニック・ビジネスをめぐる見取り図」樋口直人編『日本のエスニック・ビジネス』世界思想社, 1-36.

―――, 2019, 「労働――人材への投資なき政策の愚」髙谷幸編『移民政策とは何か――日本の現実から考える』人文書院, 23-39.

樋口直人編, 2012, 『日本のエスニック・ビジネス』世界思想社.

法務省, 2018, 「特定技能の在留資格に係る制度の運用に関する基本方針について」.

飯田俊郎, 2006, 「日系ブラジル人のトランスナショナルな生活世界――第1章 出稼ぎ・帰国・再出稼ぎの現状と問題点」『「調査と社会理論」研究報告書』21: 15-22.

稲月正, 2002, 「在日韓国・朝鮮人の社会移動」谷富夫編『民族関係における結合と分離』ミネルヴァ書房, 559-595.

人権教育啓発推進センター, 2017, 『外国人住民調査報告書 訂正版』, (2020年12月2日取得, http://www.moj.go.jp/content/001226182.pdf).

梶田孝道, 1994, 『外国人労働者と日本』日本放送出版協会.

梶田孝道・丹野清人・樋口直人, 2005, 『顔の見えない定住化』名古屋大学出版会.

上林千恵子, 2015, 『外国人労働者受け入れと日本社会』東京大学出版会.

神林龍, 2016, 「日本的雇用慣行の趨勢――サーベイ」『組織科学』50 (2) : 4-16.

Kambayashi, R. and T. Kato, 2016, "Good Jobs and Bad Jobs in Japan: 1982-2007," *Center on Japanese Economy and Business Working Paper Series*, 348.

Kashiwazaki, C., 2003, "Local Government and Resident Foreigners: A Changing Relationship," S. Furukawa and T. Menju eds., *Japan's Road to Pluralism: Transforming Local Communities in the Global Era*, Japan Center for International Exchange, 63-88.

片岡博美, 2005, 「エスニック・ビジネスを拠点としたエスニックな連帯の形成――浜松市におけるブラジル人のエスニック・ビジネス利用状況をもとに」『地理学評論』78 (6) : 387-412.

Kemppainen, T., L. Kemppainen, H. Kuusio, S. Rask and P. Saukkonen, 2020, "Multifocal Integration and Marginalization: A Theoretical Model and an Empirical Study on Three Immigrant Groups," *Sociology*, 53 (4) : 782-805.

金明秀, 1997, 「社会的地位達成」『在日韓国人の社会成層と社会意識全国調査報告書』

在日韓国人青年商工人連合会，18-30.

金明秀・稲月正，2000，「在日韓国人の社会移動」高坂健次編『階層社会から新しい市民社会へ』東京大学出版会，181-200.

近藤敦，2004，「『移民国家』化と家族呼び寄せの権利――グローバル時代における入管行政」『産業経営研究所報』36: 103-118.

是川夕，2008，「外国人の居住地選択におけるエスニック・ネットワークの役割――国勢調査データを用いた人口移動理論からの分析」『社会学評論』59（3）：495-513.

――――，2019，『移民受け入れと社会的統合のリアリティ――現代日本における移民の階層的地位と社会学的課題』勁草書房.

Liu-Farrer, G., 2020, *Immigrant Japan: Mobility and Belonging in an Ethno-Nationalist Society*, Ithaca: Cornell University Press.

Loch, D., 2014, "Integration as a sociological concept and national model for immigrants: scope and limits," *Identities: Global Studies in Culture and Power*, 21（6）：623-632.

馬文甜，2019，「高度人材移民の移住過程――来日する中国人留学生の事例を通じて」是川夕編『移民・ディアスポラ研究8 人口問題と移民』明石書店，134-152.

松宮朝，2010，「経済不況下におけるブラジル人コミュニティの可能性――愛知県西尾市県営住宅の事例から」『社会福祉研究』12: 33-40.

――――，2019，「リーマンショック後の南米系住民の動向と第2世代をめぐる状況」是川夕編『移民・ディアスポラ研究8 人口問題と移民』明石書店，180-198.

三浦綾希子，2015，『ニューカマーの子どもと移民コミュニティ――第2世代のエスニックアイデンティティ』勁草書房.

村田晶子，2010，「外国人高度人材の国際移動と労働――インド人ITエンジニアの国際移動と請負労働の分析から」『移民政策研究』2: 74-89.

永吉希久子，2019，「日本における外国籍者の階層的地位」是川夕編『移民・ディアスポラ研究8 人口問題と移民』明石書店，114-133.

難民対策連絡調整会議，2014，「第三国定住による難民の受入れに関する具体的措置について」，（2019年11月23日取得，http://www.cas.go.jp/jp/seisaku/nanmin/pdf/h260124.pdf）.

西澤晃彦，1997，「『地域』という神話――都市社会学者は何を見ないのか？」『社会学評論』47（1）：47-62.

額賀美紗子，2019，「フィリピン系移民第2世代の階層分化とエスニシティの日常的実践――エスニシティは上昇移動の資源か，障壁か」是川夕編『移民・ディアスポラ研究8 人口問題と移民』明石書店，245-264.

OECD, 2013, *OECD Factbook*, Paris: OECD.

奥田道大，1995，「都市的世界・コミュニティ・エスニシティ――アメリカおよび日本の大都市におけるエスニック・コミュニティの変容と再編」奥田道大編『コミュ

ニティとエスニシティ』勁草書房，1-43.

奥田道大編，1995，『コミュニティとエスニシティ』勁草書房．

奥田道大・田嶋淳子編，1991，『池袋のアジア系外国人——社会学的実態報告』めこん．

————，1993，『新宿のアジア系外国人——社会学的実態報告』めこん．

小内透，2001，「階級・ジェンダー・エスニシティと社会的不平等」笹谷春美・小内
　　透・吉崎洋司編『階級・ジェンダー・エスニシティ——21世紀の社会学の視座』
　　中央法規出版，109-129.

————，2011，「日系ブラジル人のデカセギ現象の変容」『現代社会学研究』24:
　　81-91.

小内透・酒井恵真編，2001，『日系ブラジル人の定住化と地域社会』御茶の水書房．

Pak, K. T., 2000, "Foreigners are local citizens, too," M. Douglas and G. S. Roberts eds.,
　　Japan and Global Migration, New York: Routledge, 244-274.

Park, R. E., 1950, *Race and Culture*, New York: Free Press.

Park, R. E. and E. W. Burgess, [1921] 1969, *Introduction to the Science of Sociology*,
　　Chicago: The University of Chicago Press.

Penninx, R. and B. Garcés-Mascareñas, 2016, "The Concept of Integration as an Analytical
　　Tool and as a Policy Concept," B. Garcés-Mascareñas and R. Penninx eds., *Integration
　　Processes and Policies in Europe*, Cham: Springer, 11-29.

Pfeffer, D., 2014, "The Integration of Groups," *Ethnicities*, 14（3）: 351-370.

Piore, M. M. J., 1978, "Dualism in the Labor Market: A Response to Uncertainty and Flux.
　　The Case of France," *Annèe*, 29（1）: 26-48.

Portes, A. and R. G. Rumbaut, 2001, *Legacies: The Story of the Immigrant Second
　　Generation*, Berkeley: University of California Press.（村井忠政ほか訳，2014，『現代
　　アメリカ移民第二世代の研究——移民排斥と同化主義に代わる「第三の道」』明
　　石書店．）

笹谷春美・小内透・吉崎洋司編，2001，『階級・ジェンダー・エスニシティ——21世
　　紀の社会学の視座』中央法規出版．

佐藤嘉倫, 2008,「分野別研究動向（階級・階層）——研究の展開とフロンティアの拡張」
　　『社会学評論』59（2）: 388-404.

Schneider, J. and M. Crul, 2010, "New Insights into Assimilation and Integration Theory:
　　Introduction to the Special Issue," *Ethnic and Racial Studies*, 33（7）: 1143-1148.

Shibutani, T. and K. M. Kwan, 1965, *Ethnic Stratification: a comparative approach*, The
　　MacMillan Company.

鈴木江理子, 2009,『日本で働く非正規滞在者——彼らは「好ましくない外国人労働者」
　　なのか？』明石書店．

————, 2018,「国境を越えて働く外国人労働者の現場から」津崎克彦編『移民・ディ
　　アスポラ研究7 産業構造の変化と外国人労働者——労働現場の実態と歴史的視

　　点』明石書店，128-140.

高畑幸，2012，「在日フィリピン人研究の課題——結婚移民の高齢化を控えて」『理
　　論と動態』5: 60-78.

高畑幸・原めぐみ，2012，「フィリピン人——『主婦』となった女性たちのビジネス」
　　樋口直人編『日本のエスニック・ビジネス』世界思想社，159-187.

髙谷幸，2019，「現代日本における移民の編入様式——家族を通じた分岐とジェンダー
　　構造」『大原社会問題研究所雑誌』729: 65-89.

髙谷幸編，2019，『移民政策とは何か——日本の現実から考える』人文書院.

竹ノ下弘久，2005，「国境を越える移動に伴う階層移動——出身国の職業と現職に関
　　する移動表分析」『ソシオロジ』50（2）: 53-68.

Takenoshita, H., 2006, "The Differential Incorporation into Japanese Labor Market: A
　　Comparative Study of Japanese Brazilians and Professional Chinese Migrants," *The
　　Japanese Journal of Population*, 4（1）: 56-77.

田辺俊介編，2019，『日本人は右傾化したのか——データ分析で実像を読み解く』勁
　　草書房.

谷富夫編，2002，『民族関係における結合と分離』ミネルヴァ書房.

丹野清人，2007，『越境する雇用システムと外国人労働者』東京大学出版会.

徳田剛，2016，「『非集住地域』における外国人支援セクターとしてのカトリック教会」
　　徳田剛・二階堂裕子・魁生由美子『外国人住民の「非集住地域」の地域特性と
　　生活課題——結節点としてのカトリック教会・日本語教室・民族学校の視点から』
　　創風社出版，33-80.

徳田剛・二階堂裕子・魁生由美子，2016，『外国人住民の「非集住地域」の地域特性
　　と生活課題——結節点としてのカトリック教会・日本語教室・民族学校の視点
　　から』創風社出版.

Tsuda, T., 2012, "Whatever Happened to Simultaneity? Transnational Migration Theory and
　　Dual Engagement in Sending and Receiving Countries," *Journal of Ethnic and Migration
　　Studies*, 38（4）: 631-649.

都築くるみ，1998，「エスニック・コミュニティの形成と『共生』——豊田市 H 団地
　　の近年の展開から」『日本都市社会学会年報』16: 89-102.

United Nations Department of Economic and Social Affairs, 1998, *Recommendations on
　　Statistics of International Migration, Revision 1*, New York: United Nations.

若山将実・俵希實・西村洋一，2018，『「地方自治体の多文化共生政策に関する
　　調査」報告書』，（2020 年 12 月 22 日取得，https://researchmap.jp/mw0328_aw/
　　misc/17749887/attachment_file.pdf）.

山本かほり・松宮朝，2011，「リーマンショック後の経済不況下におけるブラジル人
　　労働者——A 社ブラジル人調査から」『社会福祉研究』13: 37-62.

移民の社会経済的統合

第1章

[教育]

誰がどのような教育を受けてきたのか

——出身背景の説明力に関する在留資格グループ別の比較——

石田　賢示

1　移民の教育達成の社会的・学術的位置付け

　本章の目的は，日本社会で生活する移民の教育達成状況の背景を検証することである．具体的には，移民がどの程度の教育達成を遂げているのか，そして彼・彼女らの教育達成を出身背景によりどの程度説明できるのかについて，ILW調査の個票データを用いて検証を行う．

　すでに日本社会をフィールドとする研究で指摘されているとおり，日本で暮らす移民は増加傾向にあり，定住性が強いと想定される「永住者」などの在留資格で生活する者も増えている（是川 2019; 永吉 2020）．おそらく，今後も日本社会で定住する移民は増えてゆくであろう．就労にもとづく在留資格により日本で暮らす移民には在留期間に定めがある．しかし，彼らのなかには日本国籍者や日本に定住する移民と結婚し，日本で子どもを産み育ててゆく者も少なくない．生活の場としての重要性を増すにつれ，自身が日本への定住を志向するようになる可能性は十分に考えられる．「永住者」の在留資格の取得は，具体的なアクションの 1 つであろう[1]．

---

1 「永住者」は，ほかの在留資格で来日後に一定の条件を満たすことで取得可能な在留資格である．詳しくは，法務省「永住許可に関するガイドライン（令和元年 5 月 31 日改定）」などを参照されたい．

　移民の定住化が進むなか，彼らの社会経済的背景も多様化している．移民という区分にあてはまるか否かで議論が分かれることもあるが，これまで日本国籍を持たずに日本社会で生活してきた移民の中心は，元日本国籍者あるいは旧植民地出身者である「特別永住者」と呼ばれる人々であった．それ以外の移民は，基本的に高度人材と呼ばれるような専門的職業に従事する人々に限られており，その政策的方針は現在に至るまでほとんど変わらない[2]．しかし，1990年代以降の在留資格再編によって日系，中国系，東南アジア系の移民が増加した．さらに，2019年4月より施行されている現行の改正入管法のもとで，先に述べた高度人材以外の生産現場・労務職に従事する移民の受け入れも始まった．日本政府が建前として想定するような高い学歴と高度で専門的なキャリアをともなう移民だけでなく，必ずしも高い水準の教育を受けていない移民も，現在の日本社会で着実に増加しているといえる．

　多様な背景を持つ人々が日本社会で生活するようになる状況に対し，学校教育や労働市場，社会的サービスの領域で必要となる対応策を講じてゆくためには，現在日本で暮らす人々に対する理解をできるだけ深めなければならない．しかし，どのような人々が，どのような背景のもとで生活しているのかに関する知識は，これまでの調査データの制約もあり限定されたものとなっている．とりわけ，移民個人の情報をできる限り利用できる日本全国を対象とする調査データには，ほとんどアクセスできない．

　上記の問題意識をベースとしながら，本章では日本で暮らす定住外国籍者の教育達成について分析を行う．冒頭で述べたとおり，定住外国籍者の教育達成水準を明らかにするとともに，それを出身背景により説明することがここでの目的である．先行研究の知見の整理やデータ分析の方針に関する議論へ進む前に，なぜ本章で教育達成，とりわけ出身背景との関連に焦点を当てるのかについて簡単にふれておきたい．

　社会階層・移動研究の観点から，教育達成は次のような意味で重要である．第1に，多くの産業社会では獲得した学歴に応じて労働市場での機会が個人に

2　実態は別にして，日本政府は「いわゆる移民政策をとる考えはない」という立場を堅持している（平成30年第2回経済財政諮問会議（2018年2月20日）議事要旨）．

割り当てられる．階層研究の文脈では学歴と職業的地位達成との結びつきの強さに関する趨勢が先端的な問題関心となっているが（Bukodi and Goldthorpe 2016; Hannum et al. 2019），教育達成と職業的地位達成が比例した関係にあることはすでに広く知られた事実といえよう．教育達成と職業的地位達成が連結した状況に身を置くことは，日本で暮らす定住外国籍者も日本国籍者も同様である．特に，就労制限のない定住外国籍者が日本の労働市場で排除されないためには，獲得した学歴は主要な資源の1つとなる．そのため，彼・彼女らがどのようにして教育達成経験を経たのかを知る必要がある．教育達成と雇用，賃金にどのような影響を与えるのかについては，本書の**第2章**，**第3章**が詳細に検討しているので参照されたい．

第2に，本人の教育達成状況はその子の教育機会に影響する．洋の東西，あるいは時代を通じ，親の教育的地位は子のそれに無視できない程度に引き継がれる（Fujihara and Ishida 2016）．本章で出身背景に着目するのはそのような階層研究の流れがあるからだが，日本の人口に占める定住外国籍者の割合が増大する将来を考える上でも，この点を等閑視するわけにはいかない．定住外国籍者が日本で子どもを産み育てることになれば，その子らの教育機会は親（保護者）である定住外国籍者の教育的地位に依存する可能性が高い．また，その依存の度合いは，外国籍者自身の教育機会の再生産経験をある程度反映したものとなるかもしれないのである．それゆえ，誰が，どのような教育達成を，どのような背景のもとで遂げているのかを検証しなければならない．

以下では，特に移民を対象とする研究のなかで，教育達成に対する出身背景の影響がどのように検討され，何が明らかになってきたのかを整理する．それらの知見をふまえつつ，本章で具体的に取り組む検討課題を議論する．

2 移民の教育達成に対する出身背景の影響

一般的に，親（あるいは保護者）の教育的地位が子の教育達成に影響することは先に言及したとおりである．移民の教育達成についても，親の地位を中心とする出身背景との関連が繰り返し指摘されている．

　教育を含む移民の地位達成について先行研究の蓄積が見られるのは，アメリカを中心とする欧米社会である．親の地位の高さがその子の地位達成水準に継承されることが，いくつかのアプローチにより明らかにされている．教育達成を直接検証したものではないが，アメリカで暮らす第 2 世代移民（子どもがホスト社会生まれで，親がそうではないケース）のエスニシティ別の平均賃金を，第 1 世代移民（海外で生まれた後，ホスト社会に移動するケース）の平均賃金で回帰させた分析から，経済的地位達成に関する世代間継承を示した研究がある（Borjas 1993）．グループ平均を用いた回帰分析の結果は生態学的誤謬を犯している可能性があると指摘した上でミクロデータを用いている研究も存在するが（Luthra and Soehl 2015），出身背景が教育達成に影響するという結論自体に変わりはない．

　日本においても，国勢調査の個票（調査票情報）の二次分析などを通じて外国籍の，あるいは外国籍の親をルーツに持つ子どもの高校在学に関する研究が行われている．基本的には海外の既存研究と同様の知見であり，親の学歴が高いほど子どもの高校在学可能性は高い（髙谷ほか 2015; 是川 2019）．世帯調査という特性上，親や保護者と子どもの同居が想定可能なライフステージでなければ出身背景の情報を取り出せない．そのため，大学進学や最終学歴の分析には至らないものの，これまでのところ最も良質なデータにより教育達成と出身背景の関連が検討されている点は特筆すべきといえよう．

　出身背景（特に親の社会経済的地位）が教育達成に影響するか否かという論点から，ネイティブと移民の両者で関連の強さが異なるのかという論点に展開する研究も存在する．スイス社会を対象として，ネイティブと第 2 世代移民のあいだで教育達成に与える出身背景の影響を比較した研究では，親の教育的地位の影響はネイティブでより強いことが示されている（Bauer and Riphahn 2007）．同様の知見は，第 1.5 世代移民や第 3 世代以降の移民も含むデータを用いたアメリカ社会における実証研究でも支持されている（Feliciano and Lanuza 2017）．ウェブ調査データという点で代表性に懸念は残るものの，日本でも親の教育水準と子のそれとの関連は第 1 世代で弱く，第 2 世代やネイティブでより強いという報告がある（石田 2019）．

　移民の教育達成に関する上記の知見からは，以下の点を幅広い産業社会で想

定することが可能であると思われる．第 1 に，一般的な教育達成研究と同様に
出身背景の有利さは獲得する学歴・教育的地位にポジティブに影響する．第 2
に，出身背景が移民の地位達成過程において無視できない要因である一方，そ
の影響の大きさ，仕方はエスニシティやその他の背景条件により異なる可能性
がある．移民の地位達成研究で焦点が当てられているのは特に第 2 の点であり，
編入様式（modes of incorporation）のあり方が地位達成の過程に対してどのような影
響を及ぼしてゆくのかについて，研究関心が高まっているといえるだろう（Portes
and Rumbaut 2001; Waldinger and Catron 2016）.

　編入様式のあり方をふまえて教育達成の世代間継承の検証をめざす場合，問
題となるのは「編入様式」としてどこに着目するのかという点であろう．当
然，編入様式を構成する要素はホスト社会により異なる．概念的な精緻化を行
い，かつ実証分析を行うことは現時点の本章の力量を大きく超えている．しか
し，移民がホスト社会に参入する際，当該社会の政府が政策的に移民を何らかの
形式，方針で階層化していることは多くの社会で共通しているだろう（Waldinger
and Catron 2016: 47）.　したがって，少なくとも移民を階層化する政策的な仕組みは
編入様式の重要な部分をなすと考えられる．そこに出生地や国籍，その他社会
経済的な地位がどのように組み合わさってゆくのかは，ホスト社会の政策的，政
治的立場に依存する．

3　在留資格グループ別に見る出身背景の影響への着目

　定住外国籍者の教育達成と出身背景との関連を検証するにあたり，本章では
在留資格に着目する．在留資格の種類により日本での就労が許可されるか否か，
また許可される場合でもどのような制限が存在するのかが異なる．在留資格制
度は，定住外国籍者を階層化する編入様式の基礎となっていると考えても大き
な誤りではないであろう．

　特に，本章では中長期在留者[3]に相当する在留資格を大きく 3 つに区分し，グ

3　出入国管理及び難民認定法（入管法）の第 19 条の 3 では，(1) 3 月以下の在留期間が決定
　された者，(2) 短期滞在の在留資格が決定された者，(3) 外交又は公用の在留資格が決定

ループのあいだで出身背景と教育達成の関連がどのように異なるのかを検証する．具体的には，第 1 に特別永住者，第 2 に永住者・日本人の配偶者・定住者，第 3 に一定水準の知識・技能にもとづく就労に関する在留資格（「技術・人文知識・国際業務」など）である．なお，本章では家族滞在，留学，技能実習の資格の対象者は分析から除いている[4]．

　特別永住者は，厳密には他の在留資格と同列の性質ではなく，「日本国との平和条約に基づき日本の国籍を離脱した者等の出入国管理に関する特例法」により定義されている．そのほとんどは韓国・朝鮮籍を保有する人々であり，両親の一方が特別永住者である場合には本人も特別永住許可を申請できる．特別永住者は第二次世界大戦前あるいは戦中に日本に移ってきた元日本国籍者あるいは旧植民地出身者の子孫であり，日本社会への定住の度合いが進んだ人々であるといえる．

　永住者,日本人の配偶者,定住者にはそれぞれ別個の審査基準がある．そのためこれらを同一区分にまとめることは必ずしも適切ではないかもしれない．しかし，これらの在留資格は就労制限がないという点で共通している．就労先・職種には依存しないという意味で，日本社会での定住に関する自由度は他の在留資格に比べると高い．そして，就労制限がないという性質には，これらの在留資格を付与される者が日本社会とのコネクション（本人が永住権を持っていること，家族に日本国籍者が含まれること，いわゆる「日系人」であることなど）を有しているという背景が存在するといえるだろう．なお，就労制限がないという意味では永住者の配偶者も同様であるが，本調査では回答選択肢には含まれていない．

　最後に就労関連の在留資格については，資格ごとに日本でできる就労活動の種類が定められている．基本的には専門的，技術的，ないし准専門的な仕事に

された者, (4) 前 3 号に準ずる者として法務省令で定めるもの, 以外の者を「中長期在留者」と定義し, 在留カードを付与すると定めている.

4　家族滞在の資格は, 別に扶養者となる外国籍者の存在が条件となっているため, 在留資格の申請・付与が当人の地位達成状況とは独立になされると想定した. また, 留学の資格は日本の教育機関への進学にともない付与されるものである. 最後に技能実習であるが, 高度技能職を中心とする就労関連の在留資格とは性質を異にするほか, 本調査での回答者数も少なかったため, 今回は分析の対象外とした.

従事する者に付与される在留資格が中心的である．結果として，教育達成の点では高い学歴を取得している者が多くなり，特別永住者や永住者，日本人の配偶者，定住者よりも教育達成水準が高くなると想定できる．

　以下の分析では，上述の 3 つの区分ごとに出身背景と教育達成の関連を検証してゆく．先行研究の知見に沿うと，出身背景と教育達成の関連は特別永住者で最も強く，就労関連の在留資格で最も弱く，永住者・日本人の配偶者・定住者が中間的であるという仮説が立てられる．

　上記の仮説の背景にあるのは，日本社会への定住性の強さと編入様式としての在留資格制度の枠組みである．特別永住者は歴史的経緯もあり数世代にわたり日本社会で長らく生活し続けており，日本の教育制度，労働市場の仕組みに埋め込まれながらライフコースを歩んでいるといえる．そのため，親の社会経済的地位が子の地位達成に対する資源として動員されやすく，そのことが出身背景と教育達成の関連の強さに反映されると考えられる．

　一方，永住者・日本人の配偶者・定住者は，必ずしも日本で生まれ育ってきたわけではない．出身国あるいは第三国で教育を受けた後に日本に移住した者もいれば，日本に移住したのちに最終学歴が確定した者もいるだろう．さらに，日本への移住がどのような要因により条件づけられるかという選択過程の問題も存在する．考えうる個別の移住経路・過程の考慮は必要だが，地位達成過程の多様性ゆえに教育達成における出身背景からの資源動員は特別永住者に比べれば全体として弱まると考えられる．

　就労関連の在留資格により日本に定住している外国籍者については，出身背景の影響は上述の 2 グループに比べても弱いと想定できる．就労関連の在留資格を付与されるためには一定の高技能職に就業できなければならず，高技能職への就労には高い学歴水準が基本的に要求される．そのため，出身背景の内実にかかわらず，現に日本社会に高度人材として滞在できていることは，当該外国籍らが平均的に高い教育達成を遂げていることを意味している．

　すなわち，日本社会における出身背景からの資源動員の程度，そして特定の在留資格を取得するために要求される選抜性により，世代間の教育達成の継承性が説明されると考えられる．以下では，ILW 調査の個票データを用いて上記

3 つのグループのあいだで出身背景と教育達成の関連がどのように異なるのか
を検証する.

4　本章で使用する変数・方法

　本章の実証分析で用いる従属変数は, 対象者である定住外国籍者の教育年数
である. 本調査では, 日本および日本以外で最後に通った学校 (最終学歴) に加
え, 通算で何年間学校に通ったかを尋ねている.

　次節の記述的分析では, 日本および日本以外での最終学歴, および通った学
校のある国・地域を問わない最終学歴の分布についても確認するが, 多変量解
析で用いるのは教育年数である. 本章では上述のとおり在留資格にもとづきサ
ンプルを 3 つに分けて分析を行う. それぞれのグループのサンプルサイズは 100
〜 500 弱であり, ロジスティック回帰分析など最尤推定法ではパラメータの推
定結果に懸念が残る (Long 1997). したがって, 連続変数と見なすことができる
教育年数を従属変数として用い, OLS 推定により分析を行う.

　主な説明変数は, 対象者本人の出生国, 国籍, 親学歴, 親の出生国, そして
きょうだいの有無である. これらを定住外国籍者の出身背景要因として分析に
用いる. 対象者の出生国については, 本人が日本生まれである場合に 1, 日本
以外で生まれた場合に 0 となるダミー変数を用いる. 対象者の国籍は中国, 韓
国・朝鮮, フィリピン, ブラジル, その他に区分し, 多変量解析では中国を基
準カテゴリとしている. 親学歴は父母の最高学歴として定義しており, 父母と
もに中等教育 (高校段階) まで, 父母のうちいずれかが高等教育以上, 父母とも
に学歴について無回答であるカテゴリに区分している. 親の出生国は, 父母の
うちいずれかが日本生まれである場合に 1, それ以外を 0 とするダミー変数を
作成した. 最後に, 年長, 年少の別を問わず, きょうだいがいる場合に 1, そ
れ以外は 0 とするダミー変数も用いる.

　出身背景要因に加え, 本章では統制変数として, 性別, 出生年を用いる. 性
別の変数は男性, 女性, 性別無回答の 3 区分を用い, 多変量解析では男性を基
準カテゴリとする. また, 出生年は 1969 年以前, 1970 年〜 79 年, 1980 年〜

89 年，そして 1990 年〜 94 年の 4 区分を用い，1970 年代生まれを基準カテゴリ
とする．本調査対象者には 1995 年〜 99 年生まれの者も含まれるが，調査時点
では 20 歳代前半であり，大学等の高等教育機関に在学中である者も一定程度存
在することが想定される．学歴が確定していると仮定できる対象者に限定をす
るため，本章ではこれらの出生年の対象者を除外した．

　これらの変数を用いて，以下の分析では OLS による多変量解析を行う．出身
背景要因と教育年数の関連は偏回帰係数の推定値および有意性検定により検証
することになるが，回帰係数の値それ自体では 3 つのグループ間で関連の強さ
を比較することができない．そこで，本章では効果量の指標であるオメガ二乗
（omega-squared）を用いた比較を行う．また，各在留資格グループ内での独立変数
の説明力を検討する場合には，オメガ二乗を発展させた偏オメガ二乗を用いる.
これらはそれぞれ 0 から 1 までの値をとり，説明力が高いほど大きな値を示す[5].
回帰分析における決定係数とほぼ同義であると考えてよいだろう．独立変数ご
とに求められる偏オメガ二乗を用いることで，各独立変数が従属変数に対して
どの程度の説明力を持っているのかを端的に表すことができる．以上の指標に
関する詳細は，Olejnik and Algina（2003）などを参照して頂きたい．

　次節の多変量解析では，オメガ二乗および偏オメガ二乗を用い，各グループ
内，およびグループ間での出身背景の影響力の強さを比較する．それに先立ち，
以下では記述統計量と記述的分析の結果を確認，検討する．なお，本章で主要
な変数の記述統計を検討する際，用いる学歴区分は日本の教育制度に沿った表
現となっており，調査票上でも同じである．たとえば，対象者が出身国での最
終学歴が「大学」であった場合に，それが日本における「大学」の学歴と同等
である保証はない（たとえば，修学年数などに関して）．そのため，本章で検討でき
ているのは日本かそれ以外の国かを問わず，呼称にもとづく学歴（あるいは，対
象者本人が最も近いと考えている学歴）の分布である．教育達成水準を標準的な枠組
みで分類する方法がないわけではないが[6]，調査全体のボリュームとの兼ね合い

5　偏オメガ二乗については，自由度を調整する関係上，負の値が計算される場合もある．こ
　の場合は，従属変数に対する当該独立変数の説明力がないということになる．

6　たとえばユネスコ（UNESCO）による国際標準教育分類（ISCED）の基準に則して教育の

など，対象者の回答負担に関わる側面を考慮しなければならないのもまた事実である．教育年数による検討は代替案の1つであり，学歴区分との併用によりできるだけ集計・分析結果の信頼性を高めることを意図している．

5 分析結果

5.1 3つの在留資格グループの記述統計

それでは，本章で用いる変数の記述統計量が3つのグループのあいだでどのように異なるのかを確認しよう．**表1-1** はその結果を示したものである．従属変数，および説明変数である出身背景要因を中心に検討する．

従属変数である教育年数の平均値を見ると，就労関連の在留資格のグループが最も高く，17.17年となっている．これは，日本を含む多くの産業社会では4年制大学卒業以上の学歴に相当する．彼らの多くは高度人材として日本に移住してきているため，教育年数の高さは先の議論どおりであるといえる．また，高等教育の拡大は多くの社会で見られることから，比較的若年の対象者がこのグループに多く含まれていることも，平均値の高さにつながっていると思われる．

一方，特別永住者や永住者・日本人の配偶者・定住者は14年弱であり，高等学校と高等教育の中間的な平均値である．日本への定住に際して必ずしも社会経済的地位の高さを要求されないこれらのグループでは，相対的に見れば教育達成水準が低くなっているのだと思われる．また，就労関連の在留資格のグループとは反対に，比較的年長の世代が多いことも背景の1つであるといえるだろう．

本人の出生国については，特別永住者は今回の分析データではすべてが日本生まれであった．[7] 他方，就労関連の在留資格のグループでは回答者全員が海外

情報を把握することも理屈の上では可能であるが，調査実務において現実的なのかは別の問題である．

7 ごく少数（数ケース）の対象者が日本以外であると回答したが，統計分析にたえうる規模ではないため，分析から除外した．また法制度的にも，特別永住者は日本での定住が前提となっているため，彼・彼女らが第1世代（第1.5世代）移民として現在の日本で生活する

表1-1　分析に用いる変数の記述統計量

	特別永住者 n = 108		永住者・日本人の 配偶者・定住者 n = 471		就労関連の在留資格 n = 172	
	平均／比率	標準偏差	平均／比率	標準偏差	平均／比率	標準偏差
教育年数（単位：年）	13.49	2.96	13.86	3.81	17.17	2.90
性別						
男性（基準）	0.44	0.50	0.38	0.49	0.62	0.48
女性	0.52	0.50	0.57	0.50	0.33	0.47
無回答	0.05	0.21	0.05	0.22	0.05	0.21
出生年						
1969 年以前	0.58	0.50	0.35	0.48	0.06	0.23
1970-79 年（基準）	0.25	0.43	0.32	0.47	0.13	0.33
1980-89 年	0.13	0.34	0.25	0.44	0.61	0.49
1990-94 年	0.04	0.19	0.08	0.28	0.20	0.40
出生国						
日本	1	-	0.05	0.21	0	-
日本以外（基準）	0	-	0.95	0.21	1	-
国籍						
中国（基準）	0	-	0.30	0.46	0.42	0.49
韓国・朝鮮	1	-	0.08	0.27	0.11	0.31
フィリピン	0	-	0.17	0.38	0.02	0.15
ブラジル	0	-	0.21	0.41	0.01	0.11
その他	0	-	0.24	0.42	0.43	0.50
親学歴 （父母のうち高い方）						
中等教育まで（基準）	0.68	0.47	0.57	0.50	0.41	0.49
高等教育	0.20	0.40	0.33	0.47	0.55	0.50
わからない・無回答	0.12	0.33	0.11	0.31	0.03	0.18
父母のいずれかが 日本生まれ	0.69	0.47	0.11	0.31	0	-
きょうだい有	0.95	0.21	0.90	0.30	0.73	0.45

生まれである．永住者・日本人の配偶者・定住者については，5％が日本生まれ
という構成となっている．移民研究の用語になぞらえると，特別永住者以外は
第 1 世代あるいは第 1.5 世代の移民であるということになるだろう．

　国籍構成については，特別永住者に含まれる対象者全員が韓国・朝鮮籍であ
る．この点も，歴史的な経緯ならびに公的統計の結果をふまえると不自然では
ない．[8] 永住者・日本人の配偶者・定住者を見ると，中国籍の割合が最も大きく，
「その他」国籍，ブラジル国籍，フィリピン国籍がこれに続く．就労関連の在留

　ことがあったとしても，きわめて例外的な事例であるといえる．

8　出生国同様，数ケースの他の国籍の対象者がいたものの，本章の分析には含めなかった．

表1-2　本章の分析サンプルにおける「その他」国籍の内訳

国・地域名	%	国・地域名	%
その他	14.4	オーストラリア	2.88
台湾	11.93	イギリス	2.88
インド	11.93	ネパール	2.88
アメリカ	11.11	バングラディシュ	2.88
ベトナム	9.47	フランス	2.88
ペルー	7.82	ミャンマー	1.65
タイ	6.17	シンガポール	1.23
インドネシア	4.12	スリランカ	1.23
カナダ	3.29	ロシア	1.23

n = 243

　資格のグループについても中国籍の割合が大きいことに違いはないが，それと同等に大きいのは「その他」国籍である．「その他」の内訳を見るとアジア圏の者が多数を占めるが，欧米圏からの外国籍者も無視できない程度の割合であるといえるだろう（**表1-2**）．

　続いて親の学歴であるが，高等教育以上の学歴を持つ対象者の割合は特別永住者，永住者等，就労関連資格のグループの順に大きくなる．この点に関する明快な説明は難しいが，移民の出身階層にもとづくセレクション（選抜性の高さ）や出身国が主だった背景であると思われる．

　選抜性という点では，第1世代移民として日本に移住する際に一定の社会経済的地位が求められると仮定すれば，移住前に大学相当の教育達成を遂げている必要があり，その時点で親の学歴が影響しているのかもしれない．あるいは，日本生まれの者に関していえば，その親が日本に移る際に高い社会経済的地位を要求されていることも考えられる．すなわち，第1（1.5）世代移民にとっては日本への移住に際して選抜性が作用しているため，親の学歴水準も高くなっている．相対的に定住性の低い移民はもともと豊かな社会経済的背景のもとで生まれ育ち，明確な移住動機をもって日本に移住してきた層である可能性がある．この点，特別永住者は日本への在留に際して社会経済的地位に関する審査要件が生じないため，親の学歴が高くなくても日本社会に定住できるという面があるのだろう．

　これ以外に，永住者等のグループと就労関連資格のグループのあいだで出身国籍の分布が異なることにも注目されたい．前者ではフィリピン，ブラジルの

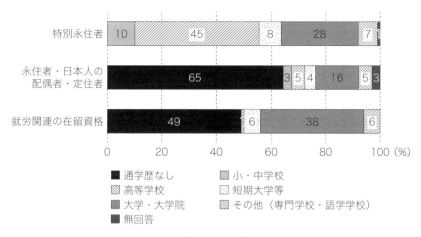

図1-1　日本での最終学歴の分布

割合がとりわけ高く，後者では「その他」が多いものの，その中心は欧米系国籍である．ユネスコ等の国際比較統計によれば，欧米地域の高等教育進学率はアジア，南米と比べて明らかに高い[9]．出身地域における高等教育の供給規模の違いも出身階層としての親学歴の分布に表れていると考えられるかもしれない．

　親の出生国については，就労関連，永住者等，特別永住者の順に日本生まれの割合が大きくなる．特別永住者のうち約 7 割が，父母のうちいずれかが日本生まれであり，数世代にわたる日本への定住化傾向が読み取れる．他方，永住者等では 1 割程度でしかなく，就労関連のグループでは 0％である．この数値は今回の分析サンプルから得られたものであるが，少なくともこれらの在留資格グループの中心が第 1 (1.5) 世代移民であることを示唆する結果だといえる．最後に，きょうだいがいる割合は特別永住者，永住者等，就労関連資格のグループの順に小さくなる．

　続いて，グループのあいだでの学歴の分布について検討しよう．**図 1-1** は日本での最終学歴の分布である．一見して明らかなのは，特別永住者以外は半数以上が日本での教育経験を持っていないということである．すなわち，永住者・

9　ユネスコの教育統計に関するウェブサイトを参照．2020 年 9 月 15 日取得，〈http://data.uis. unesco.org/〉．

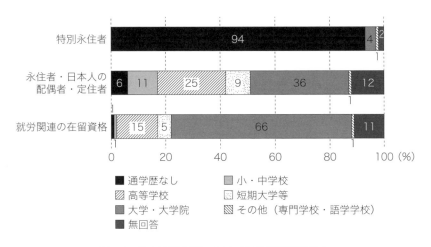

図1-2　日本以外の国・地域での最終学歴の分布

　日本人の配偶者・定住者，および就労関係の在留資格を持つ外国籍者の多くは，日本以外の国・地域で教育を受けてから日本に移ってきたと考えられる．

　日本で教育を受けた者に限ると，特別永住者で最も多いのは高等学校である．他方，在留資格にもとづく外国籍者について見ると，大学・大学院の学歴が過半数を占めている．このことから，日本に第 1 世代として移住して現在も定住している外国籍者には，当初留学生として日本の高等教育機関に進学し，そのまま定住した者が少なからず含まれていると考えられる．

　日本以外の国・地域での最終学歴について見ると（**図1-2**），特別永住者のほとんどで通学歴はない．したがって，特別永住者のほとんどが日本国籍者の多くと同様に日本で教育を受け，日本の労働市場でキャリアを重ねているものと思われる．

　永住者等や就労関連のグループでは，そのほとんどが日本以外の国・地域で教育を受けている．学歴構成を見ると，両者とも高等教育学歴の割合が多いものの，永住者・日本人の配偶者・定住者については中等教育までの学歴の割合も 4 割弱を占める．この結果は，就労関連の資格で在留する者とは異なり，日本社会とのつながりが在留の正当性の根拠となっていることを反映したものと

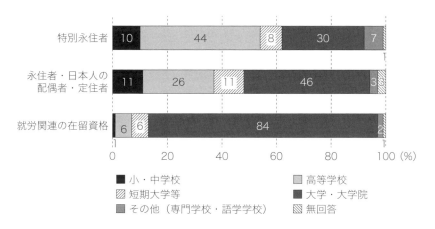

図1-3　日本か否かを問わない最終学歴の分布

思われる．

　最後に，場所を問わない最終学歴の分布を**図 1-3** により確認する．**図 1-3** は，日本または日本以外の国・地域で通った学校段階について，より高い方を最終学歴とした集計を行った結果である．**図 1-1**，**図 1-2**，あるいは記述統計（**表 1-1**）で見たとおり，第 1 (1.5) 世代の外国籍者が中心である永住者等，および就労関連のグループの方が高学歴である．

　在留資格グループにより学歴構成に差異が見られることは以上のとおりだが，出身背景との関連についてはどうであろうか．**図 1-4** は，3 つの在留資格グループと親の学歴別に，本人の教育年数の平均値を棒グラフで表したものである．

　いずれのグループについても，親の学歴の高い方が本人の学歴も高いという結果を示している．また，親学歴が「わからない・無回答（DK/NA）」である者について，教育年数の平均値が著しく低い．親学歴回答が不明であることの意味は本章では定かではない．ただし，少なくとも出身背景の主要な要因である親学歴の状況により本人の教育達成状況が規定されていると考えられる．

　また，就労関連の在留資格グループについては，親の学歴に関する回答状況にかかわらず，本人の教育年数が高等教育水準に達している．ここまでも議論してきたとおり，この結果は高度人材として日本に定住する際の選抜性の要求

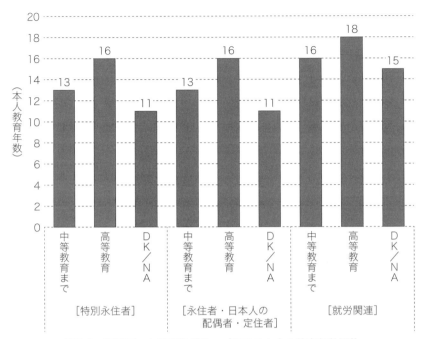

図1-4　親学歴・在留資格グループ別に見た本人教育年数平均

をある程度満たした者が実際に生活できていることを示唆しているといえるだ
ろう.

5.2　多変量解析による検討

　それでは，多変量解析の手法を用いて出身背景と教育達成の関連について検
討しよう. **図1-5** は各グループについて OLS 推定を行った結果を棒グラフで表
したものである. 各棒グラフにあるエラーバーは, 各独立変数の推定値（非標準
化回帰係数）の 95％信頼区間である. エラーバーが 0 にかかっていなければ, そ
の変数の回帰係数が 5％水準でプラスまたはマイナスに統計的に有意であるこ
とを意味している. 以下では, 出身背景に関する各要因別に結果を検討し, 性
別と出生年の推定結果については説明を割愛する. なお, **図 1-5** に示されてい
るとおり, 教育達成に関する今回の分析では, 性別, 出生年は統計的に有意な

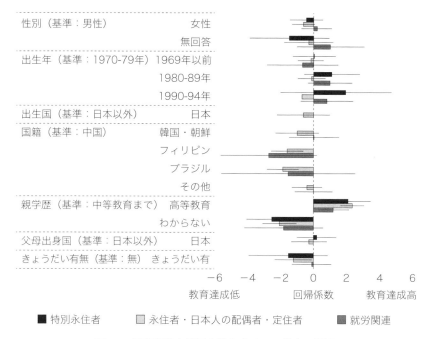

図1-5　教育変数を従属変数とするOLS推定の結果

関連を示していない.

　本人の出生国について，日本生まれであることと教育達成の関連を検証できるのは永住者・日本人の配偶者・定住者のグループのみである．偏回帰係数は-0.622 とマイナスであるが，統計的には有意ではない．他の共変量を含めず平均値のみを比較した場合でも統計的に有意な差は確認できなかった．

　本人の国籍については，永住者等のグループと就労関連の在留資格グループについて検証が可能である．フィリピン，ブラジル国籍の係数が負に有意であり，中国籍の外国籍者と比べると約 2 年弱教育年数が短いという結果である．大半の対象者が高等学校学歴を有していることをふまえると，これらの国籍の外国籍者は高等教育には進学していないと考えられる．就労関連の在留資格についても同様の傾向が見られるものの，統計的に有意とはいえない．ただし，就労関連のグループにおけるフィリピン，ブラジル国籍者は少数であり，実際に関

連が小さい，あるいはないとは言い切れない可能性もある．

　出身背景の中心的な要因ともいえる親学歴については，いずれのグループにおいても同様の結果が得られた．親が高等教育を受けている場合，中等教育までの場合と比べて教育年数が高く，その傾向はいずれのグループでも見られる．教育達成研究できわめて常識的に見られる知見が，日本で暮らす定住外国籍者についてもあてはまることが確認できたといえよう．また，**図 1-4** で見たように親学歴の回答状況が不明である場合，中等教育までの場合よりも統計的に有意に教育年数が低い．就労関連のグループでは有意ではないが，この結果も国籍に関するものと同様にケース数の少なさにもとづく大きな標準誤差に起因しているかもしれない．

　親の出生国については，特別永住者と永住者等のグループのあいだで係数の符号は逆となった．前者では父母のいずれかが日本生まれである場合には教育年数が高く，後者では低いという結果である．しかし，両者とも統計的に有意な結果とはならなかった．

　最後に，きょうだいの有無による教育年数の差については，3 つのグループのうち永住者・日本人の配偶者・定住者のグループで負に有意な係数を示している．これは，きょうだいがいる場合には教育年数が低くなるということを意味している．特別永住者，就労関連の在留資格のグループでも係数の符号はマイナスだが，推定値は統計的に有意ではない．ただ，全体的に見てきょうだいがいることと教育達成の負の関連については，そのメカニズムは複雑であるものの，移民を問わず一般的な教育達成研究における知見と同様である（藤原 2012）．

　図 1-5 の OLS 推定の結果は，在留資格グループを通じて親の学歴が一貫して本人の教育達成に影響するというものであったが，これ自体は社会階層研究・教育達成研究の流れをふまえれば，それほど驚くべきことではない．それでは，親の学歴を含めた定住外国籍者本人の出身背景が，自身の教育達成水準をどの程度説明するのか．以下では，各在留資格グループにおける独立変数の説明力，および**図 1-5** に示した回帰分析のモデルの説明力をグループごとに検討してゆく．説明力の指標として用いるのは，**4** で言及したとおりオメガ二乗および偏オメガ二乗の値である．前者はモデル全体の説明力，後者は各独立変数の説明

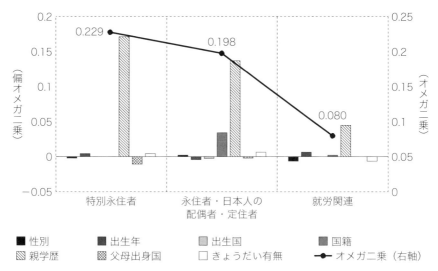

図1-6　在留資格グループ別の各独立変数およびモデル全体の説明力

力の指標として用いている．**図** 1-6 は，その結果を示したものである．

　オメガ二乗の値は折れ線グラフで示されている（**図**1-6 右軸）．各グループの教育年数の分散のうち，特別永住者では約 23％，永住者・日本人の配偶者・定住者では約 20％，そして就労関連の在留資格グループでは約 8％が，今回の OLS 推定のモデルで説明されていることを意味している．各グループのあいだで，回帰分析に用いた独立変数が完全には一致しないため，オメガ二乗の値を厳密に同じ意味で解釈することはできない．しかし，主要な変数は共通にモデルに含まれており，説明力の大きさは **3** で述べた仮説に沿ったものであるといえるだろう．

　各独立変数の説明力に目を移そう．**図** 1-5 で見たとおり明確に教育年数に影響しているのは親の学歴であり，それは偏オメガ二乗が最も大きいことにも表れている．永住者・日本人の配偶者・定住者のグループでは国籍も有意な結果を示していたが，説明力は親学歴の 4 分の 1 程度である（0.035 ÷ 0.137 = 0.255）．「きょうだい有」ダミーも有意であったが，偏オメガ二乗は 0.007 であり，親学歴の説明力の 5％程度にすぎない．国籍やきょうだい構成にもまして，本人の

教育達成に対しては親の教育的地位が重要であるといえる.

　親学歴の説明力について 3 つのグループのあいだで比較すると，調整済み決定係数，モデル全体のオメガ二乗の結果と同様に，特別永住者，永住者等のグループ，そして就労関連の在留資格のグループの順に小さくなってゆく. 単純な分解の関係にはないため正確ではないが，参考までに親学歴の偏オメガ二乗の全体に占める比率を求めると，それぞれ 0.75，0.69，0.58 である. オメガ二乗，および偏オメガ二乗の大きさと割合のいずれの指標からも，出身背景が教育達成に与える影響力が，定住性の強さに比例して高まっていると解釈できる.

6　考察と結論

　本章では日本で暮らす定住外国籍者の教育達成状況を教育年数の面から概観し，どのような立場で日本で暮らしているのかによって教育達成水準が大きく異なることを明らかにした. 驚くべきことではないが，労働市場における選抜性の要求を満たして日本社会に移ってきた者ほど高い教育水準であるという結果であった. また，今回の分析では出身背景のなかでも親学歴の影響が最も強いことを確認した. 最後に効果量指標としてオメガ二乗を用いて，日本社会への定住性が強いグループほど親学歴の影響力が強まることを示した.

　以上の結果が正しいとするならば，移民としてのルーツを持つ人々が今後日本社会で増えてゆくことで何が生じうるのだろうか. これまで，特別永住者を除けば，日本社会では建前として高度人材に相当する人々の受け入れにしか政策的に目を向けてこなかった. その結果，すでに日本社会に深く根付いている特別永住者と高水準の教育達成を遂げた人々が，日本で暮らす定住外国籍者を構成してきたといえる. 前者については定住性の高さによって，後者については十分な社会経済的資源の保有によって，日本社会で暮らし続けることに大きな支障が（少なくとも表面的には）見えにくかったのかもしれない.

　しかし，本章で着目したもう 1 つのグループ，すなわち定住性は強いものの日本での教育を経験していない外国籍者についてはどうだろうか. 永住者の人口規模は増加傾向にある. また，今後も人々の国際移動の衰退を想定しにくい状

況下では，国際結婚を通じた家族形成は増えると考える方が妥当であろう．彼らの多くには社会経済的地位達成の面での選抜過程が存在しないため，日本での社会経済的地位のあり方は出身背景の影響を強く受けている．その結果，潜在的には存在し続けていた定住外国籍者の社会階層問題が今後顕在化することも想定できる．先進的事例は外国籍者の集住地域ではすでに生じているはずである．いかなる問題が生じているのか，そしてどのような現実的対応が考えられるのかについて，系統的な調査研究を蓄積してゆかなければならないだろう．

　最後に，今後の研究の展開可能性について記してまとめとしたい．本章では特別永住許可を含む在留資格の枠組みが定住外国籍者の定住性と選抜性を定義しているという観点から分析を進めた．しかし，先行研究には達成した教育水準の相対的価値を考慮すべきと指摘するものもある（Feliciano 2005; Feliciano and Lanuza 2017）．今回の分析は教育達成の絶対的水準を見たものである．しかし，第 1 世代移民として日本で暮らすようになる者が，日本よりもはるかに教育拡大の進んだ社会で教育を受ければ，少なくとも教育年数の面では世代間継承が弱まるのは自明ともいえる．この点について本調査データでどこまで迫れるのかを含め，今後の課題としたい．

［文献］

Bauer, Philipp and Regina T. Riphahn, 2007, "Heterogeneity in the Intergenerational Transmission of Educational Attainment: Evidence from Switzerland on Natives and Second-Generation Immigrants," *Journal of Population Economics*, 20（1）: 121-148.

Borjas, George J., 1993, "The Intergenerational Mobility of Immigrants," *Journal of Labor Economics*, 11（1）: 113-135.

Bukodi, Erzsébet and John H. Goldthorpe, 2016, "Educational Attainment-Relative or Absolute-as a Mediator of Intergenerational Class Mobility in Britain," *Research in Social Stratification and Mobility*, 43: 5-15.

Feliciano, Cynthia, 2005, "Does Selective Migration Matter? Explaining Ethnic Disparities in Educational Attainment among Immigrants' Children," *International Migration Review*, 39（4）: 841-871.

Feliciano, Cynthia and Yader R. Lanuza, 2017, "An Immigrant Paradox? Contextual Attainment and Intergenerational Educational Mobility," *American Sociological Review*, 82（1）: 211-241.

藤原翔，2012，「きょうだい構成と地位達成――きょうだいデータに対するマルチレベル分析による検討」『ソシオロジ』57（1）：41-57.

Fujihara, Sho and Hiroshi Ishida, 2016, "The Absolute and Relative Values of Education and the Inequality of Educational Opportunity: Trends in Access to Education in Postwar Japan," *Research in Social Stratification and Mobility*, 43: 25-37.

Hannum, Emily, Hiroshi Ishida, Hyunjoon Park and Tony Tam, 2019, "Education in East Asian Societies: Postwar Expansion and the Evolution of Inequality," *Annual Review of Sociology*, 45（1）：625-647.

石田賢示，2019，「日本における移民の地位達成構造――第 1・第 2 世代移民と日本国籍者の比較分析」是川夕編『移民・ディアスポラ研究 8 人口問題と移民――日本の人口・階層構造はどう変わるのか』明石書店，92-112.

是川夕，2019，『移民受け入れと社会的統合のリアリティ――現代日本における移民の階層的地位と社会学的課題』勁草書房.

Long, John Scott, 1997, *Regression Models for Categorical and Limited Dependent Variables*, Thousand Oaks: Sage.

Luthra, Renee R. and Thomas Soehl, 2015, "From Parent to Child? Transmission of Educational Attainment Within Immigrant Families: Methodological Considerations," *Demography*, 52（2）：543-567.

永吉希久子，2020，『移民と日本社会』中央公論新社.

Olejnik, Stephen and James Algina, 2003, "Generalized Eta and Omega Squared Statistics: Measures of Effect Size for Some Common Research Designs," *Psychological Methods*, 8（4）：434-447.

Portes, Alejandro and Rubén G. Rumbaut, 2001, *Legacies: The Story of the Immigrant Second Generation*, Berkeley: University of California Press.

髙谷幸・大曲由起子・樋口直人・鍛治致・稲葉奈々子，2015，「2010 年国勢調査にみる外国人の教育――外国人青少年の家庭背景・進学・結婚」『岡山大学大学院社会文化科学研究科紀要』39: 37-56.

Waldinger, Roger and Peter Catron, 2016, "Modes of Incorporation: A Conceptual and Empirical Critique," *Journal of Ethnic and Migration Studies*, 42（1）：23-53.

第2章

[雇用]

移民の階層的地位達成
——人的資本・社会関係資本の蓄積の影響——

永吉 希久子

1 研究の背景

　移民がネイティブ住民と同等の社会経済的地位を得ることは，移民自身の経済的基盤の確保や社会的な平等の実現という面で望ましいだけでなく，メンタルヘルスや受け入れ国への愛着の向上など，より幅広い次元での社会統合を促進する上でも重要である[1]．さらに，移民第1世代の社会経済的地位の高さは，第2世代の教育達成や職業的地位達成をもたらす資源となる（Portes and Rumbaut 2001=2014; 是川 2012）．したがって，長期的な移民統合を考える上でも，移民第1世代がどのような階層的地位を占めているのか，地位達成は何によって可能となるのかを明らかにすることは重要である．

　移民の地位達成についての主要な説明図式の1つとして，社会経済的同化モデル（是川 2019）が挙げられる．社会経済的同化モデルでは，移民は移住時に階層的地位の下降を経験するが，その後滞在が長期化する中で地位を向上させることができると考える（e.g., Chiswick 1978; Duvander 2001）．出身国で蓄積してきた人的資本（たとえば職業経験や学歴など）は，受け入れ国で働く上で役立つものと雇用

1　社会経済的地位とメンタルヘルスの関連については本書の**第6章**，帰属感情の関連については**第7章**に詳しく説明されている．ただし，**第7章**で見たように，本書のデータから見ると，社会経済的地位達成は必ずしも帰属感情に影響していない．

者に見なされず，それに見合った職に就くことができない．あるいは，移住当初の移民は受け入れ国で十分なネットワークを持たないことから，より条件の良い職についての情報を得ることができない．結果として移民は移住当初には受け入れ国の階層構造の低位に位置付けられやすくなる．しかし，こうした不利は滞在の過程で受け入れ国の言語や慣習を身につけ，職業経験を積んでいくことや，ネットワークを形成していくことで挽回していくことができると考えられる．

　本章の目的は，日本においてもこのような移民の階層的地位の上昇が生じうるのかを明らかにすることにある．この問いはすでにいくつかの研究において検証されている．たとえば国勢調査データを分析した是川夕の研究（是川 2019）によれば，これまで地位達成が困難と見られてきたブラジル籍者も含め，外国籍者は高い教育達成や滞日の長期化によって一定程度職業的地位達成を遂げている．ただし，地位達成のあり方は日本の労働市場の特徴から制約を受けており，日本型雇用に埋め込まれた高地位職（管理職・正規事務職）への到達は，国を超えて汎用的なスキルを中心とする高地位職（専門職）への到達に比べ困難であった．つまり，日本型雇用への参入には障壁があり，滞在が長期化して資本の蓄積が行われても，そこへの参入は難しい．その一方で，専門・技術職への移動という面では上昇移動を見込むことができることが示された．また，静岡県のある市で調査を行った竹ノ下（Takenoshita 2006）は，ブラジル人の日本語能力の獲得が必ずしも正規雇用に結びつかないことを示している．他方で，在日アルゼンチン人の調査を実施した樋口直人と稲葉奈々子は，日本人とのネットワークや日本語能力が自営業や正規雇用への到達に有用であること，滞日期間の長期化は正規雇用への到達にはつながらないが，自営業にはつながることを指摘している（稲葉・樋口 2010）．これらの知見は日本での人的資本や社会関係資本の獲得は地位達成につながるが，そこには一定の制約がある可能性を示唆している．

　本章は，これらの知見を 2 つの点で発展させる．第 1 に，これまでの研究は特定の国籍や地域，在留資格の人を対象とした調査をもとに行われることが多く，そうした区分を超えて見た場合，どのような傾向が見られるのかは明らかになっていない．他方で，国勢調査は階層的地位の把握やその規定要因の検証

を目的とした調査ではないため，滞日年数や学歴を得た場所，日本語能力，日本人とのネットワークの有無，来日前の就労経験など，移民の階層的地位の分化に影響を与えると考えられる重要な要因の効果が検証できない．本章では独自に実施した全国調査データを用いることにより，人的資本や社会関係資本の蓄積が階層的地位達成にどのような効果をもつのかを検証する．第 2 に，従来どちらか一方でのみとらえられてきた移民の階層的地位を，職業と就労形態の両面からとらえる．階層的地位は職業からとらえられることが多いが，日本では正規雇用／非正規雇用間の分断も重要となる（竹ノ下 2013）．移民についても非正規雇用からの離脱が困難であることが繰り返し指摘されてきた（梶田ほか 2005; 竹ノ下 2005, 2013; Takenoshita 2006; 稲葉・樋口 2010, 2013）．また，移民では専門・技術的な仕事であっても不安定雇用層が少なくない．そこで，職業と就労形態の両面から見ることで，移民が日本の労働市場で置かれている地位をより多面的にとらえることができる．以上から，本章では日本における移民の階層的地位達成を，職業的地位と就労形態の両面でとらえつつ，滞在の長期化や日本語の習得によって地位の上昇が可能となっているのかについて検証を行う．

　以下では，移民の階層的地位の規定要因についての先行研究をレビューした上で，ILW 調査と日本国籍者を対象とした調査の 2 つをもとに，日本国籍者と移民第 1 世代の職業や就労形態，労働条件を比較し，移民が日本の労働市場の中でどのように位置付けられているのかを描き出す．さらに，移民の職業的地位と就労形態の規定要因を，特に滞日の長期化や人的資本，社会関係資本の蓄積の効果に着目して分析する．これにより，日本における移民の階層的地位達成の可能性と限界を検証する．

2　移民の階層的地位はどのように規定されるか

2.1　移民の階層的地位達成と労働市場の構造

　前述のように，移民の階層的地位達成に関する理論の 1 つとして，社会経済的同化モデルがある（Chiswick 1978; Duvander 2001; Fortin et al. 2016; Friedberg 2000; Valbuena and Zhu 2018）．このモデルでは，移民が母国で蓄積した資本の「移転可能性」が

問題となる．移民が母国で蓄積した人的資本は，必ずしも受け入れ国でそのま
ま通用する（移転可能である）わけではない．他の国で得た学位や就労経験がどの
程度有用なのか，雇用主は正確に判断できないからだ．また，高度な職業能力
を持っていたとしても，受け入れ国の言語ができなければ，その活用は難しい．
さらに，取引相手とのスムーズな交渉を行うには，その国の慣習——マナーや
仕事の進め方についての暗黙のルールなど——も知っていなければならない．
このように，人的資本の移転可能性が低い場合，移民は移住に伴って階層的地
位の低下（下降移動）を経験しやすい．

　また，受け入れ国で蓄積した社会関係資本も，移民の地位達成に重要な役割
を果たす（Portes 1998; Behtoui and Neergaard 2010; Lancee 2010; Lancee and Hartung 2012）．移
民は移住先では良い仕事についての情報を得にくい．先に移住した他の移民と
のネットワークを持っていたとしても，移民は条件の悪い職に就きやすいため，
そこから得られるのは，条件の悪い職の情報に限られる．したがって，移民ど
うしのネットワークは勤め先を見つける上では有益だが，地位達成をもたらす
効果は弱く，むしろ移民を条件の悪い職にとどめる可能性もある．つまり，社
会経済的な地位を向上させるためには，より良い職の情報を持つ受け入れ国の
マジョリティとのネットワークの形成が必要となる．

　受け入れ国で蓄積した人的資本や社会関係資本が地位達成に寄与するならば，
滞在が長期化し，受け入れ国で学歴や就労経験を得たり，言語を身につけたり，
あるいは受け入れ国のマジョリティとのネットワークを形成したりすることに
よって，移民は階層的地位を上昇させられる（Chiswick 1978; Duvander 2001; Valbuena
and Zhu 2018）．つまり，社会経済的同化モデル（是川 2019）が妥当であれば，移民
の階層的地位は固定化せず，徐々に地位達成が行われることになる．

　しかし，社会経済的同化モデルは，すべての国に適用できるとは限らない．移
民がどの程度地位達成を遂げられるかは，その国の労働市場の構造によって影
響を受ける．社会経済的同化モデルは暗黙のうちに，労働者が自分のもつ人的
資本にふさわしい職に就くことができるという，開かれた，柔軟な労働市場を
前提としている（Aysa-Lastra and Cachon 2013; Fellini and Guetto 2019）．しかし，労働市
場が労働者の職業移動に一定の制約を課すような構造をしている場合，上昇移

動の可能性は限られたものとなる．たとえば，二重労働市場論（Piore 1978）が指摘するような労働市場の分断が存在する場合がこれにあたる．二重労働市場論によれば，労働市場は安定的な雇用と昇進や昇給の可能性，OJT を通じた職業能力開発の機会の提供によって特徴づけられる第一次労働市場と，そのどれもが提供されない第二次労働市場に分けられる．このような場合，後者から前者への移動は困難になる．したがって，移民が移住時に第二次労働市場に組み込まれると，人的資本を蓄積したとしても，第一次労働市場への移動は生じにくい．二重労働市場によって特徴づけられるスペインでの移民の職業的地位達成の分析では，職業移動がそれぞれの労働市場の内部で生じる傾向が指摘されている（Aysa-Lastra and Cachon 2013）．

2.2　日本の労働市場の特徴とその影響

日本の労働市場は二重労働市場の構造を持つことが指摘されてきた（玄田 2011）．これは特に，雇用形態と大きく関わる（Imai and Sato 2011; 鈴木恭子 2018）．第一次労働市場は主に大企業の正規雇用者によって構成されており，第二次労働市場は非正規雇用者を中心として構成されている[2]．この労働市場の分断は，職業的地位とは独立して存在すると考えられる．特に移民については，IT 関連職に代表されるようにプロジェクトベースで雇用される高技能非正規雇用者が少なくない（村田 2010; 上林 2015）．高技能非正規雇用者の中には恵まれた待遇にいる人もいると考えられるため，第二次労働市場に含められるかについては留保が必要であるが，正規雇用と比べて不安定な雇用であるとはいえるだろう．職業的地位と雇用形態が独立しているならば，職業的地位の上昇移動を可能とする要因と，雇用の面での上昇移動（＝安定化）を促す要因は異なりうる．実際，国を超えて通用するスキルを持つ IT 技術者であっても，正規雇用としての就労には日本語能力や日本でのビジネス慣習についての知識が問われるとの指摘もある（村田 2010）．したがって，日本における移民の上昇移動は，職業的地位の上

2　中小企業も第二次労働市場に分類することができるが（鈴木恭子 2018），本章ではサンプルサイズを考慮し，雇用形態のみをもとに労働市場を定義した．企業規模も含めた分析は今後の課題となる．

昇と，雇用の安定化の二面からとらえる必要があるだろう．

　かつて日本の労働市場における移民の地位について検討を行った梶田（1994）は，移民を第二次労働市場に位置付け，第一次労働市場への参入は困難であると論じた．ただし，唯一の例外として日本の教育機関を卒業した留学生は，日本語能力の高さと新卒一括採用を経られることから，第一次労働市場に入る可能性が指摘されていた．梶田の分析から 20 年以上がたち，実際に日本の高等教育機関を卒業した留学生については第一次労働市場に参入していることが指摘されている（Liu-Farrer 2011）．山口（2016）は日本企業が留学生を活用する利点として，次の 2 点を挙げる．第 1 に，従来の新卒一括採用のシステムを変更することなく採用活動を行えるため，採用コストが小さくなる．第 2 に，日本語や日本文化，慣習の習得など，日本で働くにあたって必要とされる教育訓練の一部をすでに終えており，費用を負担する必要がない．日本企業は「グローバル人材」の名のもとに，「外国人の顔をした日本人」を求めており，移民労働者であっても日本の慣習を身につけることを要求しているとの指摘もある（労働政策研究・研修機構 2012; 吉田 2015）．つまり，留学生は企業にとって日本人と同様に扱うことのできる存在であるがゆえに，日本人に閉じられてきた第一次労働市場に参入することが可能になる．言い換えれば，そうした条件を満たさない他の移民労働者にとって，第一次労働市場への参入は困難であると考えられる．そして，非正規雇用から正規雇用への移動に障壁があるとすれば，滞在が長期化したとしても，移住当初の雇用形態を変更することは困難であると考えられる[3]．

　職業に目を向けると，出入国管理の制度によって分断が生じている可能性が指摘できる．日本政府は特定技能制度により中技能職の労働者の受け入れを始めるまで，公式には就労を目的とした移民を「専門・技術的な職業」に限定してきた．このため，仕事に関する在留資格は高技能職を対象とし，過去の職業経歴や教育歴など，その職にふさわしい人的資本を入職前に保有することが求められてきた．他方で，身分・地位にもとづく在留資格は職業と紐づけられた

3　ただし，非正規雇用と正規雇用の区分と第一次／第二次労働市場の区分を重ねてみる見方に懐疑的な立場もある．玄田（2008）は非正規雇用者の基幹化が進む中で，非正規雇用者であっても勤続年数が長くなることで所得の上昇が生じていることを指摘している．

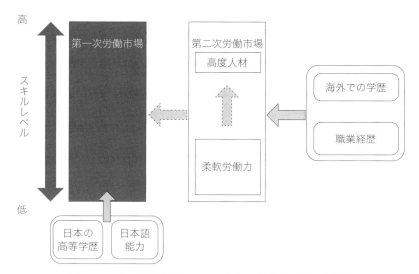

図2-1　日本の労働市場における移民の位置付けと規定構造

ものではないため，就くことができる職種に制約がない．これが定住者資格での滞在が可能となった日系南米移民の低技能労働者としての活用の背景となったことは，多くの研究で指摘されている[4]（梶田ほか 2005; 竹ノ下 2005; 丹野 2007; 上林 2015）．労働者としての移民の需要が高技能職と低技能職に二極化しており，中間的な技能レベルの職の雇用機会が開かれていないのであれば，後者から前者への移行は容易ではないだろう．

　以上から，日本においては移民の地位達成の規定構造は**図 2-1** のように考えられる．

　日本で高等学歴を得た留学生は，その日本語能力の高さと新卒一括採用の活用により，第一次労働市場に参入できる．他方で，海外で高い学歴を得ていることや，高技能職での職業経歴をもつことは，第一次労働市場への参入ではなく，第二次労働市場において高技能職に就くことを可能とする．そして，日本

4　在留資格によって経済的地位達成が影響を受ける例として，非正規滞在者や技能実習生も挙げられる（上林 2015）．しかし，本調査データの中で非正規滞在者や技能実習生がほとんどいないことを考慮し，本章では取り上げていない．

での就労経験の蓄積の効果は労働市場間，職業間の分断の状況によって異なり，両者の分断が大きいのであれば，大きな効果を持たない可能性がある．

　これらの仮説が妥当であるのか，ILW 調査データをもとに分析を行う．このデータには日本生まれの外国籍者も 120 人含まれているが，本章では移民第 1世代に着目するため，分析からは除外した．また，職業や雇用における地位達成を扱うため，現在学生の人も除外している．

　次節ではまず 2015 年に日本国籍者を対象に実施された「2015 年社会階層と社会移動全国調査」（SSM 調査）データを用いた比較を通じて，日本国籍の労働者と移民労働者の階層的地位の比較を行う[5]．その上で，移民労働者に焦点を合わせ，その就労形態と職業的地位の規定構造を分析する．最後にこれらの結果をもとに，日本における移民労働者の階層的地位の様相とその規定構造について考察する．

3　分　析

3.1　移民の労働市場における地位

　まず，移民と日本国籍者の労働市場における地位を比較する．移民の来日後初職，現職，日本国籍者の現職について各就労形態・職業にいる人の割合を比較した（図 2-2）．各ブロックの面積がある就労形態・職業にいる人の全体に占める割合を示している．ただし，移民の初職については来日後一度も働いたことがない場合を「無職」としている[6]．

　これを見ると，移民は初職，現職ともに日本国籍者よりも無職の割合が低い．また，無職が増加した以外，初職と現職でほとんど分布が変化しておらず，日本国籍者よりも非正規雇用・マニュアル職労働者が多くの割合を占めているこ

5　SSM 調査は 20 歳から 70 歳にデータを限定している．
6　移民の現職については，本人が雇用形態を「常時雇用されている一般従業者（正規雇用）」と答えていても，契約期間に定めがある場合には，非正規雇用に含めている．このようなケースは正規雇用と回答した人のうち 26.7％存在した．SSM 調査や移民の初職についての質問では契約期間は問われていないため，本人が「常時雇用されている一般従業者（正規雇用）」を選んだ場合はすべて正規雇用として扱っている．

【移民の雇用形態・職業分布（初職)】

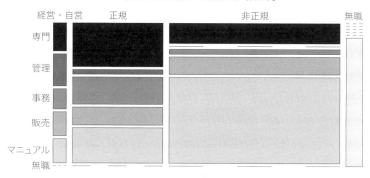

【移民の雇用形態・職業分布（現職)】

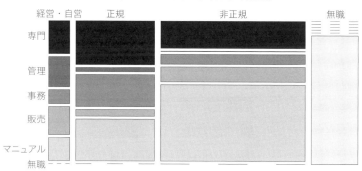

【日本国籍者の雇用形態・職業分布】

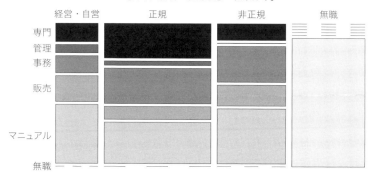

図2-2　移民の来日後初職，現職と日本国籍者の就労形態・職業分布の比較

出所：ILW 調査，SSM 調査をもとに筆者作成．

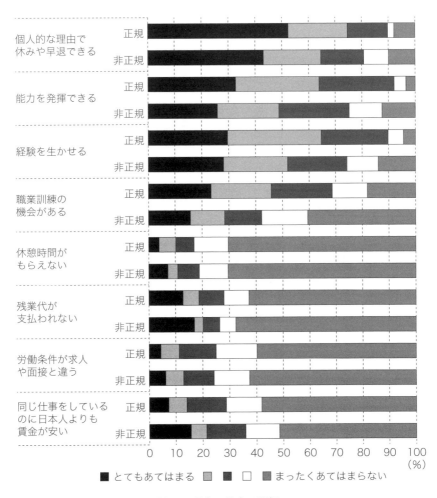

図2-3　現在の仕事の評価

出所：ILW 調査をもとに筆者作成.

とがわかる．全体に占める非正規雇用・マニュアル職者の割合は，移民の初職
では 40％近く，現職でも 30％近くに上るのに対し，日本国籍者では 1 割程度
となっている．また，日本国籍者では 3％にとどまる非正規雇用の専門職者が，
移民では初職，現職ともに 1 割程度存在する．逆に日本国籍者は経営・自営の

割合も正規雇用の割合も外国籍者よりも高い.

　以上から,移民は非正規雇用のマニュアル職に就きやすいことが示された.しかし,これは低技能層が日本に移住していることを意味しない.特に中南米や東南アジア出身者では,移住前にはマニュアル職でなかった人が日本への移住後にマニュアル職に就く傾向にある（竹ノ下 2005; 永吉 2019）.

　被雇用の外国籍者に限定して,労働条件をより詳しく見たものが図 2-3 である.これを見ると,「休憩時間がもらえない」,「残業代が支払われない」,「労働条件が求人や面接と違う」などの項目については,雇用形態によらず 60 〜70％が「まったくあてはまらない」と答えており,これらの面では多くの場合権利が守られている.他方で「とてもあてはまる」と答える割合もゼロではなく,特に「残業代が支払われない」については正規雇用・非正規雇用ともに 1割以上がこの選択肢を選んでいることも無視できない.また,「同じ仕事をしているのに日本人よりも賃金が安い」に対し,非正規雇用では 15.6％が「とてもあてはまる」と回答している.あくまでも主観的な評価であるため,移民労働者であることを理由に賃金が低く設定されているのかについては検証が必要だが,こうした不満が生じる環境で就労している人が一定数存在することが示された.さらに非正規雇用者については,「職業訓練の機会がある」に対し 40.6％が,「まったくあてはまらない」と答えていた.この割合が日本国籍者と比較してどのように評価できるかについては今後の検証が必要であるが,非正規雇用で働く移民が,仕事を通じて職業能力を高める機会が得られない状況にいることがわかる.

3.2　受け入れ国での人的資本や社会関係資本の蓄積

　移民は日本国籍者と比較して低技能・非正規雇用職に集中する傾向にあった.では,移民の職業的地位や雇用の安定性は,人的資本や社会関係資本の蓄積の程度によって,どの程度規定されているのだろうか.それを見る前に,滞日の長期化にしたがって資本の蓄積が生じているのかを確認する.

　ILW 調査では日本語能力について,「あなたは,日本語で,次の (a) 〜 (c) をどのくらいできますか？」という質問に続く,「a. 会話する」,「b. 読む」,「c. 書

表2-1　日本語能力の規定要因

	B	S.E.
滞日年数	0.107**	0.013
滞日年数二乗	-0.002**	0.000
年齢	-0.029**	0.006
男性	-0.027	0.075
女性（ref.）		
日本での学歴：なし（ref.）		
日本での学歴：高校・専門・短大	0.627**	0.152
日本での学歴：大学・大学院	0.985**	0.123
海外での学歴：短大以下（ref.）		
海外での学歴：大学・大学院	0.412**	0.087
海外での学歴：無回答	0.005	0.120
無配偶（ref.）		
配偶者日本国籍	-0.110	0.092
配偶者外国籍	-0.370**	0.090
中国籍（ref.）		
フィリピン国籍	-0.621**	0.147
ブラジル・ペルー国籍	-0.791**	0.139
欧米諸国国籍	-0.359*	0.141
その他国籍	0.058	0.106
切片	3.421**	0.252
R^2	0.438	

n = 659.　**p < 0.01.　*p < 0.05.　標準誤差は市区町村でクラスター化.

く」の3つで尋ねている．回答は「ほぼ完全にできる」，「わりとできる」，「まあまあできる」，「あまりできない」，「まったくできない」の5つから，それぞれ1つ選んでもらっている．能力が高いほど値が大きくなるように得点を与え，その平均値を日本語能力の指標とした[7]．これを従属変数とした回帰分析を行い，滞日年数による日本語能力の差を検証した結果が**表 2-1** である．

　表 2-1 を見ると，滞日年数とその二乗がともに統計的に有意な効果をもっていた．これを図示したのが**図 2-4** である．これを見ると，徐々にその伸び率は緩やかになるものの，滞日年数が長い人ほど，日本語能力が高いことがわかる．また，この関連に学歴や国籍による違いは見られなかった（結果は省略）．ただし，滞日年数の効果は，日本語能力が十分でない移民が早期に帰国した結果，日本語能力の高い人だけが残っていくというセレクションの影響を受けている可能性があるため，滞日の長期化が日本語能力の向上につながるとは言い切れない．

7　信頼性係数の値は0.93と高く，ある側面での能力が高い人は，他の側面でも高いことがわかる．

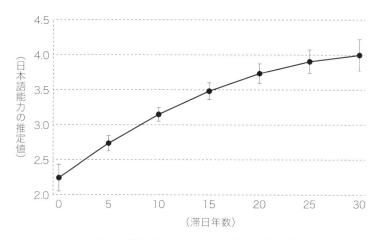

図2-4　滞日年数による日本語能力の推定値

注：他の変数を平均値とした場合の推定値.

　そのほかの変数を見ると，日本で教育を受けた人や海外で高等教育を受けた人ほど日本語能力が高く，中国籍者に比べフィリピン籍者，ブラジル・ペルー籍者，欧米諸国国籍者で日本語能力が低くなっていた．また，年齢が若い人ほど，無配偶の人は配偶者が外国籍の人よりも，日本語能力が高かった．

　また，移民の社会関係資本の蓄積の指標として，入職経路として利用した経路を初職と現職で比較すると（**表2-2**），中国籍者やフィリピン籍者では大きな変化が見られない一方，ブラジル・ペルー籍者では初職と現職で使用する経路に変化が生じていた．具体的には，初職で利用率の高かった家族・親族の紹介や民間職業紹介機関の利用が減少し，日本人以外の友人・知人の紹介と直接応募の割合が高まっていた．つまり，ごく身近なネットワークや仲介会社などを利用した入職から，より広い範囲でのネットワークの活用や自分自身で仕事を探して応募するようになっている．日本人の友人・知人の紹介の割合も増加しているが，その程度は大きくはない．他の国籍でも同様であり，滞在の長期化によって日本人のネットワークを活用した求職が行われるようになったとはいえない．ただし，日本国籍者でも友人ネットワークを用いた就職が行われる割合は17.1％と必ずしも高くはないため，その他の国籍者以外は日本国籍者と同程

表2-2　国籍別，初職・現職別入職経路の割合

		家族・親戚の紹介	日本人の友人・知人の紹介	日本人以外の友人・知人の紹介	学校・先生・先輩の紹介	公共職業安定所	民間職業紹介機関	支援団体の紹介	就職説明会	直接応募	家業を継いだ	起業	現在の勤め先からの勧誘	前の職場の紹介	度数
中国	初職	13.1	17.8	9.4	5.6	5.6	4.7	1.4	13.1	13.6	0.0	2.3	8.9	1.9	214
	現職	9.1	14.4	9.6	2.9	8.2	7.2	0.5	8.2	17.3	0.0	6.3	12.0	2.9	208
フィリピン	初職	25.3	17.2	16.1	1.2	3.5	10.3	5.8	6.9	11.5	0.0	1.2	2.3	0.0	87
	現職	25.6	17.8	22.2	2.2	5.6	6.7	2.2	5.6	12.2	0.0	2.2	3.3	1.1	90
ブラジル・ペルー	初職	30.9	8.1	10.3	3.7	0.7	31.6	1.5	1.5	9.6	0.0	0.0	0.0	0.0	136
	現職	17.7	12.3	21.5	0.8	2.3	20.8	0.8	0.8	19.2	0.0	0.0	5.4	0.8	130
欧米	初職	4.9	11.5	13.1	13.1	3.3	0.0	4.9	6.6	42.6	1.6	3.3	1.6	0.0	61
	現職	0.0	16.7	11.7	5.0	1.7	5.0	1.7	3.3	30.0	1.7	8.3	5.0	3.3	61
その他	初職	10.1	3.2	12.0	8.9	5.7	5.7	5.1	7.6	15.2	1.9	4.4	7.0	5.1	158
	現職	8.0	7.4	14.8	4.3	4.3	8.0	5.6	6.8	17.3	1.2	7.4	10.5	4.9	158
日本国籍者	現職	7.7	17.1		12.7	12.2	3.7	−		23.2	10.0	7.6	4.3	2.6	4,763

注：回答は複数選択．日本国籍者の数値は SSM 調査の 20 歳から 70 歳のデータを使用．日本国籍者では相手の国籍を問わず「友人・知人の紹介」の利用の有無を尋ねている．また，「学校・先生・先輩の紹介」は「卒業した学校の先輩の紹介」と「卒業した学校や先生の紹介」をまとめた割合を示した．「支援団体の紹介」と「就職説明会」は SSM 調査の質問紙に含まれていないため，日本国籍者の数値は示していない．

度の水準に達しているともいえる．また，日本国籍者では 1 割を占める公共職業紹介所は，移民では限定的な利用にとどまっており，公的な職業紹介の制度の利用が難しいことがうかがえる．

3.3　階層的地位達成の規定要因

　上記の分析からは，滞日年数が長いほど日本語能力が高くなる一方で，職業紹介における日本人とのネットワーク活用の程度には目立った上昇は見られないことが示唆された．では，これらの資本の蓄積は移民の階層的地位達成に影響しているのか．移民の職業と就労形態の規定要因を検証した[8]．

　上に挙げた日本語能力と入職ネットワークの効果に加え，国外で蓄積した人的資本の変数として来日前の最後の職業（専門職，管理職・事務職，販売職・マニュアル職，就労経験なしの 4 カテゴリ），日本で蓄積した人的資本の変数として日本で

8　社会関係資本の効果に着目するため，入職経路の中でも「日本人の友人・知人の紹介」，「日本人以外の友人・知人の紹介」をモデルに含め，効果を検証した．

初職についてからの経過年数（日本での就労年数）⁹，両方に関わる変数として国内外での学歴を用いた．ただし，海外での学歴については無回答が多く含まれるため，無回答を1つのカテゴリとして分析に含めた．また，日本での初職をモデルに加えることで，初職が現職に与える影響についても検証した．統制変数として，性別，婚姻状態，国籍カテゴリ，在留資格を用いている．この際，在留資格を永住者，永住者以外の身分・地位に基づく在留資格，仕事に関する在留資格，その他の在留資格・無回答の4つに分類し，¹⁰モデルに含めたところ，「その他の在留資格や在留資格無回答」に完全分離が生じた．そこで，このカテゴリに含まれる人を分析から除外した．この点については考察で論じる．また，入職経路をモデルに含むため，分析は有職者に限定した．¹¹

　職業については，Hashimoto（2017）にならい，現職を汎用的なスキルを要する職としての「専門職」，日本型雇用に埋め込まれた職としての「管理職・事務職」，「販売職・マニュアル職」の3つに分類し，その規定要因を多項ロジスティック回帰分析により検証した．¹²その結果を表2-3に示した．表には他の変数が平均値であった場合に，各職に就く確率がその独立変数の増加によってどの程度変化するかを示す限界効果を記載している．

　モデル1について見ると，専門職に対しては国内外を問わず高等学歴を得たこと，来日前の最後の仕事が専門職であることが，正の効果を示している．ここから，専門職として必要となる技能が国を超えて移転可能なものであることがうかがえる．就労年数や日本語能力，日本人／日本人以外の友人・知人の紹介

9　初職の入職後から調査時点までの経過年数は，日本での就労経験の蓄積を示す変数として用いた．実際には離職期間が含まれる可能性もあり，必ずしも就労年数と一致するとは限らないため，大まかな期間を示すにとどまる．

10　在留資格で「技術・人文知識・国際業務」，「企業内転勤」，「技能」，「経営・管理，教育，教授」を選んでいる，あるいは「その他」の自由記述から専門・技術的分野の仕事に関する在留資格と判断できる場合を「仕事に関する在留資格」，「特別永住者」，「永住者」，「日本人の配偶者等」，「定住者」を「身分・地位に関する在留資格」に分類した．「その他」の自由記述から永住者の配偶者等に含まれると判断できる場合も，「身分・地位に関する在留資格」に含めた．

11　入職経路をモデルから除き，無職者を含めて分析を行った場合でも結果に大きな影響はなかった．

12　SSM職業8分類をもとに分類を行った．

表2-3　職業的地位の多項ロジスティック回帰

	全体								初職マニュアルのみ			
	モデル1				モデル2							
	専門職		管理職・事務職		専門職		管理職・事務職		専門職		管理職・事務職	
	限界効果	S.E.	限界効果	S.E.	限界効果	S.E.	限界効果	S.E.	限界効果	S.E.	限界効果	S.E.
日本で学歴なし (ref.)												
日本で高校・専門・短大	-0.086	0.047	-0.075	0.068	0.028	0.115	-0.142	0.087	0.000	0.002	-0.021	0.024
日本で大学・大学院	0.238*	0.098	-0.012	0.068	0.354*	0.174	-0.159*	0.079	0.006	0.010	0.003	0.033
海外で高等学歴なし (ref.)												
海外で高等学歴	0.187**	0.059	0.015	0.062	0.153	0.085	-0.022	0.078	0.000	0.002	0.013	0.026
海外の学歴無回答	-0.023	0.067	-0.077	0.063	-0.079	0.080	-0.037	0.094	0.001	0.003	-0.002	0.030
日本語能力	0.034	0.029	0.099**	0.024	-0.020	0.042	0.119**	0.033	0.002*	0.001	0.028*	0.014
日本での就労年数	-0.008	0.005	-0.005	0.004	-0.004	0.006	-0.007	0.005	0.000	0.002	0.000	0.002
来日前：専門	0.278**	0.085	-0.089	0.068	0.103	0.109	-0.106	0.085	0.006	0.005	-0.035	0.055
来日前：管理職・事務職	-0.031	0.060	0.026	0.068	-0.012	0.098	0.017	0.093	0.001	0.003	0.021	0.040
来日前：販売職・マニュアル職	-0.014	0.043	-0.176**	0.060	0.102	0.102	-0.198*	0.078	0.004	0.003	-0.078*	0.033
来日前：就労経験なし(ref.)												
日本人の友人・知人の紹介	0.052	0.101	-0.116*	0.059	0.055	0.110	-0.141	0.080	-0.001	0.002	-0.006	0.029
日本人以外の友人・知人の紹介	0.016	0.075	-0.083	0.057	-0.017	0.111	-0.079	0.067	0.001	0.002	-0.048	0.026
日本での初職：専門職					0.800**	0.049	-0.037	0.051				
日本での初職：管理職・事務職					-0.041	0.034	0.568**	0.087				
日本での初職：マニュアル職(ref.)												
男性	0.127*	0.053	-0.106*	0.051	0.043	0.094	-0.087	0.074	0.001	0.002	-0.015	0.034
女性 (ref.)												
無配偶 (ref.)												
配偶者日本国籍	-0.103	0.077	0.052	0.064	-0.096	0.111	0.055	0.093	0.000	0.003	0.007	0.030
配偶者外国籍	-0.007	0.073	0.078	0.056	-0.063	0.074	0.063	0.069	-0.001	0.002	0.020	0.028
中国籍 (ref.)												
フィリピン国籍	-0.195**	0.060	-0.161*	0.075	-0.339**	0.077	-0.040	0.133	-0.028	0.023	-0.053	0.055
ブラジル・ペルー国籍	-0.187**	0.072	-0.149*	0.072	-0.218	0.154	-0.026	0.121	0.000	0.034	-0.070	0.039
欧米諸国国籍	0.500**	0.091	-0.051	0.088	0.259	0.191	0.028	0.161	0.443	0.259	0.038	0.137
その他国籍	0.077	0.069	-0.063	0.053	-0.120	0.094	-0.018	0.066	-0.016	0.015	-0.057	0.045
身分に基づく在留資格(ref.)												
仕事に関する在留資格	0.148	0.082	0.191*	0.088	0.072	0.094	0.175	0.108	0.008	0.008	0.025	0.052
永住者	0.082	0.074	0.028	0.063	0.105	0.090	0.007	0.084	0.003	0.001	-0.002	0.025
McFadden R^2	0.416				0.603				0.282			
n	444				444				258			

注：**$p < 0.01$，*$p < 0.05$，標準誤差は市区町村でクラスター化．就労年数と日本語能力は平均値で中心化している．表示は他の変数を平均値で固定した場合の限界効果．

での入職との間には統計的に有意な関連は見られなかった．これに対し，管理職・事務職に対しては学歴の効果は確認されず，日本語能力に正の効果が，来日前の最終職が販売・マニュアル職であったことに負の効果が見られた．来日前の最終職が管理職・事務職であったことの効果の係数は正であったものの値は小さく，統計的に有意ではなかった．先行研究同様，管理職・事務職は人的資本の移転可能性が低いことがうかがえる．また，日本人の友人・知人の紹介

で入職したことは，予想とは逆に，管理職や事務職での就労確率を低下させていた．

　モデル2で日本での初職を投入すると，日本での初職がマニュアル職であった人と比べ，専門職であった人は現職も専門職になりやすく，管理職・事務職であった人は，現職も管理職・事務職になりやすい．他方で，初職を投入すると，管理職・事務職に対する日本での大学・大学院の学歴の負の効果が見られるようになる．専門職に対しては日本で大卒以上の学歴を得たことの正の効果が残ることから，日本で大卒以上の学歴を得た人の管理職・事務職への移行機会は初職入職時点に閉じられているのに対し，専門職への移行はその後も開かれていると考えられる．

　モデル3では初職がマニュアル職であった人にデータを限定し，そこからの専門職や管理職・事務職への移行を促す要因を検証した．その結果，日本語能力が高いことは専門職や管理職・事務職への移行を高める効果をもっていた．ただし，前者への効果はごく弱いものである．他方で，日本での就労年数や入職ネットワークには効果が見られず，日本で就労経験を積むことや日本人とのネットワークを活用した就職によって職業的地位を向上させることは確認されなかった．

3.4　就労形態の規定要因

　では，地位達成のもう1つの側面である雇用の安定化は何によって規定されるのだろうか．就労形態を経営・自営，正規雇用，非正規雇用の3つに分けた上で，多項ロジスティック回帰を行った結果を**表2-4**に示した．ただし，初職が経営・自営である人は少なく，推定に問題が生じるため，分析から除外している．

　モデル1を見ると，日本での就労年数の長期化は経営・自営への就労確率を高める一方，日本語能力は正規雇用での就労確率を高めていた．ただし，就労年数の経営・自営での就労に与える効果はごく小さなものである．学歴や日本人／日本人以外の友人の紹介での入職は統計的に有意な関連を持っていない．

　興味深いのは来日前の職業の効果であり，来日前に就労経験を持たない人に

表2-4　就労形態の多項ロジスティック回帰

	全体								初職非正規のみ			
	モデル 1				モデル 2				モデル 3			
	経営・自営		正規		経営・自営		正規		経営・自営		正規	
	限界効果	S.E.	限界効果	S.E.	限界効果	S.E.	限界効果	S.E.	限界効果	S.E.	限界効果	S.E.
日本で学歴なし (ref.)												
日本で高校・専門・短大	-0.005	0.012	-0.101	0.080	-0.004	0.010	-0.160	0.088	0.000	0.001	-0.022	0.064
日本で大学・大学院	0.013	0.018	-0.001	0.098	0.020	0.022	-0.118	0.097	0.000	0.002	0.007	0.107
海外で高等学歴なし(ref.)												
海外で高等学歴	-0.007	0.011	0.031	0.065	-0.005	0.011	-0.034	0.074	-0.001	0.001	-0.016	0.051
海外の学歴無回答	-0.004	0.015	-0.074	0.089	-0.003	0.015	-0.140	0.105	0.002	0.004	-0.072	0.078
日本語能力	0.004	0.006	0.072**	0.027	0.006	0.007	0.045	0.029	0.001	0.001	0.012	0.025
日本での就労年数	0.002*	0.001	-0.001	0.004	0.002*	0.001	-0.006	0.005	0.000	0.000	0.003	0.003
来日前：専門	-0.020	0.014	-0.323**	0.068	-0.024	0.015	-0.285**	0.079	-0.003	0.002	-0.203**	0.053
来日前：管理職・事務職	0.002	0.021	-0.130	0.101	-0.007	0.021	-0.106	0.093	-0.001	0.003	-0.061	0.096
来日前：販売職・マニュアル職	0.006	0.019	-0.246**	0.071	-0.002	0.019	-0.170	0.092	-0.002	0.002	-0.079	0.068
来日前：就労経験なし												
日本人の友人・知人の紹介	-0.003	0.010	0.013	0.073	-0.006	0.010	0.060	0.084	-0.001	0.001	0.038	0.057
日本人以外の友人・知人の紹介	-0.016	0.009	-0.021	0.090	-0.017	0.010	-0.014	0.099	-0.002	0.001	-0.033	0.053
日本での初職：正規					-0.020	0.013	0.567**	0.054				
日本での初職：非正規(ref.)												
男性	0.022	0.015	0.221**	0.058	0.022	0.014	0.233**	0.061	0.004	0.002	0.102*	0.046
女性 (ref.)												
無配偶 (ref.)												
配偶者日本国籍	0.009	0.015	-0.077	0.079	0.015	0.014	-0.139	0.086	0.000	0.001	-0.118	0.064
配偶者外国籍	-0.016	0.010	0.028	0.075	-0.010	0.011	-0.005	0.081	0.001	0.001	-0.010	0.071
中国籍 (ref.)												
フィリピン国籍	-0.018	0.025	-0.228*	0.104	-0.017	0.025	-0.191	0.118	-0.031	0.020	-0.016	0.111
ブラジル・ペルー国籍	-0.035*	0.015	-0.252**	0.093	-0.034*	0.014	-0.146	0.117	-0.030	0.020	-0.106	0.090
欧米諸国国籍	0.028	0.038	-0.137	0.110	0.038	0.043	-0.085	0.129	0.053	0.082	0.064	0.116
その他国籍	-0.019	0.017	0.027	0.083	-0.013	0.021	-0.014	0.081	0.009	0.040	-0.043	0.092
身分に基づく在留資格(ref.)												
仕事に関する在留資格	-0.006	0.015	0.259**	0.096	0.000	0.017	0.178	0.102	0.003	0.003	0.099	0.089
永住者	-0.004	0.014	0.126	0.068	-0.006	0.013	0.141	0.079	0.002	0.002	0.069	0.045
McFadden R²	0.209				0.335				0.198			
n	431				431				265			

注：**p < 0.01，*p < 0.05．標準誤差は市区町村でクラスター化．表示は他の変数を平均値で固定した場合の限界効果．初職が経営・自営である場合はサンプルから除いている．

比べ，専門職だった人や販売・マニュアル職だった人の方が正規雇用になりにくい傾向が見られた．また，管理職・事務職の経験も統計的に有意ではないが，係数は負である．来日前の就労経験は，職業スキルの証明となるものであり，人的資本の豊富さを示唆する．日本においてはそうした職業スキルを持った人よりも，持たない「新卒」の方がむしろ，正規雇用を獲得しやすいことを意味している．

　モデル 2 で日本での初職を投入すると，初職が非正規雇用である場合と比べ，

正規雇用であれば現職も正規雇用になりやすい傾向が見られた．経営・自営への移行のしやすさに，初職による違いは見られない．日本語能力の正規雇用に対する効果は統計的に有意ではなくなり，初職が正規であることの効果を除けば，日本語能力が高くとも正規雇用になる確率が上がるとはいえない．したがって，日本語能力が高い人が正規雇用となりやすいのは，こうした人が日本での初職で正規雇用になりやすいからであることが示唆される．

初職が非正規雇用であった人に限定して分析をした結果（モデル3）を見ると，経営・自営での就労確率や正規雇用での就労確率に対して日本での就労年数や日本語能力，入職経路は効果をもっていなかった．つまり，非正規雇用から日本でのキャリアを始めた場合，そのあと就労経験を重ねたり，日本語能力が向上したりしても，そこからの離脱につながるとは限らない．

4 考察と結論

本章では移民の階層的地位達成について，職業における地位達成と雇用の安定化の 2 つの側面からとらえ，特に日本での人的資本と社会関係資本の蓄積の影響に着目しつつ，その規定要因を分析した．その結果，次のことが明らかになった．

第 1 に，移民であっても正規雇用者は一定数存在し，第一次労働市場への参入が可能になっているものの，全体としてはその割合は低く，特に中技能職に就く移民の割合は日本国籍者に比して小さくなっていた．逆に低技能の非正規雇用に就く割合は高い．移民は第二次労働市場で働きやすいという傾向は，今日でも継続している．そして非正規雇用の移民に対して職業訓練の機会が十分でないことも示唆された．

第 2 に，日本での人的資本の蓄積は，蓄積のタイミングと階層的地位のどの側面に着目するかで，異なる効果をもっていることが示唆された．職業的地位達成に対しては，日本での人的資本の蓄積の効果が見られ，日本で高い学歴を得たことが専門職での就労確率を高めるのに加え，日本語能力の高さも管理職・事務職での就労確率を高めていた．また，初職がマニュアル職であった場合に

限定しても，日本語能力の向上によって，職業的地位達成が生じることが示された．

　就労形態についてはその効果はより限定的である．日本での就労経験の蓄積は，経営・自営での就労確率に対しては影響するものの，その効果は小さく，初職が非正規であった場合には確認されなかった．日本語能力が高いことは，正規雇用での就労確率を高めていたものの，初職が非正規雇用であった場合には確認されなかった．つまり，不利な雇用形態からキャリアをスタートした場合，就労経験が蓄積したり，日本語能力が向上したとしても，安定的な雇用に移行できる確率が高まるとはいえない．この結果は，分断された労働市場において，いったん第二次労働市場に位置付けられると，そこから第一次労働市場に移動するのが困難になるとの説を支持するものであるといえよう．ただし，本章では鈴木江理子（2018）が日系移民や非正規移民の調査の中で指摘した，同一職での経験の蓄積の効果は検証できておらず，今後の課題として残されている．

　第 3 に，来日前に専門職であったことは，来日後に専門職で働く確率を高めていた．管理職・事務職での就労経験が必ずしも管理職・事務職での就労確率を高めないことを考慮すると，先行研究で指摘されるように，専門職で求められる技能は国を超えて移転可能である一方で，管理職・事務職ではより日本的な人的資本が要求されるといえる（Hashimoto 2017）．ただし，来日前職の効果は日本での初職を投入すると弱まることから，来日直後の職業を規定することを通じて，現職に影響していると考えられる．

　これに対し，正規雇用での就労は，むしろ来日前に就業経験を持たないことによって促進されていた．日本の高等教育機関の卒業に効果が見られなかったことを考慮すると，正規雇用での就労は，（国内外の）教育機関を卒業し，そのまま就職するという意味での「新卒（新規学卒者）」であることによって促されている可能性がある．また，来日前に専門職であったことは正規雇用での就労確率を低下させる傾向が一貫して確認された．専門職としてのスキルを蓄積して来日した人は，それを生かして専門職に就くものの，その職は日本の労働市場において中核的なものではなく，一時的な「助っ人」（梶田 1994: 71）としての労働需要を満たすものであると考えられる．

　第 4 に，本章の分析においては，日本人とのネットワークを通じて就職することが，階層的地位の向上を促すことは確認されなかった．外部労働市場からの人材の確保が盛んでない日本の状況を考えれば，インフォーマルなネットワークを通じた入職は，階層的な地位達成を促すものではない可能性もある（佐藤 1998; 蔡・守島 2002; 石田 2009）．

　ところで，「その他の在留資格」をモデルに含めた場合，完全分離が発生して推定できなかった．これは「その他の在留資格」の人が特定の地位，具体的には非正規雇用やマニュアル職に偏っていることによって生じたものである．学生を除くと「その他の在留資格」の半数程度が家族滞在，28％が技能実習であり，これらの在留資格に関しては出入国管理制度によって，本人の人的資本等の影響以前に，雇用形態や職業が強く規定されていることがわかる．

　本章の知見は移民の階層的地位達成に 3 つのルートが存在し，それが出入国管理制度や日本の労働市場の特徴を反映していることを示している．1 つは，国外で蓄積した人的資本を活用して，高技能職へと直接参入するルートである．日本の出入国管理制度は，仕事に関する在留資格のもとで滞日する人の過去の職業経験と現在の職業を強く結びつける．このため，もともと専門職としてのスキルや高い学歴を持った人は，日本での人的資本の蓄積がなくとも，それを生かす職へと参入できる．しかし，このルートは，安定的な雇用の獲得を必ずしも意味しない．安定的な雇用の確保は，日本の労働市場に参入するタイミングで，新規学卒者として，第一次労働市場へと参入する必要がある．これは，「新卒」を中心に門戸を開く日本の第一次労働市場の特徴を示すものであるといえる．第 3 のルートは，日本での就労経験や日本語能力の蓄積によって地位達成を行うルートであり，起業や専門職・管理職・事務職としての就労につながる．ただし，起業を通じた地位達成のルートは非常に狭く，初職が非正規雇用であれば人的資本を蓄積したとしても，そこに至るのは困難であるといえる．また，就労年数の経営・自営に対する効果は，日本に根付いて事業をしている人以外が帰国した結果，長期滞在者に経営・自営層が多くなるという，セレクションによって生じたものである可能性も否定できない．このルートがどれほど開かれたものであるのかについては，さらなる検証が必要となる．

　3 つのルートのうち第 1, 第 2 のルートは, 非正規雇用のマニュアル職から日本でのキャリアをスタートする多くの移民にとって開かれたものではない. また, 上で見たように, 経営・自営への道は存在しうるものの, 非常に狭いものである可能性がある. 日本語能力が向上すれば, 管理職や事務職, 専門職に移行できる確率は高まるが, それは安定的な雇用とは限らない. 非正規／正規の間に高い移動障壁がある労働市場の構造のもとで非正規雇用としてキャリアを始めることの不利は日本国籍者を対象とした研究で繰り返し指摘されてきた. 移民は柔軟な労働力としての機能を期待されて日本の労働市場へと参入するために, この不利を背負った形で, 日本でキャリアを重ねることになる. その意味で, 日本における社会経済的同化モデルの適用は限定的なものとなると考えられる.

　ただし, 本章の分析は一時点のデータをもとにしているため, 人的資本の蓄積の効果を厳密に検証できているわけではない. たとえば, 同じ個人について過去と現在を比べ, 日本語能力がどの程度向上したのかは, 本調査では把握できない. 帰国に伴うセレクション・バイアスの影響も避けられていない. このような問題を克服するには, パネル調査の実施が求められる. 第 2 に, 調査言語が一部に限定されたことや, 回収率の低さ, サンプルサイズの小ささから, この結果がどこまで一般化可能なのかについては議論の余地がある.

　本章の分析結果は先行研究の結果と大きく異ならず, その意味では一定の頑健性があると考えられるが, 今後調査を積み重ねることにより, どの程度一般化可能な結果なのかを確認する必要がある. さらに, 本章の結果は移住時点や入職時点の状況が重要であることを示唆するものであった. 今後これらの時点の情報をより多く尋ねる形で調査を実施することで, 移民の階層的地位達成についての知識を深めることができるだろう.

　［付記］
　本章は, 永吉（2019）を大幅に改訂したものである.

［文献］

Aysa-Lastra, M. and L. Cachon, 2013, "Segmented Occupational Mobility: The Case of Non-EU Immigrants in Spain," *Revista Española de Investigaciones Sociológicas*, 144: 23-47.

Behtoui, A. and A. Neergaard, 2010, "Social Capital and Wage Disadvantages among Immigrant Workers," *Work, Employment, Society*, 24（4）: 761-779.

Chiswick, B. R., 1978, "The Effect of Americanization on the Earnings of Foreign-born Men," *Journal of Political Economy*, 86（5）: 897-921.

Duvander, A., 2001, "Do country-specific skills lead to improved labor market positions? An analysis of unemployment and labor market returns to education among immigrants in Sweden," *Work and Occupations*, 28（2）: 210-233.

Fellini, I. and R. Guetto, 2019, "A "U-Shaped" Pattern of Immigrants' Occupational Careers? A Comparative Analysis of Italy, Spain, and France," *International Migration Review*, 53（1）: 26-58.

Fortin, N., T. Lemieux and J. Torres, 2016, "Foreign human capital and the earnings gap between immigrants and Canadian-born workers," *Labor Economics*, 41: 104-119.

Friedberg, R. M., 2000, "You Can't Take It with You? Immigrant Assimilation and the Portability of Human Capital," *Journal of Labor Economics*, 18（2）: 221-251.

玄田有史，2008，「内部労働市場下位層としての非正規雇用」『経済研究』59（4）: 340-355.

────，2011，「二重構造論──『再考』」『日本労働研究雑誌』609: 2-5.

Hashimoto, Y., 2017, "Highly-skilled Immigrants' Occupational Choices and the Japanese Employment System," *RIETI Discussion Paper Series*, 17-E-059.

Imai, J. and Y. Sato, 2011, "Regular and Non-Regular Employment as an Additional Duality in Japanese Labor Market," Y. Sato and J. Imai eds., *Japan's New Inequality*, Melbourne: Trans Pacific Press, 1-31.

稲葉奈々子・樋口直人，2010，『日系人労働者は非正規就労からいかにして脱出できるのか──その条件と帰結に関する研究』全労済協会.

────，2013，「失われた 20 年──在日南米人はなぜ急減したのか」『茨城大学人文学紀要 人文コミュニケーション学科論集』14: 1-11.

石田光規，2009，「転職におけるネットワークの効果──地位達成とセーフティネット」『社会学評論』60（2）: 279-296.

梶田孝道，1994，『外国人労働者と日本』日本放送出版協会.

梶田孝道・丹野清人・樋口直人，2005，『顔の見えない定住化』名古屋大学出版会.

上林千恵子，2015，『外国人労働者受け入れと日本社会──技能実習制度の展開とジレンマ』東京大学出版会.

是川夕，2012，「日本における外国人の定住化についての社会階層論による分析──

職業達成と世代間移動に焦点をあてて」*ESRI Discussion Paper Series*, 283: 1-35.

─────, 2019, 『移民受け入れと社会的統合のリアリティ──現代日本における移民の階層的地位と社会学的課題』勁草書房.

Lancee, B., 2010, "The Economic Returns of Immigrants' Bonding and Bridging Social Capital: The Case of the Netherlands," *International Migration Review*, 44 (1) : 202-226.

Lancee, B. and A. Hartung, 2012, "Turkish Migrants and Native Germans Compared: The Effects of Inter-Ethnic and Intra-Ethnic Friendships on the Transition from Unemployment to Work," *International Migration*, 50 (1) : 39-54.

Liu-Farrer, G., 2011, "Making Careers in the Occupational Niche: Chinese Students in Corporate Japan's Transnational Business," *Journal of Ethnic and Migration Studies*, 37 (5) : 785-803.

村田晶子, 2010, 「外国人高度人材の国際移動と労働──インド人 IT エンジニアの国際移動と請負労働の分析から」『移民政策研究』2: 75-89.

永吉希久子, 2019, 「日本における外国籍者の階層的地位──外国籍者を対象とした全国調査をもとにして」是川夕編『移民・ディアスポラ研究 8 人口問題と移民──日本の人口・階層構造はどう変わるのか』明石書店, 114-133.

労働政策研究・研修機構, 2012, 『JILPT 資料シリーズ No.113 留学生の就職活動──現状と課題』労働政策研究・研修機構.

Piore, M. M. J., 1978, "Dualism in the Labor Market: A Response to Uncertainty and Flux. The Case of France," *Annèe*, 29 (1) : 26-48.

Portes, A., 1998, "Social Capital: Its Origins and Applications in Modern Sociology," *Annual Review of Sociology*, 24: 1-24.

Portes, A. and R. G. Rumbaut, 2001, *Legacies: The Story of the Immigrant Second Generation*, Berkeley: University of California Press. (村井忠政ほか訳, 2014, 『現代アメリカ移民第二世代の研究──移民排斥と同化主義に代わる「第三の道」』明石書店.)

蔡芒錫・守島基博, 2002, 「転職理由と経路, 転職結果」『日本労働研究雑誌』506: 38-49.

佐藤嘉倫, 1998, 「地位達成過程と社会構造──制度的連結理論の批判的再検討」『日本労働研究雑誌』457: 27-40.

鈴木江理子, 2018, 「国境を越えて働く外国人労働者の現場から」津崎克彦編『移民・ディアスポラ研究 7 産業構造の変化と外国人労働者──労働現場の実態と歴史的視点』明石書店, 128-140.

鈴木恭子, 2018, 「労働市場の潜在構造と雇用形態が賃金に与える影響──Finite Mixture Model を用いた潜在クラス分析」『日本労働研究雑誌』698: 73-89.

竹ノ下弘久, 2005, 「国境を越える移動に伴う階層移動──出身国の職業と現職に関

する移動表分析」『ソシオロジ』50（2）: 53-68.

Takenoshita, H., 2006, "The Differential Incorporation into Japanese Labor Market: A Comparative Study of Japanese Brazilians and Professional Chinese Migrants," *The Japanese Journal of Population*, 4（1）: 56-77.

竹ノ下弘久，2013，『仕事と不平等の社会学』弘文堂.

丹野清人，2007，『越境する雇用システムと外国人労働者』東京大学出版会.

Valbuena, J. and Y. Zhu, 2018, "The returns to UK degrees for foreign-educated graduates," *British Educational Research Journal*, 44（3）: 440-462.

山口塁，2016，「日本企業における留学生人材の活用と労働市場での位置づけ」『比較経済研究所ワーキングペーパー』200: 1-21.

─────，2019，「技能実習制度の活用と企業内雇用ポートフォリオの国際化──企業アンケートの二次分析から」移民政策学会 2019 年度年次大会抄録（於 立教大学，5 月 26 日）.

吉田文，2015，「グローバル人材の育成をめぐる企業と大学のギャップ──伝統への固執か，グローバル化への適応過程か」五十嵐泰正・明石純一・駒井洋編『移民・ディアスポラ研究 4 グローバル化をめぐる政策と現実』明石書店，206-221.

第**3**章

[賃金]

移民の教育達成と賃金

—— 教育を受けた場所と経済的統合 ——

竹ノ下弘久・永吉希久子

1　問題意識

　本章では，移民の社会経済的統合を，彼，彼女らの所得や賃金という観点から考察する．1990年代以降，日本社会は海外から多くの労働者をはじめとする移住者の受け入れを行ってきた．移民の出入国管理を国際比較する研究によれば，日本は，1980年代以降に移民受け入れに積極的になった，新しい移民受け入れ国としてとらえることができる．そのような国々としては，スペイン，イタリアといった南欧諸国や，日本をはじめ韓国，台湾，シンガポールなどのアジア諸国もあげることができる（Cornelius and Tsuda 2004）．これまでにも大規模な移民受け入れを経験してきたアメリカ合衆国，カナダ，オーストラリアといった古典的な移民国家や，戦後の高度成長期以降に大規模な移民受け入れを行ってきたドイツ，イギリス，北欧諸国などでは，受け入れた移民の社会経済的統合が，大きな問題となっている（Kogan 2007）．具体的には，海外から受け入れた移民が，移民受け入れ国の労働市場の中で就労するとき，労働市場のどのような部分へと組み込まれ，その中で生じた社会経済的な不利は，その社会に適応する過程で，どの程度解消可能なものなのか，社会経済的不利が世代を経ても継続するものかどうかなどが考察，検討されてきた（Portes and Rumbaut 2001; van Tubergen 2006）.

　日本では移民が不安定雇用を担っていることが繰り返し指摘される一方（**第 2 章**参照），賃金の面でかれらが不利な立場に置かれているのかについては，十分に検討されてこなかった．移民労働者は，必ずしも低賃金労働者としてではなく，労働者が集まりにくい時間の就労や残業なども含めた，フレキシブルな労働力として活用されてきたという指摘もある（丹野 2007）．さらに，正規雇用者内で比較すれば，移民労働者と日本人労働者の賃金カーブには大きな差が見られないとの知見もある（内閣府 2019）．そうであれば，必ずしも移民は賃金の面では不利な地位にいないのかもしれない．しかし，これらの知見においても，移民の賃金に影響を与える要因や，その日本人との比較などが十分に行われているわけではなく，さらなる検証が必要である．

　経済学者たちはこのような問いを，人的資本論を中心に理論化する．すなわち，移民はホスト社会における滞在の長期化や世代の経過によって，ホスト社会の言語や慣習など，ホスト社会の労働市場に特有な人的資本を形成する．その結果，移民とネイティブとの賃金格差が縮小し，移民の経済的な平等化や統合が達成されていくと論じる（Chiswick 1978）．これに対し，ポルテスらをはじめとするアメリカの移民研究者は，1970 年代から 1980 年代のアメリカの階層・不平等研究で興隆した労働市場の二重構造論や経済社会学の議論をベースに，分節化された同化理論を定式化した．ここで重要となるのは，移民の労働市場への「編入様式」である．この議論によれば，アメリカ社会の労働市場は大きく階層化，分断されており，その中のどのセグメントに組み込まれるかによって，移民の社会経済的な上昇移動の可能性も大きく異なってくる．このような観点から，分節化された同化理論は，アメリカ社会の労働市場の分断・階層化の状況をモデル化し，個々のセグメントによって，移民の編入様式と同化過程がどのように異なるのかを明らかにしようとした（Portes et al. 2005）．

　このように，移民とネイティブとの社会経済的な格差・不平等は，移民の社会経済的統合の文脈のもとで議論されてきた．本章では，移民とネイティブとの賃金格差を考えるにあたり，人的資本に着目しつつ，移民の社会経済的統合の文脈を視野に入れた考察を行う．

2　先行研究の検討

2.1　人的資本論・シグナリング論

　学歴が賃金にどのような影響を及ぼすかを考えるに際し，教育社会学や社会階層論は，人的資本論とシグナリング論の両者の観点から説明を試みてきた（竹内 1995）．人的資本論によれば，学校教育は労働市場で有用とされる人的資本を形成し，労働者の生産性を高め，彼，彼女らの生産性の高さが賃金へと反映される．人的資本論では，移民とネイティブとの賃金格差が生じる理由を，ある国での就労に必要な人的資本の多寡，あるいはその評価という点から考察する．人的資本の中には，国を超えて有用な能力と，ある国でのみ有用な能力がある．たとえば，IT 関連の技能は一定の国を超えた汎用性があるが，ある言語を運用する能力は，その言語が主要言語となっている国で働く際にのみ有用となる．前者の国を超えた汎用的な能力を持っていたとしても，後者のある国特有の人的資本（言語能力やある国での仕事の進め方やマナーについての知識など）がなければ，それを十分に生かすことができない．したがって，後者の受け入れ国特有の人的資本の多寡が，生産性に大きく関わる．この観点から見ると，移民がネイティブと比べて賃金が低いのは，その多くがホスト社会での就労に有効な人的資本を十分に持たないからである．したがって，移民がどこでどのような経験をし，どのような人的資本を蓄積してきたかが，移住後の社会経済的な上昇移動や統合に大きく影響すると考えられる．このことは先行研究においても示されており，教育を受ける場所は移民の移住先社会における経済的不利を一定程度説明し，受け入れ国での人的資本の蓄積が賃金の上昇を促している（Chiswick 1978; Zeng and Xie 2004）．

　一方，シグナリング論は，情報の非対称性という考え方にもとづき，雇用主は労働者の人的資本や技能を直接観察することは難しいと仮定する．そこで雇用主は，労働者の選抜や昇進に際し，学歴を労働者のスクリーニングのためのシグナルとして活用する（Spence 1973）．シグナリング論を移民の学歴と賃金の関係に応用する場合，次のことが考えられる．雇用主は，一般に移民が海外で取

得した学歴や学位の質を評価するだけの十分な情報を持っておらず，そのため，海外で取得した学歴は，移住先社会の労働市場では雇用主に信頼されるシグナルとして機能しない．その結果，同程度の学歴を保持するネイティブの労働者よりも，移民が稼ぐ賃金は低くなってしまう（Lancee and Bol 2017）．

　人的資本論，シグナリング論のどちらに立ったとしても，移住先社会以外で取得した学位や教育は雇用主から低く評価され，その結果，移民に賃金ペナルティが生じると解釈される．しかし，この考えには疑問もある．たとえば，海外であっても，同じ言語圏や文化圏からの移動である場合，入国以前から移住先社会の言語や文化に慣れ親しんでいると考えることができ，そうした移民の場合，移住先社会に円滑に適応することが予想できる（Kogan 2006; Van Tubergen et al. 2004）．また非英語圏の多くの国々において，近年，高等教育の教授言語として英語が多く用いられ，いくつかの多国籍企業では企業の公用語として英語が活用されるなど，英語が非英語圏の国々で活用される度合いが高まっている．日本企業もまた，グローバルな事業展開に伴い，日本出身の英語圏をはじめとする海外の教育機関への留学経験者や海外学位取得者を採用する動きも見られる．以上の状況を考えると，雇用主や企業は，海外で取得した学位を持つ労働者に対し，学位を取得した地域によって異なる評価を行っている可能性がある．企業は，英語圏をはじめとする欧米諸国で取得した学位を高く評価する一方，その他の国々で取得された学位は，低く評価しているのかもしれない．

2.2　日本の労働市場と移民の賃金

　これまでの議論は，人的資本論とシグナリング論という，一般性の高い理論にもとづき，移民の学歴と賃金との関係について考察してきた．他方で移民は，日本の労働市場の文脈に埋め込まれて就労することから，日本の教育と労働市場の文脈を考慮することは非常に重要である．特に，日本的雇用慣行と正規雇用／非正規雇用をめぐる不平等構造は，移民の地位や所得を左右する重要な要素になる．日本的雇用慣行の特徴といえる長期安定雇用と年功賃金を人的資本論の視点から見ると，日本企業は，中核的な業務を遂行する労働者に対しては企業特殊的技能の育成に投資を行うため，こうした労働者の離職を抑制する必

要が生じ，長期間にわたる安定的な雇用と，勤続年数に応じて賃金が上昇する年功賃金の仕組みを整備してきた（小池 2005）．

　第 2 章ですでに見たように，移民労働者は非正規雇用者として，こうした日本的雇用の外側に置かれやすいものの，日本語能力の高い人など，一部は正規雇用者として雇用されている．もしこのような日本的雇用の内側で働く移民労働者が，雇用主から企業の中核的な労働力と考えられているのであれば，日本人と比較したとき，勤続年数に伴う賃金カーブに違いは見られないと考えられる．つまり，重要な格差はどの労働市場セクターに入るかによって生じ，それぞれのセクターの中では日本人も移民も変わらず処遇されている可能性もある．この場合，移民労働者と日本人労働者の賃金の違いは，移民の方が不利な労働市場セクターに位置付けられやすいという点において生じるのであり，移民の教育達成の程度やそれに対する評価が，移民が包摂される正規／非正規，高技能職／低技能職の労働市場セクターの違いを経由して，移民の賃金ペナルティを形成していると考えることができる．そうではなく，同じセクターの中でも移民が日本人と異なった形で処遇されているとすれば，勤続年数に伴う賃金上昇に一定の相違が見られるかもしれない．また，こうした処遇の違いを決める判断の際に，これまでに論じてきた日本／国外での教育経験や学歴が用いられている可能性もある．

　上記の観点から，本章では日本での教育経験の有無が企業での勤続年数に伴う賃金の増加にどのような影響を及ぼしているのか検討する．また，日本の労働市場の制度的文脈を考慮するため日本での教育経験の有無による効果の違いが，それによる従業上の地位や職業の違いによって媒介されているのかについても検討する．

3　分析視角

　本章は，前節の議論をふまえ，次の 5 つの点について明らかにしたい．第 1 に，移民とネイティブとの間の賃金格差は，どの程度存在しているのか．ここでは，移民とネイティブというグループ間の賃金格差を問題とするため，他の

変数を統制しない OLS 回帰で両者の格差を推定する．第 2 に，移民とネイティブとの間で，教育が賃金に与える効果にどの程度の格差が存在するのか．とりわけ，移民が日本国外でのみ教育を受け，日本国内で教育を受けていない場合，日本の労働市場に特有な人的資本の形成に乏しいことから，教育が賃金に与える影響はネイティブと比べて弱いと考えられる．第 3 に，移民が日本国内で教育を受けている場合，移民の教育の効果は日本人の教育の効果と同じであるのか．このとき，人的資本論にせよ，シグナリング論にせよ，移民とネイティブとの賃金格差は，日本以外で教育を受けたことによって生じるものと考える．そうであるならば，移民が日本国内で教育を受けた場合，教育の効果は日本人のそれと異ならないはずだ．もし，移民が日本国内で教育を受けていても，日本人との間でその効果に格差が存在していれば，移民であることで，かれらの人的資本が低く見積もられ，労働市場の中で差別的な処遇が行われていると考えることができる．また，移民が日本国外で教育を受けているとしても，教育を受けた場所が西洋諸国か非西洋諸国かで，その効果に差が存在するのか．前節で論じた企業の多国籍化やグローバル化により，日本国外での教育が一律に低く見積もられているというよりは，出身国によって学歴が異なった形で評価されている可能性がある．それを検証する．

　第 4 に，日本での教育経験の有無によって，勤続年数が賃金に与える影響が異なるのか．これにより日本での教育経験の有無によって，同じ企業でも異なるコースに割り当てられ，それが賃金の伸び率の違いを生んでいるかどうかを明らかにする．第 5 に，移民の学歴が賃金に及ぼす影響は，従業上の地位，職種，企業規模といった日本の労働市場における位置によって媒介されているのか．先行研究によれば，非熟練労働に従事する移民の多くは，非正規雇用の労働市場に組み込まれている．そうした移民の多くは，日本での教育経験はない．日本での教育経験がある移民は，新規学卒一括労働市場の仕組みを活用することで，正規雇用の労働市場へと組み込まれやすく，その結果，正社員として相対的に高い賃金を享受することができているのかもしれない．これらの点について，以下では検討を行う．

4　データと変数

　本章では，ILW 調査と「2015 年社会階層と社会移動全国調査」（SSM 調査）の
データを用いて分析する．ILW 調査は，20 歳から 69 歳の人々を対象に，SSM
調査は，20 歳から 79 歳の人々を対象に調査が行われた．本調査では，賃金に注
目した分析を行うため，分析対象を被雇用者に限定し，2 つのデータを合併し
て用いた．なお，それぞれの調査は，サンプリングを行う際の母集団からの抽
出確率が異なり，両者の母集団における人口比よりも，外国籍者の方がより多
く抽出されている．母集団における日本国籍を持つ人と外国の国籍を持つ人の
人口比に揃えるため，ウェイトを用いて回帰分析の推定を行った．さらに，外
国籍者を対象とする調査については，母集団と調査対象者で国籍の比率に相違
があり，それを補正するためのウェイトも用いて回帰分析の推定を行った．分
析に使用する変数に欠損値が含まれるケースを除外したところ，最終的に多変
量解析に用いたケース数は，ILW 調査では 483，SSM 調査では 3,783 となった．
なお，ILW 調査のデータについては，対象者をニューカマー移民に絞って考え
るために，在留資格が特別永住者である人を分析から除外した．
　従属変数には，時間当たり賃金を自然対数に変換したものを用いる．いずれ
の調査も，個人の年収と週当たり労働時間を質問しており，それらの 2 つの情
報を用いて時間当たり賃金を作成し，その対数値を従属変数とした．
　本章が注目する最も重要な独立変数は，学歴を取得した場所である．この変
数を作成するために，ゼンとシャの方法を参考にした（Zeng and Xie 2004）．ゼン
らは，学歴取得の場所という変数を作成するとき，アメリカ生まれの非ヒスパ
ニックの白人を比較のための基準グループに設定する．移民については，アメリ
カで教育を受けた人たちとアメリカで教育を受けていない人たちに区分し，こ
れら 3 つのグループ間の賃金格差を推計する．さらにこの研究は，受けた教育
の水準を測定するために教育年数を用いる．教育年数が賃金にどのような影響
を及ぼすか，教育の収益率が，受けた教育の場所によってどのように異なるか
について検討する．本章はかれらのやり方を参考にし，受けた教育の場所につ

いて，次の 4 つのグループに対象者を区分した．SSM 調査の対象者を日本国籍
者として，比較のための基準グループに設定する．移民については，日本での
教育経験があるかないかを重視し，日本で教育経験があるグループ，日本で教
育経験がないグループの 2 つに区分した．日本で教育経験がないグループにつ
いては，出身地域が西洋諸国か非西洋諸国かによってさらに区分した．学歴の
水準については，ゼンらと同じ教育年数に加え，日本の労働市場で大きな相違
をもたらす最終学歴が 4 年制大学以上か否かを用いる．本章では，教育を受け
た場所の賃金に及ぼす主効果に加え，教育を受けた場所と教育水準，教育を受
けた場所と勤続年数の交互作用効果にも注目する[1]．

　これらの分析を行うに際し，他にも統制すべきいくつかの要因がある．人口
学的な属性要因としては，性別，年齢，結婚の有無を，統制変数として用いる．
学歴の効果については，他の人的資本の影響を統制した上で推定する．本章は，
日本での滞在年数，日本語能力，企業での教育訓練の有無を，人的資本に関わ
る要因として用いる．日本での滞在年数，日本語能力，企業での教育訓練は，
ILW 調査でのみ測定されている項目であるため，これらの項目を用いた分析は，
ILW 調査のデータだけを用いて行われる．教育の賃金に及ぼす効果が，従業上
の地位，職種，企業規模による媒介によって生じているかどうかを考えるため，
これらの変数も分析に用いる[2]．移民と日本国籍者との賃金格差を検討するとき，
地域間の賃金格差も考慮する必要がある．そのため，対象者の居住する都道府
県に対して都道府県別の平均賃金を割り当て，変数として構成した[3]．

1　教育水準の変数を作成するに際し，ゼンとシャと同様に，中退者についてはその教育資格
　を最終的に取得しなかったととらえ，最終学歴を一段階低く設定した（Zeng and Xie 2004）．
　たとえば，最終学歴が高校で中退したと回答した場合は，中卒と見なし変数として作成した．
2　企業規模は同じ企業の従業員数が，29 人未満を小企業，30 人から 299 人未満を中企業，
　300 人以上を大企業とした．移民については，官公庁に勤務する人が少なく，大企業と官公
　庁を合併して用いた．
3　都道府県別の平均賃金は，2018 年に行われた賃金構造基本統計調査の公表された集計値を
　用いた．

5　記述統計にもとづく結果

　表 3-1 は，学歴を取得した場所によって，教育達成の水準がどの程度異なっているかを示している．一番上の行が日本国籍者の結果であるが，およそ 3 割の回答者が 4 年制大学以上の学歴を有している．他方で，回答者のおよそ半数弱が高校卒かそれ以下の学歴である．日本で教育を受けた移民については，日本国籍者と比較して高学歴に分布している．特に，大学院卒の割合が 3 割近くと，日本国籍者の 3％を大きく上回る．

　他の先進諸国では近年，さらなる教育拡大や技術革新に伴う専門職の増大の結果，大学院卒の割合が上昇傾向にある．経済協力開発機構が提供する統計データベースによれば，多くの先進諸国では，25 歳から 64 歳の成年人口のおよそ 10％から 15％程度が，大学院修士課程以上の学歴を持っている（2018 年の OECD 平均が 12.6％）．しかし日本では，企業が労働者に対する能力開発を行い，外部の教育機関で身につけた専門的知識を評価しない傾向にあるため，大学院進学が伸び悩んでいる．その結果として不足するより専門性の高い労働者の供給を，日本の高等教育機関で学ぶ海外出身の留学生が担っていることが，こうした結果からもうかがえる．

　さらに，日本で教育を受けた経験がない回答者を，出身国により非西洋諸国と西洋諸国に分けて教育達成の分布を示した．非西洋で教育を受けた人々は，大学卒以上の割合に注目すると，日本国籍者よりも高い．他方で，回答者の 4 分の 1 は中学卒以下の学歴しかなく，日本国籍者のおよそ 6％と比べても明らかに多い．このように，非西洋で教育を受けた人については，日本国籍者と比べて教育達成の分布が低学歴と高学歴に二極化している．西洋で教育を受けた人については，大学卒以上の割合が非常に高く，9 割以上に達している．

　次に，多変量解析で用いる変数の記述統計量を移民と日本国籍者に区分して，**表 3-2** に示した．両者の時間当たり賃金の対数値を比較すると，移民の方が日本国籍者よりも 2 割ほど賃金が低い．性別，年齢，結婚の有無という人口学的属性については，移民の方が女性の割合が低く，平均年齢が若い．婚姻について

表3-1　学歴を取得した場所と教育達成の分布との関係

			中学	高校	短大・専門等	大学	大学院	合計
日本国籍者		n	215	1,432	888	969	120	3,624
		%	5.9	39.5	24.5	26.7	3.3	100
移民	日本で教育	n	15	23	29	54	52	173
		%	8.7	13.3	16.8	31.2	30.1	100
	非西洋で教育	n	64	70	16	84	19	253
		%	25.3	27.7	6.3	33.2	7.5	100
	西洋で教育	n	0	1	1	14	5	21
		%	0.0	4.8	4.8	66.7	23.8	100
	合計	n	294	1,526	934	1,121	196	4,071
		%	7.2	37.5	22.9	27.5	4.8	100

表3-2　分析に用いる変数の記述統計量

	移民（n = 447）		日本国籍者（n = 3,624）	
	平均値	標準偏差	平均値	標準偏差
時間当たり賃金の対数	7.073	0.805	7.255	0.705
性別（女性＝ 1）	0.403		0.483	
年齢	38.655	10.831	46.112	13.051
結婚の有無	0.691		0.692	
大卒ダミー	0.510		0.300	
従業上の地位				
正規	0.579		0.634	
パート	0.152		0.256	
期間限定の雇用	0.268		0.111	
職業				
マニュアル	0.309		0.335	
事務	0.134		0.265	
販売・サービス	0.237		0.171	
専門管理	0.320		0.229	
企業規模				
小企業	0.242		0.276	
中企業	0.374		0.303	
大企業・官公庁	0.385		0.421	
勤続年数	5.060	6.216	12.523	11.259
滞日年数	13.455	10.220		
日本語能力	7.175	3.829		
企業での教育訓練	0.340			
学校経由の就職	0.070		0.483	
都道府県別平均賃金（月収）	307.0	32.9	307.0	32.9

注：連続的数値の変数のみ，標準偏差を示した．都道府県別平均賃金では，単位を千円とした．この変数の平均と標準偏差は，47 都道府県を単位に計算した．

は大きな違いは見られない．従業上の地位では，移民の方が正規雇用の割合が少ない．非正規雇用については，パート労働の割合は日本国籍者より低い半面，期限を定めた雇用形態は，移民で 3 割近くと 1 割程度の日本国籍者よりも高い．職種では，移民は専門管理と販売・サービスで多く，事務職が少ない．現職の勤続年数では，日本国籍者では 12 年に対して，移民では 5 年程度と短い．日本で初めて就いた仕事に学校経由で就職[4]したかどうかを見ると，移民でその利用者はおよそ 7％と非常に少ないが，日本国籍者では 48％と回答者の半数近くに及んでいる．なお，移民で日本での教育経験のある人に限定しても，学校経由の就職者は 14％にすぎなかった．

　以上見てきたように，移民の賃金は日本国籍者よりも相対的に低いものの，学歴や職業的地位は高い．他方で，非正規雇用率は高く，同じ企業での勤続年数が短い，学校経由の就職を利用していないなど，労働市場の中で日本国籍者と比較して不利な状況にある．

6　回帰分析による賃金の推定

6.1　日本国籍者との賃金格差

　本節では，主として賃金を従属変数とする回帰分析を実行し，4 で立てた問いについて分析結果にもとづく検討を行う．移民との賃金格差を検証するため，他の要因を統制せずに回帰分析を実行したところ，移民の方が日本国籍者よりも平均して 21.3％ほど時間当たり賃金が低いことがわかった．次に，教育を受けた場所によって賃金がどのように異なるのかを分析した．分析結果は，**表 3-3** にまとめた．モデル 1 では，教育達成に関わる要因として，教育を受けた場所と教育達成の水準を示す大学卒ダミーを用いた．教育達成の水準を統制した上で，教育の場所の賃金に及ぼす効果を見てみると，日本国籍者と比べて，日本で教

4　学校経由の就職とは，日本での初職（SSM 調査では，学卒後の初めての仕事）の就業経路の設問から構成した．この設問で，学校や学校の先生，先輩の紹介によって就職したという回答者を，学校経由で就職した人と見なしかれらに 1 を，それらを利用しなかった回答者を 0 にコードして，変数として利用した．

表3-3　時間当たり賃金を従属変数とする回帰分析の結果

	モデル 1		モデル 2		モデル 3		モデル 4	
	係数	標準誤差	係数	標準誤差	係数	標準誤差	係数	標準誤差
女性	-0.418**	0.021	-0.419**	0.021	-0.306**	0.023	-0.306**	0.023
年齢	0.011**	0.001	0.011**	0.001	0.013**	0.001	0.013**	0.001
結婚の有無	0.100**	0.022	0.100**	0.022	0.046*	0.021	0.046*	0.021
教育の場所（基準：日本国籍者）								
日本で教育	0.030	0.049	-0.122	0.079	-0.122	0.070	-0.078	0.077
非西洋諸国で教育	-0.399**	0.074	-0.338**	0.094	-0.203+	0.094	-0.122	0.136
西洋諸国で教育	0.262*	0.126	0.852	0.742	1.045	0.993	1.021	0.994
大学卒ダミー	0.310**	0.023	0.310**	0.024	0.105**	0.023	0.106**	0.024
教育の場所と大学卒の交互作用								
日本で教育			0.265**	0.098	0.228**	0.089	0.233**	0.087
非西洋諸国で教育			-0.150	0.148	-0.143	0.148	-0.177	0.157
西洋諸国で教育			-0.649	0.750	-0.896	0.997	-0.893	0.996
勤続年数					0.007**	0.001	0.008**	0.001
教育の場所と勤続年数の交互作用								
日本で教育							-0.010	0.007
非西洋諸国で教育							-0.015	0.012
西洋諸国で教育							0.003	0.008
従業上の地位（基準：正規雇用）								
パート労働					-0.336**	0.030	-0.336**	0.030
期限つき雇用					-0.324**	0.033	-0.324**	0.033
職種（基準：マニュアル）								
事務					0.180**	0.027	0.180**	0.027
販売・サービス					0.090**	0.027	0.090**	0.027
専門管理					0.321**	0.029	0.321**	0.029
企業規模（基準：小企業）								
中企業					0.065**	0.027	0.064*	0.027
大企業・官公庁					0.167**	0.026	0.167**	0.026
都道府県別平均賃金					0.002**	0.000	0.002**	0.000
定数	6.772**	0.044	6.773**	0.044	5.863**	0.090	5.861**	0.090
R²	0.212		0.212		0.350		0.350	
F 値	149.8**		108.9**		109.9**		96.2**	

+p < .10　*p < .05　**p < .01　n = 4,071

育を受けた移民については統計的に有意な違いが見られず，賃金ペナルティは確認されなかった．他方で，非西洋諸国で教育を受けた移民については，日本国籍者よりもおよそ4割賃金が低く，賃金ペナルティが見られた．西洋諸国で教育を受けた移民では，日本国籍者よりも賃金が26％ほど有意に高く，賃金プレミアムが確認できた．

　モデル2では，教育を受けた場所と教育達成の水準についての交互作用効果の推定を行った．非西洋諸国での教育は，交互作用項を追加しても主効果の係数に大きな変化は見られず，賃金ペナルティの傾向が持続した．他方で，日本

での教育については，主効果のみの時と異なる傾向が見られた．日本での教育は，主効果では有意差が見られない一方で，大学卒ダミーとの交互作用項では1％水準で正の影響が見られた．すなわち，短大以下の学歴については，日本国籍者との間に賃金格差は存在しないものの，大学卒以上の学歴を持つ人については，日本国籍者よりも若干高い賃金を享受することができている．西洋諸国での教育は，交互作用項を投入すると統計的に有意ではなくなったが，これは西洋諸国で教育を受けた人のほとんどが大学卒以上の学歴を得ているため，頑健な推定結果が得られなかったためと考えられる（**表 3-3**）．

　モデル 2 によって推定された回帰係数にもとづき，教育を受けた場所と学歴別に賃金を推定した結果を**図 3-1** として示した．日本国籍者の場合，短大以下と比べて，大学卒以上だと平均的に賃金が 30％ほど増加している．他方で，日本で教育を受けた移民は，短大以下と大学卒以上で比較すると，賃金が 5 割以上増加しており，この学歴による賃金格差の相違が，回帰分析の交互作用効果として検出された．なお，大学卒者に限定して，日本国籍者と日本で教育を受けた移民との間で，賃金に有意な違いがあるか確認すると，モデル 1 やモデル 3 いずれにおいても 5％水準で有意差が見られた．

　他方で，非西洋諸国で教育を受けた移民は，たとえ大学卒以上の学歴を持っていたとしても一貫して日本国籍者よりも賃金が低くなっている．さらに，短大以下の場合と大学卒以上の場合で賃金にほとんど差が見られず，大学卒以上の学歴をもつことのメリットはきわめて小さい．西洋諸国で教育を受けた移民は，ケース数が少ないため係数の標準誤差が大きく，安定した推定値を得られていない．モデル 1 の結果と合わせて考えると，西洋諸国で教育を受けた人々は，学歴にかかわらず日本国籍者と比べて賃金プレミアムを獲得できている．

　モデル 3 では，教育を受けた場所や教育水準の賃金に及ぼす効果が，どの程度，従業上の地位，職種，企業規模，勤続年数によって媒介されているのかを明らかにするため，これら 4 つの変数を追加で投入し，モデル 2 とモデル 3 における教育を受けた場所や学歴の係数について比較を行った．さらに，都道府県ごとの平均賃金を統制変数として用いた．その結果，これらの変数を追加で投入したことで，非西洋諸国での教育のもつ賃金ペナルティが減少しており，これ

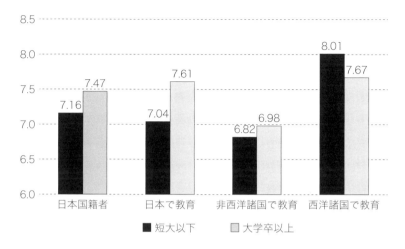

図3-1　モデル2にもとづく教育を受けた場所と学歴別の賃金（対数）の推定値

らの要因によってある程度媒介されていることがわかった．すなわち，非西洋
諸国で教育を受けた移民は，非正規雇用，マニュアル職従事者，小規模企業従
事者，勤続年数が短い人が多く，そのような労働市場での周辺的な位置へと配
分されることで，賃金ペナルティが生じている．他方で，日本での教育と大学
卒以上の学歴との交互作用項は，これらの労働市場での地位に関わる要因を統
制しても，賃金に対し統計的に有意な効果が持続しており，大きな変化は見ら
れない．

　モデル 4 では，教育を受けた場所と勤続年数の交互作用を加えた．これは同
一企業で長く勤めることによる賃金の伸び率が，教育を受けた場所によって異
なるのかを調べるものである．分析の結果，日本で教育を受けた移民と非西洋
で教育を受けた移民については係数が負になっているものの，統計的に有意な
効果は見られない．しかし，移民のサンプルサイズの相対的な小ささによって
頑健な推定結果が得られなかった可能性があるため，次に行う移民に限定した
分析によって，勤続年数の効果を再度確認する．

6.2　移民内部での賃金格差

　次に，移民に対象を限定して，日本の労働市場で有用な人的資本を統制して
もなお，日本で受けた教育が賃金に影響を及ぼしているのか確認する（**表 3-4**）．
モデル 5 では，性別，年齢，婚姻の有無と学歴に関する変数のみを分析に用い
た．その結果，非西洋諸国で教育を受けた人に比べて，日本で教育を受けた人
や西洋諸国で教育を受けた人は，時間当たり賃金が統計的に有意に高いことが
わかった．モデル 6 では，モデル 5 の変数に加えて，最終学歴を獲得した場所
と大学卒ダミーとの交互作用項と，他の人的資本の変数を投入した．他の人的
資本は，大きく 2 つに分けられる．1 つは，日本社会への同化・適応を表す変
数であり，日本での滞在年数と日本語能力を用いた．いま 1 つは，職場におけ
る企業特殊的技能の水準や能力開発を表す，同じ企業での勤続年数と現在の企
業での教育訓練の受講経験である．

　分析の結果，移民に対象を限定しても，日本国籍者を加えて分析したときと
ほぼ同様の傾向を確認することができた．教育の場所と大学卒ダミーとの交互
作用項を加えると，モデル 5 で確認された教育の場所の主効果について，有意
な影響が見られなくなった．交互作用項については，日本での教育と大学卒ダ
ミーとの間でのみ，5％水準で有意な影響が見られた．分析結果は，単に日本の
教育機関で学ぶだけでは，日本での教育経験がない非西洋諸国出身の移民と比
べて賃金プレミアムを形成することは難しいが，日本で大学卒以上の学歴を達
成することで，賃金プレミアムを獲得できる．さらに，こうした賃金プレミア
ムは，日本社会への同化・適応をはじめとする他の人的資本の諸変数を統制し
ても持続している．学歴以外の他の人的資本の諸変数の中で，賃金を統計的に
有意に高めていたのは，日本語能力であり，日本語能力が高いほど賃金も高い
傾向が見られた．他方で日本での滞在年数については，賃金との間に統計的に
有意な関係は見られなかった．

　次に，勤続年数と賃金との関係について検討する．移民に対象を限定すると
勤続年数と賃金との間には，統計的に有意な関係が見られなかった．こうした
結果は，移民に非正規の労働者が多く存在するために生じているのかもしれな
い．そこで，移民労働者について正規雇用に限定して勤続年数の効果を推定し

表3-4　時間当たり賃金を従属変数とする回帰分析の結果

	モデル 5		モデル 6		モデル 7	
	係数	標準誤差	係数	標準誤差	係数	標準誤差
女性	-0.218*	0.092	-0.256**	0.084	-0.208*	0.085
年齢	0.005	0.004	0.008	0.006	0.010+	0.005
結婚の有無	0.188+	0.105	0.208*	0.098	0.161	0.100
教育の場所（基準：非西洋諸国で教育）						
日本で教育	0.417**	0.092	0.034+	0.121	-0.019	0.104
西洋諸国で教育	0.701**	0.162	1.322+	0.775	1.246	0.961
大学卒ダミー	0.322**	0.096	0.048	0.141	-0.117	0.126
教育の場所と大学卒の交互作用						
日本で教育			0.375*	0.174	0.327+	0.179
西洋諸国で教育			-0.583	0.794	-0.695	0.980
滞日年数			-0.009	0.007	-0.007	0.006
日本語能力			0.065**	0.015	0.045**	0.012
勤続年数			0.003	0.010	0.002	0.009
企業での教育訓練			-0.053	0.087	-0.107	0.083
従業上の地位（基準：正規雇用）						
パート労働					-0.041	0.112
期限つき雇用					-0.278**	0.106
職種（基準：マニュアル）						
事務					0.370**	0.120
販売・サービス					0.148	0.107
専門管理					0.471**	0.107
企業規模（基準：小企業）						
中企業					0.152+	0.088
大企業・官公庁					0.227*	0.108
定数	6.466**	0.250	6.234**	0.292	6.123**	0.246
R^2	0.185		0.258		0.332	
F 値	12.54**		10.84**		9.12**	

+$p < .10$　*$p < .05$　**$p < .01$　n = 442

たところ，これまでと同様に，賃金を高める関係は見られなかった（結果の表示
は省略）.

　これは移民の日本の労働市場への編入様式を考える上で重要である．先行研
究によれば，日本の労働市場において，同じ会社に長期間勤続することで得ら
れる企業特殊的技能の形成と企業による能力開発が，企業の中核的な男性正社
員に対して，長期安定雇用や年功賃金を提供する大きなインセンティブになっ
てきた（小池 2005）．しかし，移民労働者の場合，同じ会社に長く勤続してもそれ
に伴って賃金が上昇するという関係が見られないことから，日本国籍者の正社
員とは異なる賃金体系の下で雇用されている可能性がある．実際，日本国籍者

と比較しても，移民は同じ会社への勤続年数が 7 年ほど短い．移民は，たとえ正社員として会社に就労しても，企業が能力開発を行う長期勤続を前提とする日本人労働者とは異なる形で処遇され，就労していることがうかがえる．ホルブロウと永吉が論じるように，日本企業の国際化や海外の企業・組織との取引，交渉といった国際的な業務など特定の職務に特化して雇用されているかもしれない（Holbrow and Nagayoshi 2018）．また，勤続年数が全般的に短く，短期間で転職する傾向が強いことも，こうした結果を生み出しているのかもしれない．いずれにせよこのような結果は，移民労働者が日本の企業で異なる処遇を受けている可能性を示唆する．

　最後に，モデル 7 の結果について考察する．モデル 7 では，労働市場に関わる要因を追加で分析に用いた．それによって教育の場所と学歴の交互作用効果がどのように変化するのかを見たところ，5 ％水準では統計的に有意な効果が見られなくなった．分析結果は，教育の場所と学歴が賃金に及ぼす交互作用効果の一部は，労働市場に関わる要因によって部分的に媒介されていることを示唆するものであった．

　本章では，日本国籍者と移民の間の賃金格差を確認するとともに，それが学歴を取得した場所によって受ける影響を検証した．分析の結果，日本での大学卒以上の学歴の取得は確かに移民の賃金水準を向上させる効果をもっており，他方で非西洋圏での学歴取得が雇用主に評価されないことで賃金の低下をもたらしていることも示唆された．他方で移民は勤続年数が長くなっても賃金が向上しない傾向が正規雇用者についても見られ，日本国籍者と同じような中核労働者としては必ずしも扱われていない可能性が示唆された．

7　考察と結論

　本章では，日本社会における移民の賃金と学歴との関係について分析を行い，次のことが明らかになった．第 1 に，移民とネイティブとの間には，平均的に 2 割ほど賃金格差が存在する．第 2 に，学歴と賃金との関係について分析を行ったところ，非西洋諸国出身で，日本での教育経験のない移民は，たとえ出身国

で大学以上の学歴を獲得していても，日本国籍者と比較して賃金ペナルティが存在していることがわかった．これらの非西洋諸国出身の移民は，日本での教育経験がないことで，非正規雇用へと包摂され，賃金の低い職業に従事し，不安定な仕事であるために勤続年数が短く，同じ会社での就業経験を蓄積することが困難となるために，賃金ペナルティが形成されることがうかがえる．

　第3に，移民が日本で教育を受けた場合，日本での教育経験のない非西洋諸国出身の移民が直面するような賃金ペナルティは見られなくなる．むしろ，日本で4年制大学以上の学歴を獲得することで，日本国籍者と比較して若干の賃金プレミアムが形成されることも認められた．また，移民に限定した分析では，日本での大学卒以上の学歴の獲得が賃金を高める効果の一部は，日本語能力をはじめとする同化・適応によって媒介されていたが，これらの要因を統制してもなお，日本での大学以上の学歴は統計的に有意な効果を及ぼしていた．これらの結果から，日本での大学卒以上の学歴が賃金プレミアムを形成する背景に，日本での教育達成が日本語能力に還元されない人的資本の形成を助け，あるいは，雇用主からの高い評価につながり，より賃金の高い仕事の獲得に結びついていると考えられる．移民が日本で大学以上の学歴を得ると同時に，高い日本語能力をもつなど日本社会に適応していることを示せた場合に，雇用主はかれらの能力を日本国籍者以上に高く評価し，高い賃金を支給していることがうかがえる．その一方で，日本国籍者であれば一般的に観察される勤続年数とともに賃金が上昇する傾向が見られないなど，日本で教育を受けた移民が，たとえ正規の労働者として雇用されていても，中核的な労働者として処遇されていない可能性も示唆された．

　このように本章は，日本での教育達成と移民の賃金との関係，およびその形成メカニズムについて検討を行った．他方で，以下の点については十分な検討ができなかった．第1に，本章では日本での教育達成について，大学卒以上の学歴に特に注目して分析，考察を行ったが，短大や専門学校，中学，高校卒の人たちの状況について，十分な検討を行うことができなかった．日本生まれ，もしくは幼少期に来日した移民の子どもたちと，日本の高等教育機関で学ぶために日本に来た移民との間には，移住の背景や経緯に大きな相違があると思われ

る．本章の分析は，こうした来日の時期やその経緯について十分な考慮ができなかった．

　第2に，日本の大学卒以上の学歴が賃金を高める効果を持つ背景として，移民の大学院修了者の特徴について十分な検討ができなかった．本調査では，日本で教育を受けたことのある移民のおよそ3割が大学院修了者であり，日本国籍者の3％と比べて非常に多い．また，本調査では移民の大学・大学院における専攻分野を尋ねていないが，自然科学や工学出身者の多さが，賃金を高める効果と関係しているかもしれない．

　第3に，本章ではジェンダーの不平等を考慮した分析を行うことができなかった．日本社会は，国際的に見ても労働市場における男女間の不平等の大きな社会であり，移民が日本の労働市場にどのように組み込まれていくかを論じるとき，ジェンダーの不平等を考慮した分析を行うことは非常に重要である．本章では，使用するデータの対象者数の制約から，男女に分割して分析することができなかった．今後の研究の大きな課題である．

　第4に，基礎的な分析を重視するため，本章では賃金を従属変数とする研究で多く用いられてきたOLSによる回帰分析による推定値によって，学歴と賃金との関係について検討を行った．しかしながら重回帰分析には，注目する独立変数の従属変数に及ぼす因果効果の推定に問題のあることが指摘されており，近年の因果推論の考えに即した分析手法を選択し推定を行うことが望ましい．また，回帰分析による属性別の平均的な賃金の動向だけでなく，賃金の分散や分布を考慮した分析を行うことも重要である．こうした方法論に関わる点についても，今後改善していく必要があるだろう．

[文献]

Chiswick, Barry R., 1978, "Effect of Americanization on the Earnings of Foreign-Born Men," *Journal of Political Economy*, 86（5）: 897-921.

Cornelius, Wayne A. and Takeyuki Tsuda, 2004, "Controlling Immigration: The Limits of Government Intervention," Wayne A. Cornelius, Takeyuki Tsuda, Philip L. Martin and James F. Hollifield eds., *Controlling Immigration: A Global Perspective*, Stanford: Stanford University Press, 3-48.

Holbrow, Hilary J. and Kikuko Nagayoshi, 2018, "Economic Integration of Skilled Migrants in Japan: The Role of Employment Practices," *International Migration Review*, 52（2）: 458-486.

Kogan, Irena, 2006, "Labor Markets and Economic Incorporation among Recent Immigrants in Europe," *Social Forces*, 85（2）: 697-721.

――――, 2007, *Working through Barriers: Host Country Institutions and Immigrant Labour Market Performance in Europe*, Dordrecht: Springer.

小池和男，2005，『仕事の経済学 第 3 版』東洋経済新報社.

Lancee, Bram and Thijs Bol, 2017, "The Transferability of Skills and Degrees: Why the Place of Education Affects Immigrant Earnings," *Social Forces*, 96（2）: 691-716.

内閣府，2019，「政策課題分析シリーズ 18 企業の外国人雇用に関する分析――取組と課題について」.

Portes, Alejandro, Patricia Fernández-Kelly and William Haller, 2005, "Segmented Assimilation on the Ground: The New Second Generation in Early Adulthood," *Ethnic and Racial Studies*, 28（6）: 1000-1040.

Portes, Alejandro and Rubén G. Rumbaut, 2001, *Legacies: The Story of the Immigrant Second Generation*, Berkeley: University of California Press.

Spence, Michael, 1973, "Job Market Signaling," *The Quarterly Journal of Economics*, 87（3）: 355-374.

Takenoshita, Hirohisa, 2013, "Labour Market Flexibilisation and the Disadvantages of Immigrant Employment: Japanese-Brazilian Immigrants in Japan," *Journal of Ethnic and Migration Studies*, 39（7）: 1177-1195.

竹内洋，1995，『日本のメリトクラシー――構造と心性』東京大学出版会.

丹野清人，2007，『越境する雇用システムと外国人労働者』東京大学出版会.

Van Tubergen, Frank, 2006, *Immigrant Integration: A Cross-National Study*, New York: LFB Scholarly Publishing.

Van Tubergen, Frank, Ineke Maas and Henk Flap, 2004, "The Economic Incorporation of Immigrants in 18 Western Societies: Origin, Destination, and Community Effects," *American Sociological Review*, 69（5）: 704-727.

Zeng, Zhen and Yu Xie, 2004, "Asian-Americans' Earnings Disadvantage Reexamined: The Role of Place of Education," *American Journal of Sociology*, 109（5）: 1075-1108.

第 2 部

移民の社会的統合

第 4 章

［家族］

移民の家族と日本社会への統合
——家族形成と配偶者の国籍に注目して——

竹ノ下弘久・長南さや佳・永吉希久子

1　国際的な移動と家族

　本章では，移民の日本社会への移動と定着，適応について，家族という観点から考察する．移民研究は，受け入れ国における家族の形成を移住過程の重要な転換点としてとらえてきた（Castles et al. 2014）．移民が別の国へと移り住む主要な理由に，経済的な動機がある．より高い賃金やより良い雇用機会を求めて，移民は出身国以外の国に移動する．この際，移住は単身で行われる．労働移民にとって，海外での就労目的が，本国に残した家族への送金や貯蓄にあるとすれば，貯蓄額や出身国の家族への送金額が目標額に達した時点で，出身国へと戻っていくだろう．しかし，移住先での滞在期間が長期化しその社会への適応が進むと，当初は出身国への帰還を考えていた移民も，移住国への定住を考えるなど，生活拠点の考えに変化が見られる．この転換点に受け入れ国での家族の形成が位置付けられる．これは 2 つの形をとる．1 つは，出身国からの家族の呼び寄せであり，もう 1 つは移住国での結婚，出産である．いずれの場合でも，家族の形成は生活拠点が移住国に移ることを意味するため，母国への送金の必要は低下し，つながりは弱まっていく（梶田 1994）．受け入れ国で子どもが生まれ，育っていけば，帰国は難しくなっていく．このように移住当初は帰国の意思があっても，受け入れ国での家族の形成は移住国への定住を考える重要

な要因となる.

　受け入れ国での家族の形成は,移民個人にとってのみ重要なわけではなく,受け入れ社会にとっての移民統合の状況を示す一要素としてもとらえられてきた.たとえばミルトン・ゴードンはアメリカ社会の分析をもとに,移民の同化を単一の過程ではなく,文化的同化（cultural assimilation）,構造的同化（structural assimilation）,婚姻的同化（marital assimilation）の3過程に区分し,婚姻的同化,すなわち人々がエスニシティの違いを乗り越えて自由に婚姻するようになることにより完成すると考えた.この社会への適応プロセスの段階に焦点を当てたゴードンの社会統合論は依然として重要である（Gordon 1964; Portes and Rumbaut 2001）.

　他方で,移民と結婚に関する最近の研究は,社会統合の理論についても疑問を投げかける.ゴードンの同化理論は,移住先社会におけるマジョリティとの婚姻関係それ自体が,移民が移住先社会に大きく統合されていることの証左であると考える.すなわち,移民が移住先社会に十分に適応,定着し,その社会の主要なメンバーであるとマジョリティから認められているからこそ,移民とマジョリティとの結婚が可能になると考える.しかしかなり以前から,国際結婚を同化の重要な指標として位置付けることに疑問を呈する研究もある（Marcson 1950）.加えて,最近の統計データを用いた研究でも,移民の社会統合の結果,国際結婚が生じる,または,国際結婚が移民の社会統合を促進するということを,実証的な証拠なしにあらかじめ想定することが批判されている（Song 2009）.したがって,国際結婚が社会統合や社会的包摂（Social inclusion）に対して完全に肯定的な結果をもたらすかどうかを,いま一度検証する必要がある.とりわけ,グローバル化が進展し,移住後も移民が出身国とのつながりを維持することができる現代社会の文脈において,移民の移住先社会における家族形成や,マジョリティとの婚姻が,かれらの社会統合にどのように影響するのかを再検討する必要がある（Rodriguez-Garcia 2015; Osanami Törngren et al. 2016）.

　上記の観点から,本章では移民の婚姻形態の国籍や社会的属性による違いを確認した上で,移民の受け入れ国での家族形成が社会統合に及ぼす影響について考察する.特に本章は,移民どうしで結婚した家族と移民と日本人が結婚した家族では,日本社会への適応,日本社会との関わり,社会統合のいくつかの

側面においてどのような違いがあるのか明らかにする．

2　移民の家族をどのようにとらえるか

2.1　移民家族の類型化とその規定要因

　家族形成と社会統合の関連を考える上で，配偶者としてどのような人を選択するかによる違いを考慮する必要がある．グローバル化が進展し，越境的な人の移動が常態化する現代社会において，多くの人が注目する家族の現象に，国際結婚がある．日本で用いられる国際結婚という言葉は，国籍の異なる人との婚姻を指し示してきた．日本における人種的，民族的境界のありようを考える上で，国籍の異なる人としての「外国人」という言葉は非常に重要な役割を果たす．この言葉は，日本人とは異なる他者を指し示す言葉として，日本社会で頻繁に用いられてきた．他方で，外国人という言葉は，様々な背景を持つ海外出身の移民の多様性や差異を隠蔽し，覆い隠す概念としても機能してきた．このように，国際結婚という言葉は，「日本人」が日本人以外の他者としての「外国人」との婚姻を指し示すものとして用いられてきた．他の国々で，日本で国際結婚に該当するような現象を指し示すときには，intermarriage（インター・マリッジ）が最も用いられるが，heterogamy（異類婚），hypergamy（上昇婚），interracial marriage（人種間結婚），interethnic marriage（民族間結婚），mixed marriage（ミックスド・マリッジ）など様々な言葉が用いられる（体系的な議論と概念図は長南らの議論を参照（Osanami Törngren et al. 2016））．「国際結婚」という用語法それ自体から，私たちは，日本社会における「日本人」と「外国人」との境界が，いかに強固なものとして形成されてきたかをうかがい知ることができる[1]．本章ではデータの制約

1　現状では，日本における国際結婚という用語は，人種間結婚や民族間結婚と重複する部分も多い．とはいえ今後，日本国籍者が，様々な異なる人種的，民族的背景をもつ人たちから構成されるようになると，人種的，民族的な同類婚と見なされる国際結婚も成立し，増加するかもしれない．たとえば日本に帰化したベトナム系の人たちが，ベトナム本国のベトナム国籍者と結婚するようなケースがあげられる．イギリスのパキスタン系コミュニティでは，そうした「国際結婚」が多く観察される．本章が用いるデータも厳密に上記の事例を区別することはできない（Song 2009; Osanami Törngren et al. 2016）．

から，配偶者の国籍をもとに，日本国籍者と移民との結婚を「国際結婚」と呼ぶ[2]．

　日本社会で，移民の背景をもつ人々はどのような家族・世帯構成の中で生活しているのだろうか．家族形成に影響する要因として，類似性，出会いの機会，制度的・社会的制約が挙げられる（Kalmijn 1998）．一般に人は自分と似た人と親密な関係を形成しようとする，同類結合の傾向があることが知られている．この場合，同じ国籍，宗教，人種，民族で結婚相手となりうる人が一定の規模で存在するならば，そうした人から結婚相手を見つける確率が上がるだろう．また，異なる集団であっても，学歴や社会経済的地位に共通性があれば，そこから結婚相手を見つける確率が高まる．つまり，集団間で民族や国籍などの面以外での共通性が増え，出会いの機会が増えることで，移民は，国際（異集団間）結婚する傾向が高まる．また，国際結婚においてはそのような婚姻自体を正式に禁止する法制度や，国際結婚に関連するタブーや固定観念などの非公式な社会的制裁も存在し，そのような要素も国際結婚の可能性に影響を与える（Lieberson and Waters 1988）．つまり，個人が保有する社会的資源や社会的地位，それによって生じる出会いの機会，さらには結婚を規制する諸制度など，ミクロとマクロの双方の要因が家族形成に影響を及ぼす．

　先行研究によると，より多様な民族的，階層的背景を持つ人々からなる地区に住み，人種間や民族間の接触が多い人ほど，国際結婚について肯定的である可能性が高く，実際に国際結婚をする傾向が強い．また先行研究では議論はあるものの，男性の方が女性よりも国際結婚に肯定的である（Dunleavy 2004; Kalmijn et al. 2005; Kalmijn and Luijkx 2005; Osanami Törngren 2011; Rodríguez-García 2015）．さらに，個人の人的資本，移住からの経過時間，ならびに移民自身の社会的背景（年齢，国籍，宗教，性別）などが婚姻の可能性に影響を与えるが，研究によってその傾向は一貫していない（Meng and Meurs 2009）．たとえば，英語圏の研究では，国際結

2　日本国籍者以外でも，自分と国籍の異なる人と結婚しているのであれば，国際結婚と呼ぶことができる．しかし，そうしたケースは本調査のデータでは 20 ケース（「その他」どうしの結婚や本人／配偶者国籍無回答の場合を除く）しかなかった．これらのケースは，国際結婚以外の「その他の結婚」に含めている．

婚は中産階級の白人とマイノリティの間で構築される可能性が高いと主張して
いるが（Jacobs and Labov 2002），高等教育と国際結婚との関連はすべてのマイノリ
ティの集団間で一定ではないことも明らかにされている．

　このように，先行研究では様々な仮説が提起され，量的，質的データを用い
た検討が続けられている．とはいえ，移住先の国やその国内部における移民集
団の異質性のために，どのような仮説が移民の家族や国際結婚の家族の特質を
うまく説明することができるかについて，必ずしも一貫した知見や理論枠組み
が得られていない．こうした先行研究の動向をふまえ，本章では，婚姻形態を
左右する要因として，次の点に注目したい．第 1 に，性別，年齢，学歴によっ
て婚姻形態にどのような違いがあるのか確認する．第 2 に，日本での就学経験
が，婚姻形態にどのような影響を及ぼすのか分析する．日本の学校に通うこと
によって，日本社会や日本人との接点が増え，日本人との婚姻の可能性が高ま
ることも考えられる．こうした仮説の当否について検討する．第 3 に，国籍に
よって婚姻のあり方にどのような違いが見られるか確認する．また，国籍と婚姻
との関係を検討するに際し，先行研究でも検討されてきた，各国籍の人口規模
の対数値も分析に用いる．そこでは，次の仮説を前提とする．各移民集団の人
口規模が小さいほど，移住先社会で同じ国籍の移民と出会うことは難しくなり，
その結果として，日本人との国際結婚の可能性が高くなる．移民集団の人口規
模が大きいほど，移住先社会で同じ国籍の移民と出会う確率が高くなり，移民
どうしの婚姻の可能性が高まる（Kalmijn and Van Tubergen 2010）．このような仮説の
当否を，国籍別の分析によって明らかにする．これら 3 つの点は個人の人的資
本と社会構成が婚姻に与える影響を明らかにするものである．

2.2　移民の家族のあり方とその統合への影響

　次に，婚姻形態が，移民の日本社会との関わりにどのような影響を及ぼすのか
について明らかにする．欧米社会を対象にした研究では，移住先社会のマジョ
リティとの婚姻は，一部の側面（例：国籍の習得，移住先社会の公用語の習得，人的資本
の取得）については社会統合に肯定的な面も見られるが，他の側面（例：就職，宗
教への関与，移民全般が社会参加に貢献するのにかかる時間）については，肯定的な結果

は見られない（Furtado and Theodoropoulos 2010; Furtado and Song 2015; Kantarevic 2004; Meng and Meurs 2009; Rodríguez-García 2015）．さらに，結婚が社会統合にもたらす影響を検討するには，出身国，居住期間，性別，社会階級などの様々な他の要因を考慮すべきでもある（Portes and Rumbaut 2001）．

　加えて，統合のプロセスを多面的な側面から考慮することも重要である．**序章**で見たように，移民の統合は社会経済的，社会的，心理的側面にわたる．ゴードンのような古典的な研究は，国際結婚を社会統合を測定する重要な指標とし，社会統合の結果として生じるものととらえてきた（Gordon 1964; Alba and Nee 2003）．近年の研究は，国際結婚と社会統合の関係を前提とせずに，国際結婚したカップルやその家族が，社会統合という点でどのような経験や困難に直面しているのかを経験的に丹念に描き，統合の異質性，多様性を把握することを重視している（Song 2009）．それらの研究の多くは，国際結婚と社会統合の関係を論じるとき，社会経済的統合と社会・文化的統合を区別して論じてきた．[3]

　そこで，本章では，社会経済的な次元の中でも特に世帯所得などの経済的な側面と，社会関係資本を中心とした社会的な側面，生活満足度や社会的な承認の感覚といった心理的側面の3つに注目する．経済的な側面では，世帯収入に注目する．とりわけ，日本人との婚姻，移民どうしの婚姻が，未婚者と比べて，経済的にどのような利得をもたらすかに注目する．移民どうしのカップルの賃金や職業的地位を，国際結婚している移民と比較することは，国際結婚がもたらす肯定的／否定的な関連性を見るにあたり不可欠である．[4] **第2章**や**第3章**が明らかにするように，少なくない割合の移民が，日本人と比較して経済的に

3　先行研究は，統合のプロセスの双方向性についても検討する必要があると論じる．すなわち，社会経済的統合の結果，国際結婚が生じているのか，それとも国際結婚が社会経済的統合を推進しているのかを，分析によって識別し明らかにすることである．たとえば，マジョリティと婚姻している移民の方が，移民どうしで婚姻している人よりも，より多くの所得や賃金を得ていることが，調査結果からわかったとしよう．これは，マジョリティとの結婚以前から，社会経済的な統合を経験している移民が，国際結婚をしているのか，それとも，マジョリティとの婚姻を通じて，様々なサポートを配偶者から受けることで，より賃金の高い仕事への移動が可能になっているのかを調査によって識別し，明らかにすることでもある（Meng and Gregory 2005; Dribe and Nystedt 2015）．

4　詳しい議論と先行研究は，以下を参照してほしい．Irastorza and Bevelander（2014）．

不利な状況にある．こうした不利は日本人と結婚することで解消されるのだろ
うか．先行研究では，移民であるか否かを問わず，結婚自体が経済的，社会的
側面に肯定的な利益をもたらすと考えられている．ベッカーによれば，結婚は，
一方が再生産労働に，他方が賃労働にというように世帯内での専門化をもたら
し，効率化することができるため，単身である場合よりも既婚男性の収入を増
やすと理論づけた（結婚プレミアム）（Becker 1985）．また，既婚者は単身者または同
棲世帯の人よりも，コミットメントと責任の強さを持つものと見なされ，労働
市場において雇用主から肯定的に評価される（したがってより良い地位が得られる）
と説明されている（Kalmijn 2011; McDonald 2020）．さらに，結婚により社会ネット
ワークが広がるため，国際結婚のみならず，同じエスニシティ，出身国の人ど
うしの結婚であっても，労働市場での統合に肯定的な影響があると考えられる．
先行研究では，全般的に婚姻関係にある移民は婚姻関係にない移民よりも雇用
され，より多くの賃金を得ていることが一貫して報告されている（Behtoui 2006;
Meng and Gregory 2005）．たとえばスウェーデンにおけるパネルデータを用いた研
究は，同じ出身国どうしで結婚している移民と国際結婚している移民に見られ
る結婚プレミアムは同等であると論じる（Nekby 2010）．

　他方で一部の先行研究では，女性に対しては結婚や子どもの有無が否定的な
影響を与える場合があることを指摘する．これには様々な理由が考えられるが，
労働市場参加に男女間の不平等があるほど，女性に対して結婚と子どもの有無
の影響が大きく（Arber and Ginn 1995），男性の就労条件や収入によっても女性の
労働参加は左右されている（Prieto-Rodríguez and Rodríguez-Gutiérrez 2003）．たとえば結
婚,出産後の女性の労働市場参加率が高いスウェーデンにおいても（Grönlund et al.
2017），子どもの育児休暇や病欠の場合に女性が男性よりも休暇をとる場合が多
く,女性全般の収入と就労状況に影響をもたらしている（Brandén et al. 2018）．移民
に特化した研究では，子どもの有無は，移民男性において労働市場参加に対し
て肯定的な影響があるが,移民女性については否定的な影響が見られる（Irastorza
and Bevelander 2014）．日本の研究を見れば,是川（2019）は 2010 年国勢調査データ
から，中国籍，フィリピン籍，ブラジル籍女性についての分析を行い，有配偶
者や未就学児を育てる女性移民の労働力参加率が低いことを示している．

　ただし，こうした移民女性の労働市場における不利は，配偶者の就労や所得によって補われている可能性もある．これらはそれぞれ男性移民，女性移民の労働市場への統合や所得を分析したものであるため，世帯を単位に見た場合にどの程度の格差が婚姻形態によって存在するのかを見ることは重要であろう．

　また，これまでの議論では，結婚それ自体が移民の社会的ネットワークの拡張に貢献するとも論じたが，同国人どうしの婚姻か，マジョリティとの婚姻かで，社会的ネットワークの形成に違いがもたらされる可能性もある．たとえば移民は，同国人どうしで婚姻すると，同国人どうしで形成する移民コミュニティへと組み込まれ，マジョリティとの紐帯の形成が困難になるかもしれない．他方で，移民はマジョリティと結婚することで，配偶者から他の親族やマジョリティ集団に属する友人・知人を紹介され，マジョリティとの橋渡し型の社会関係資本の形成が可能になるかもしれない（竹ノ下 2018）．このように考えると，移民どうしの婚姻とマジョリティとの婚姻では，社会的ネットワークの形成に大きな違いを生み出し，統合の他の領域にも影響を及ぼすと考えられる．

　もし，マジョリティとの婚姻が，経済的な安定や社会関係資本の拡大をもたらすのであれば，それらを媒介に，移民の主観的なウェルビーイング，幸福感，満足度を高めるよう寄与するであろう．加えて，移民のアイデンティティの形成にとって，受け入れ社会において自己が社会的に承認されているという感覚は，非常に重要な要素となる．他者との相互行為において，移民が，移民コミュニティ内部で隔絶せず，広く受け入れ社会のマジョリティとのつながりが形成されることで，こうした社会的承認感は一層高まるだろう．先行研究では，こうした予測に反し，文化的に異なる他者との婚姻関係は，様々な葛藤や対立をもたらし，移民の主観的なウェルビーイングや満足度を低めるよう寄与するとも論じられてきた（Bratter and Eschbach 2006; Hohman-Marriott and Amato 2008）．移民は，配偶者を通じてマジョリティとの社会関係資本を拡大することができても，それがかえって緊張状態やストレスをもたらし，受け入れ社会における様々な障壁を経験することにつながる可能性もある．受け入れ社会の様々な障壁の存在は，国際結婚を経験した移民の社会的承認の感覚を低下させるかもしれない．このように，より主観的な次元で移民の統合を考えるとき，マジョリティとの婚姻

関係が両義的な意味を持ちうることに注意する必要がある．

3 使用するデータ，変数，方法

　本章でも他の章と同様に，ILW 調査を分析に使用する．本章では，主に 2 つ
の分析を行う．

　第 1 に，日本社会における移民の婚姻形態についての全体的な動向を概観し，
配偶者の有無や国際結婚かどうかを確認する．その上で，婚姻形態が移民のど
のような属性の違いと関連しているのかを明らかにするために，婚姻形態を従
属変数とする多項ロジスティック回帰分析を行う．ここでは婚姻形態を，未婚
（配偶者なし），国際結婚，その他の結婚の 3 つに区分し，未婚を基準カテゴリー
として，国際結婚をしている確率や，その他の結婚をしている確率に対する独
立変数の係数の推定を行う．なお本章では「日本生まれ」の人たちも含めて分
析する．独立変数としては，性別（女性 = 1），年齢，出身地域，日本生まれかど
うか，学歴，日本での学歴の有無を用いた．出身地域では，中国，韓国・朝鮮，
フィリピン，東南アジア，南アジア，欧米，中南米，その他を用いた．学歴で
は，中学卒，高校卒，短大・専門学校卒，大学卒以上の 4 分類を用いた．

　第 2 に，婚姻や家族形成が，移民の日本社会への統合にどのような影響を及
ぼすのかについて分析を行う．具体的には，移民の婚姻形態によって，移民の
日本社会への適応や社会統合にどのような違いが見られるのかを明らかにする．
ただし，配偶者が外国籍である場合，必ずしも日本で同居しているとは限らない．
そこで，配偶者が外国籍である場合，配偶者が日本に居住する「移民家族」と
日本以外に居住する「越境家族」の 2 つに区分した．従属変数として，移民の
社会統合に注目する．本章では，移民の社会統合を，経済的統合，社会的統合，
心理的統合の 3 つに分け，複数の次元に着目しながら明らかにする．

　経済的統合の指標として，等価世帯所得の対数値を用いる．等価世帯所得は，
世帯所得を世帯人数の平方根で除したものであり，それを対数に変換した．社
会的統合では，日本人との社会関係に注目する．本調査では，親しい日本人の
数を尋ねており，その値を従属変数とした分析を行う．家族の形成や，国際結

婚であることが，日本人との社会関係の形成にどのように寄与するのかについて検討する．

　移民の心理的統合については，回答者自身の生活満足度および社会的承認の感覚を用いて測定する．生活満足度では，日本での婚姻や家族形成が日本での生活全般の満足度を高めるよう寄与しているのかについて検討する．本調査では，生活満足度を満足から不満まで５段階で測定している．日本での社会的承認の感覚は，回答者自身が日本社会において社会を構成する正当な成員として受け入れられているという感覚をどの程度保持しているかを尋ねたものである．自分という存在が移住した社会の中で認められ，承認されているという感覚は，安定した自己の感覚やアイデンティティの形成に非常に重要な役割を果たす（Tsuda 2003）．日本社会での自己の承認（recognition）の感覚は，移民のその社会への一層の適応をもたらし，定住化の進展にも大きく貢献しうる．そのような社会的承認の形成に，家族形成それ自体や国際結婚がどう影響するのかについて見ていきたい．

　分析には，多変量解析で一般に用いられる最小二乗推定による重回帰分析を用いる．ただし親しい日本人の数を従属変数とする分析では，従属変数がある一定時間内に生起した回数を数えたカウントデータの特徴と近似する．そこで，そのような従属変数の分析に適した，負の二項回帰分析（Negative binomial regression model）を使用する[5]（Long 1997）．

4　移民の婚姻形態とその動向

　はじめに，移民の婚姻形態の全体的な動向について見ていく（**図4-1**）．回答者のおよそ４割近くが未婚者であった．配偶者がいる回答者の中では移民家族のケースが最も多く34％，ついで国際結婚のケースが22％，越境家族にあたる人

5　分析に際し，カウントデータの分析で一般的な回帰モデルであるポアソン回帰分析を用いることを当初考えたが，従属変数の過分散（over-dispersion）のために，データがこのモデルの仮定を満たさないことから，データに適した負の二項回帰分析を用いることにした（Long 1997）．

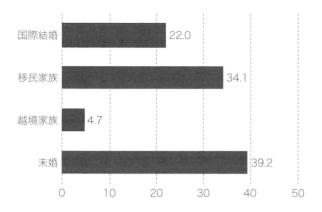

図4-1　配偶者との関係（n＝1,122）

表4-1　結婚と日本への移住のタイミング

	移住前	移住と同時期	移住後	合計
その他の結婚	168	75	172	415
	40.5	18.1	41.5	100
国際結婚	45	68	130	243
	18.5	28.0	53.5	100
合計	213	143	302	658
	32.4	21.7	45.9	100

$x^2 = 34.64^{**}$

が，全体のおよそ5%であった．今回の調査対象者について見れば，有配偶者のほとんどが日本で配偶者と同居しており，配偶者を残して「出稼ぎ」状態にいる人の割合はごく少数である．

　結婚が日本への移住と比べてどのタイミングで行われたかを確認するために，婚姻別にクロス集計を行った（表4-1）．その際，移住する1年前から移住と同じ年に結婚したケースを，結婚が移住とほぼ同時期に行われたものと判断した[6]．分析の結果，国際結婚かその他の結婚かで，結婚のタイミングの分布が異なる

6　なお，本章が用いる調査では，移住時期を明確に尋ねた質問はないため，日本での滞在年数から移住時期を推定し，結婚した時期との重複にもとづき，結婚と日本への移住のタイミングの変数を構成した．日本への滞在が何度かに分けて断続的に行われている場合もあるため，ここで得られる数値はあくまでも概算値である．

ことがわかった．外国籍者どうしの婚姻であると，移住前が回答者の4割，移住後が4割，移住とほぼ同時期が18％となった．他方で，国際結婚である場合，移住前が19％，移住と同時期が28％，移住後が54％となった．このように，外国籍者どうしの婚姻である場合，来日以前に結婚している人が相対的に多く，国際結婚である場合，移住とほぼ同じ時期や移住後に結婚しているケースが多いことがわかった．

　次に，婚姻パターンが他の諸変数とどのような関係にあるのかを確認するため，多項ロジスティック回帰分析を行った．従属変数の基準カテゴリーは，配偶者なしに設定し，国際結婚とその他の結婚の係数の推定を行った（**表4-2**）．モデル1の結果を見てみよう．その他の結婚，国際結婚に共通して確認できるパターンとして，未婚者と比較したとき，全般的な教育達成の水準や日本での教育の経験は，婚姻確率と何ら関係が見られない．仮説では，日本での教育経験があると，日本人と出会う機会が増し，その結果，国際結婚の確率を高めるとも考えられたが，分析結果では，そのような仮説は支持されなかった．年齢については，年齢が高いほど配偶者の国籍を問わず，婚姻関係にあることがわかった．

　男女間の相違に注目すると，男性ほど外国籍者どうしで婚姻する人が多いことがわかった．国際結婚については，10％水準で女性ほど国際結婚する傾向が見られた．これは日本での国際結婚は日本国籍男性と移民女性のパターンが多いという傾向と一致している．

　次に，国籍によって婚姻パターンがどのように異なるか見てみた（**図4-2**）．とりわけ，国際結婚について国籍間の相違が大きいことがわかった．国際結婚の予測確率を見ると，他の条件が同じであれば中南米では国際結婚割合はおよそ1割程度だが，南アジアで15％，韓国と中国ではほぼ2割，フィリピンや東南アジアでは回答者の3割近くが日本国籍者と婚姻関係にある．欧米やその他になると，4割以上の回答者が日本国籍者と婚姻関係にある．

　こうした結果からは，日本での同じ国籍の移民の人口規模が小さいほど，国際結婚をしていることがうかがえる．そこで回答者の国籍に，当該国籍の移民の人口規模の対数を割り当て変数として構成し，多項ロジスティック回帰分析

表4-2　婚姻パターンについての多項ロジスティック回帰分析

	モデル 1			
基準：未婚	その他の結婚		国際結婚	
	係数	標準誤差	係数	標準誤差
女性	-0.551**	0.158	0.326+	0.192
年齢	0.066**	0.008	0.068**	0.009
国籍（基準：中南米）				
中国	0.035	0.258	0.891*	0.361
韓国	-0.702*	0.346	0.444	0.442
フィリピン	0.126	0.329	1.463**	0.406
東南アジア	-0.329	0.355	1.268**	0.438
南アジア	1.160*	0.464	1.318*	0.665
欧米	-2.075**	0.483	1.530**	0.419
その他	0.532	0.739	2.583**	0.768
日本生まれ	-0.518	0.341	0.055	0.381
学歴（基準：中学卒）				
高校卒	0.324	0.255	0.340	0.280
短大・高専	0.231	0.308	0.241	0.336
大学卒以上	0.310	0.232	-0.232	0.266
日本での学歴	-0.217	0.190	-0.300	0.227
定数	-2.454**	0.441	-2.923**	0.498
n	1,046			
Pseudo R^2	0.123			
x^2	275.75**			

	モデル 2			
基準：未婚	その他の結婚		国際結婚	
	係数	標準誤差	係数	標準誤差
国籍別の人口規模の対数値	0.152**	0.056	-0.163**	0.055
n	1,043			
Pseudo R^2	0.090			
x^2	200.15**			

+p < .10　*p < .05　**p < .01

注：モデル 2 には国籍以外のモデル 1 と同一の独立変数を含めている（結果は省略）.

を行った．分析結果は，**表 4-2** のモデル 2 として示した．その他の諸変数は，国籍を除いてモデル 1 と同じものを用いた．他の変数の効果は，モデル 1 と大きく異ならないため，係数の表示は省略した．分析の結果，他の諸変数を統制しても，日本での人口規模が小さな国籍の人ほど，外国籍者と婚姻している傾向は弱く，国際結婚している傾向が強いことが判明し，予測と一貫した結果が得られた．今回の調査結果の回答者には，同国籍の日本の居住者が，100 人程度しかいない人たちもいれば，数十万人の規模で同国籍者の居住者がいるグループもある．推定結果から従属変数の予測確率を計算すると，他の条件が同じであ

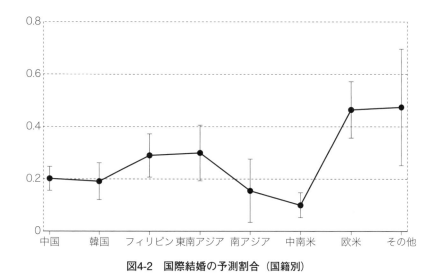

図4-2　国際結婚の予測割合（国籍別）

注：国際結婚の予測割合について，その信頼区間をエラーバーとして図示した．推定値とともに示したエラーバーは，95％信頼区間である．

れば外国籍者との婚姻割合は，人口規模の最も小さな国籍で1割程度だが，最も大きな国籍で35％まで増加する．他方で，国際結婚割合は，人口規模の最も小さな国籍で回答者の半数以上にのぼるが，人口規模の最も大きな国籍では2割を下回る．

5　婚姻形態と移民の社会統合

5.1　経済的統合

　次に，移民の婚姻形態が，かれらの社会統合にどのような影響を及ぼすかを考えるため，先に示した4つの従属変数を用いた分析を行った．はじめに，経済的統合と婚姻形態との関係を考えるために，等価世帯所得を従属変数とする回帰分析を行い，係数の推定を行った．婚姻形態については，外国籍者どうしの結婚を配偶者の居住地にもとづいて区分した．モデル1では婚姻形態の主効果を，モデル2では婚姻形態と性別との交互作用効果を検討している．モデ

ル1では，国際結婚をしている人ほど未婚者と比べて等価世帯所得の対数値が
4割ほど高い傾向が見られた．他方で，外国籍者どうしで婚姻している場合は，
配偶者の居住地にかかわらず，未婚者との間に等価世帯所得に有意な違いが見
られなかった．このように移民は，国際結婚によって経済的に安定した生活を
送ることが可能になっている．その他の変数の効果を確認すると，短大卒や大
学卒以上では，中学卒と比べて4割以上等価世帯所得が高くなっている．また，
日本語能力の得点が1ポイント上昇するごとに，所得が3.9％ずつ増加すること
がわかった．

　さらにモデル2によって，婚姻形態と性別との交互作用効果を推定した．す
なわち，婚姻形態が等価世帯所得に及ぼす効果は，男女で異なるかどうかを見
ていく．交互作用効果を追加で投入したところ，婚姻形態の主効果は，等価世
帯所得に有意な違いをもたらしていなかった．すなわちこれは，男性の等価世
帯所得は，婚姻形態にかかわらず一定であることを示している．次に，交互作
用効果に注目すると，国際結婚の場合は5％水準で，移民家族の場合は10％水
準で，未婚者と比べて等価世帯所得が高い．また，交互作用効果を推定すると，
性別の主効果が負に有意となっており，女性は婚姻形態にかかわらず，男性と
比べて3割等価世帯所得が低い．

　交互作用効果の解釈を容易にするため，男女別，婚姻形態別に等価世帯所得
の推定値の推計を行った（**図4-3**）．これによれば，未婚者と越境家族の人たちは，
単身で日本に生活していることから，等価世帯所得は，かれらの労働所得を大
きく反映する．日本の労働市場では，男女間賃金格差が大きいため，これら2
つのグループでは，男性よりも女性で等価所得が低くなっている．次に，配偶
者と日本で同居する2つのグループに注目する．移民家族の人たちは，等価世
帯所得に男女で差は見られない．他方で，国際結婚したグループでは，男女で
3割近い所得格差が見られ，男性よりも女性で等価世帯所得が高い．このよう
に，日本国籍女性と結婚した移民男性よりも日本国籍男性と結婚した移民女性
の方が，多くの世帯所得を獲得し，結婚を通じてより多くの経済的利益を達成
していることを示唆している（**表4-3**）．

　補足的な分析として，移民の送金の状況の婚姻形態による違いを見ておこう．

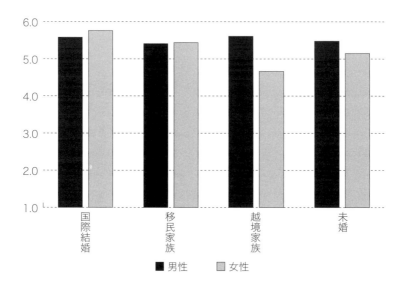

図4-3　モデル2にもとづく等価世帯所得の推定値（婚姻形態別，男女別）

家族と移民のホスト社会への関わりや統合との関係について考えるとき，移民の送金の状況について検討することは重要である．本章の冒頭でも論じたように，移住は当初経済的な動機にもとづいて行われ，帰国を念頭におく移民にとっては，母国に残してきた家族に送金することは，移住の目的を達成する上で重要な要素である．本章が用いる ILW 調査で見ると，回答者の 66％は日本国外に居住する家族・親族への送金を行っておらず，26％が海外送金をしていると答えた（残りは無回答）．

　こうした海外送金が日本での婚姻形態とどのような関係にあるのかを見るために，クロス集計を行った（**表 4-4**）．カイ二乗検定の結果，統計的な有意差が見られた．未婚者や国際結婚をした人であると，送金している回答者は 2 割程度と少ないが，移民家族と越境家族の場合は，両者ともに 4 割程度の回答者が送金していると答えた．

　このように送金の有無だけで見ると，外国籍者と婚姻関係にある人は，配偶者が日本に居住しているか，本国に居住しているかにかかわらず，送金する傾

表4-3 等価世帯所得を従属変数とする重回帰分析

	モデル1		モデル2	
	係数	標準誤差	係数	標準誤差
婚姻形態（基準：未婚）				
国際結婚	0.408**	0.111	0.102	0.172
移民家族	0.114	0.101	-0.066	0.141
越境家族	-0.040	0.197	0.132	0.245
女性	-0.107	0.088	-0.329*	0.143
女性×婚姻形態				
国際結婚			0.504*	0.218
移民家族			0.361+	0.189
越境家族			-0.613	0.390
年齢	-0.003	0.006	-0.002	0.006
学歴（基準：中学卒）				
高校卒	0.188	0.130	0.187	0.129
短大・高専卒	0.493**	0.157	0.486**	0.156
大学卒以上	0.470**	0.133	0.447**	0.132
日本での学歴	-0.099	0.107	-0.100	0.106
日本生まれ	0.100	0.236	0.158	0.235
日本での滞在年数	-0.007	0.007	-0.008	0.007
日本語能力	0.039*	0.015	0.042**	0.015
定数	5.319**	0.269	5.433**	0.274
n	694		694	
調整済み R^2	0.183		0.194	
F	7.22**		6.95**	

+p < .10　*p < .05　**p < .01

注：2つのモデルともに，回答者の国籍，従業上の地位，職種を統制している．紙幅の関係で結果の表示は省略した．

表4-4 婚姻形態と海外送金の有無

	送金なし	送金あり	合計
国際結婚	181	48	229
	79.0	21.0	100
移民家族	208	141	349
	59.6	40.4	100
越境家族	29	20	49
	59.2	40.8	100
未婚	326	78	404
	80.7	19.3	100
合計	744	287	1,031
	72.2	27.8	100

x^2 = 51.56**　+p < .10　*p < .05　**p < .01

向に大きな違いは見られない．しかし，送金する人に限定して，送金額の世帯
収入に占める割合が，配偶関係によってどのように左右されているのかを確認
したところ，異なる傾向が見られた．分散分析を用いて配偶関係による集団間
の差を見たところ，1％水準で有意差が見られた．送金額の世帯収入に占める割
合は，国際結婚した回答者で最も少なく11％，移民家族にあたる人で20％，未
婚者で31％，越境家族にあたる人は，世帯収入の48％を本国の家族に送金して
いた．このように，婚姻形態によって，出身国とのつながりが大きく異なるこ
とがわかった．

5.2　社会関係資本

　次に，移民の婚姻形態と社会関係資本との関連について考えてみる．本節で
は，社会関係資本の指標として親しい日本人のサポートネットワーク数（普段頼
りにしている親しい人の人数）を用いた．係数の推定には，先述した負の二項回帰分
析を用いた（**表4-5**）．モデル1では，婚姻形態の主効果について見ている．未婚
者を基準とするとき，いずれも統計的に有意な違いは見られなかった．他の変
数の効果を見てみると，日本語能力について1％水準で有意な正の関係が見ら
れる．これは，日本語能力の高い人ほど，親しい日本人の数が多いことを示し
ている．日本生まれは外国生まれと比べて，10％水準で親しい日本人のサポー
トネットワーク数が少ない傾向が見られているが，これは，日本語能力を統制
した結果生じている．日本語能力を統制しなければ，日本生まれと外国生まれ
との間で親しい日本人のサポートネットワーク数に統計的に有意な違いは見ら
れない．

　モデル2では，等価世帯所得を統制することで，婚姻形態の効果がどのよう
に変化するかを検討しているが，等価世帯所得を統制すると，国際結婚をして
いる人は未婚者と比べて日本人のサポートネットワークの規模が相対的に大き
い．また，等価世帯所得の影響について見ると，世帯所得が高いほど，日本人
のサポートネットワークの規模は減少している．先の分析では，国際結婚をし
ている人は，未婚者と比べて等価世帯所得が高いことがわかっている．このよ
うに，等価世帯所得を一定にすると，国際結婚をしている人は未婚者よりも親

表4-5 日本人のサポートネットワーク数を従属変数とする負の二項回帰分析

	モデル 1		モデル 2		モデル 3	
	係数	標準誤差	係数	標準誤差	係数	標準誤差
婚姻形態（基準：未婚）						
国際結婚	0.230	0.150	0.301*	0.151	0.503*	0.224
移民家族	-0.046	0.141	-0.035	0.140	-0.163	0.193
越境家族	-0.168	0.282	-0.218	0.279	-0.353	0.344
女性	-0.013	0.121	-0.046	0.121	-0.087	0.196
女性 × 婚姻形態						
国際結婚					-0.339	0.292
移民家族					0.252	0.258
越境家族					0.330	0.541
日本生まれ	-0.511+	0.304	-0.512+	0.303	-0.522+	0.303
日本での滞在年数	-0.005	0.009	-0.005	0.009	-0.004	0.009
日本語能力	0.081**	0.021	0.090**	0.021	0.091**	0.021
等価世帯所得の対数			-0.137**	0.052	-0.129*	0.053
定数	0.145	0.372	0.905+	0.470	0.880+	0.490
log (α)	0.346	0.075	0.332	0.076	0.319	0.076
α	1.414	0.106	1.393	0.105	1.376	0.105
n	694		694		694	
Pseudo R^2	0.021		0.024		0.025	
x^2	64.64**		72.08**		77.00**	

+p < .10　*p < .05　**p < .01

注：2 つのモデルともに，回答者の年齢，学歴，日本での学歴の有無，国籍，従業上の地位，職種を統制している．紙幅の関係で結果の表示は省略した． α は，推定された過分散パラメーターである．

しい日本人のサポートネットワーク数が多い．さらにモデル 3 では，婚姻形態と性別との交互作用効果について検討した．分析の結果，婚姻形態と親しい日本人のサポートネットワーク数との関係は，男女で異ならないことがわかった．

　モデル 2 の推定結果から，婚姻形態別の日本人のサポートネットワーク数を推定したところ，未婚者が 2.8 人，越境家族の場合が 2.3 人，移民家族の場合が 2.7 人，国際結婚の場合が 3.8 人となり，国際結婚をしている人は未婚者と比べて日本人のサポートネットワーク数が平均的に 1 人多いことがわかった．以上の分析からは，国際結婚は，配偶者を通じて日本人との交流の機会を増やし，社会関係資本という点でも日本社会への統合を促進していることが示唆される．

5.3　生活満足度

　次に，生活満足度と婚姻形態との関係について見てみよう（表 4-6）．モデル 1 では，婚姻形態と生活満足度との間に統計的に有意な関係が見られる．移民

表4-6　生活満足度を従属変数とする重回帰分析

	モデル1		モデル2		モデル3	
	係数	標準誤差	係数	標準誤差	係数	標準誤差
婚姻形態（基準：未婚）						
国際結婚	0.282*	0.118	0.206+	0.118	0.198	0.183
移民家族	0.260*	0.108	0.251*	0.106	0.211	0.149
越境家族	-0.096	0.209	-0.086	0.206	-0.122	0.259
女性	0.189*	0.093	0.208*	0.092	0.169	0.152
女性 × 婚姻形態						
国際結婚					0.020	0.232
移民家族					0.077	0.201
越境家族					0.077	0.414
年齢	0.013*	0.006	0.014*	0.006	0.014*	0.006
学歴（基準：中学卒）						
高校卒	-0.275*	0.138	-0.297*	0.136	-0.296*	0.137
短大・高専卒	-0.267	0.166	-0.343*	0.165	-0.340*	0.166
大学卒以上	-0.201	0.141	-0.257+	0.140	-0.259+	0.141
日本での学歴	0.112	0.113	0.119	0.112	0.118	0.112
日本生まれ	0.388+	0.250	0.431+	0.248	0.426+	0.250
日本での滞在年数	-0.029**	0.007	-0.028**	0.007	-0.028**	0.007
日本語能力	0.033*	0.016	0.024	0.016	0.024	0.016
等価世帯所得の対数			0.126**	0.041	0.126**	0.041
日本人のサポートネットワーク数			0.021**	0.007	0.021**	0.007
定数	3.152**	0.285	2.456**	0.356	2.481**	0.366
n	694		694		694	
R^2	0.070		0.092		0.088	
F	3.09**		3.60**		3.23**	

+$p < .10$　*$p < .05$　**$p < .01$

注：2つのモデルともに，回答者の国籍，従業上の地位，職種を統制している．紙幅の関係で結果の表示は省略した．

家族にあたる人や，国際結婚をしている人は，未婚者よりも生活満足度が高い．越境家族にあたる人では，未婚者と生活満足度に違いはない．分析結果によれば，配偶者が日本国籍であるか移民であるかにかかわらず，日本での家族形成が移民の生活満足度を高めていることが示唆される．モデル2では，等価世帯所得と日本人のサポートネットワーク数を統制した．その結果，モデル1と比較して，国際結婚の係数が若干減少し，10％水準で有意となった．等価世帯所得と日本人のサポートネットワーク数はいずれも，生活満足度を高める傾向が見られた．このように，国際結婚をしている移民の生活満足度の高さの一部は，経済的な安定や日本人のサポートネットワーク数の多さによって部分的に説明することができる．モデル3では，性別と婚姻形態との交互作用項をモデルに

追加した．交互作用項の係数を推定したところ，いずれも統計的に有意な関係
は見られず，婚姻形態が生活満足度に及ぼす効果は，男女で異ならないことが
わかった．

　その他の統制変数の効果に注目すると，性別では女性が男性よりも，年齢が
高いほど満足度が高い．学歴では中学卒と比べて，高校卒や短大卒以上で満足
度が低い．日本での滞在年数が長い人ほど満足度が低い．このように，日本社
会への適応や統合を表す指標について，一部の項目（日本人のサポートネットワーク
数と等価世帯所得）では満足度を高める傾向が見られるものの，別の項目（学歴と
滞在年数）では満足度を低める傾向も見られており，結果が一貫していない．日
本社会への滞在年数に伴い満足度が低下する現象は，他のデータを用いた分析
でも報告されている（Ishizawa et al. 2019）．こうした現象は，移民が経験する準拠
集団の変化という観点から説明することができる．移民は，別の国や地域に移
住した当初は，自己の置かれている状況を，出身国や出身地域の家族や知人と
比較しながら判断し評価するため，移住先社会で不利な状況に置かれていても，
生活に不満は感じず，満足する傾向にある．しかし，滞在年数の長期化によっ
て，自己の置かれている状況を移住先社会の他の成員と比べるようになると，社
会における自身の不利な状況に気づき，生活に不満を感じるようになる（Gelatt
2013）．このように，社会的，経済的統合は，移民により多くの経済的，社会的
資源の獲得をもたらし，主観的なウェルビーイングを高めていく経路と，統合
が進むことで準拠集団に変化が起こり，移民は相対的はく奪を感じて満足度が
低下するという，2つの経路から考えていく必要があるだろう．

5.4　社会的承認の感覚

　最後に移民の婚姻形態が，移民の日本社会における社会的承認の感覚にどの
ように寄与するのかについて検討する．モデル1では，移民の婚姻形態は，社
会的承認との間に統計的に有意な関係が見られる．国際結婚をしている人は，
未婚者と比べて社会的承認感が有意に高い．他方で，移民家族にあたる人の承
認感は，未婚者と有意に異ならない．越境家族にあたる人は，承認感が未婚者
よりも10％水準で有意に低かった．モデル2では，等価世帯所得と日本人のサ

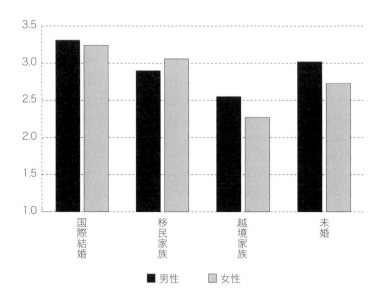

図4-4　モデル3から推定された社会的承認感の予測値（男女別，婚姻形態別）

ポートネットワーク数を追加で投入したが，国際結婚をしている人は，モデル1とほぼ同様の傾向が認められた．モデル3では婚姻形態と性別との交互作用項を追加した．モデル3から推定された予測値（**図4-4**）を見ると，未婚者と比べ移民どうしの結婚は男性よりも女性の承認感を高める傾向にあった．国際結婚をした移民は男女ともに承認感が高い[7]．

　その他の変数の効果を見てみよう．先の生活満足度と同様に，学歴が高いほど，承認感が低下する傾向が見られる．他方で，日本語能力が高いほど，日本人のサポートネットワーク数が多いほど，社会的承認感が高い．婚姻形態の主効果と同様に，日本語能力が増し，日本人とのサポートネットワーク数が増えるなど，移住先社会での社会関係の統合が，主観的な承認感を高めていることが，分析からは明らかである．

　このように分析結果は，国際結婚が，移民の経済的，社会的な統合を促進す

7　予測値の95％信頼区間を見ると，国際結婚した移民の男女の予測値と移民どうしで結婚した女性の予測値は，有意に異なるわけではない．

表4-7 日本社会における社会的承認の感覚を従属変数とする重回帰分析

	モデル 1		モデル 2		モデル 3	
	係数	標準誤差	係数	標準誤差	係数	標準誤差
婚姻形態（基準：未婚）						
国際結婚	0.483**	0.123	0.409**	0.121	0.296	0.186
移民家族	0.078	0.112	0.108	0.109	-0.116	0.152
越境家族	-0.413+	0.217	-0.416*	0.210	-0.464+	0.264
女性	-0.080	0.097	-0.064	0.094	-0.283+	0.154
女性 × 婚姻形態						
国際結婚					0.211	0.235
移民家族					0.438*	0.204
越境家族					-0.003	0.421
年齢	0.010	0.007	0.011+	0.006	0.011+	0.006
学歴（基準：中学卒）						
高校卒	-0.250+	0.144	-0.296*	0.139	-0.293*	0.139
短大・高専卒	-0.265	0.173	-0.317+	0.169	-0.305+	0.169
大学卒以上	-0.292*	0.147	-0.303*	0.143	-0.319*	0.144
日本での学歴	0.058	0.118	0.034	0.114	0.033	0.114
日本生まれ	0.050	0.260	0.163	0.253	0.165	0.254
日本での滞在年数	-0.004	0.007	-0.005	0.007	-0.005	0.007
日本語能力	0.080**	0.017	0.064**	0.016	0.065**	0.017
等価世帯所得の対数			0.014	0.041	0.006	0.042
日本人のサポートネットワーク数			0.276**	0.041	0.274**	0.041
定数	2.426**	0.297	2.339**	0.362	2.506**	0.372
n	694		694		694	
R^2	0.171		0.223		0.225	
F	6.74**		8.36**		7.72**	

注：2 つのモデルともに，回答者の国籍，従業上の地位，職種を統制している．紙幅の関係で結果の表示は省略した．

るという当初の予想や仮説を支持する．国際結婚と社会統合との関係についての性別による異質性についても検討したところ，経済的統合では日本国籍男性と結婚した移民女性に有利な状況が観察できたが，社会関係資本，満足度，社会的承認いずれにおいても，国際結婚は男女にかかわらず移民の日本社会への統合を促進していることが，分析から明示されたといえる（**表 4-7**）．

6　考察と結論

　本章では，移民の婚姻形態がかれらの日本社会への統合にどのような影響を及ぼすか，複数の観点から検討を行った．はじめに，移民の婚姻形態を従属変数とする分析を行った．その結果，国籍によって日本国籍者との結婚確率に有

意な違いが見られた．おおむね，日本における移民の人口規模の小さなグルー
プほど，日本国籍者との婚姻割合が高い傾向が見られた．

　その上で，移民の日本社会への統合が，婚姻形態にどのように左右されてい
るかを，社会経済的な次元，社会関係の次元，心理的次元の3つの側面から検
討を行った．分析の結果，国際結婚は，未婚や移民どうしの結婚と比べて，数
多くの次元で移民の日本社会への関わりを強め，社会統合を促進することが明
らかになった．その反面，移民どうしの結婚は，他の諸要因を統制すると，日
本社会への統合を推し進める度合いは，日本人との婚姻と比べて相対的に弱い
こともわかった．

　社会統合の個々の次元について見れば，国際結婚は移民女性の経済統合をよ
り促進していた．これは日本社会の男女の所得格差を反映したものである．移
民女性にとって，単身でいることの経済的不利が大きく，経済力のある日本人
男性と結婚するメリットが大きくなっている．逆に言えば，移民男性にとって
日本人女性と結婚することの経済的メリットは大きくない[8]．

　社会的統合，心理的統合の次元について見ると，国際結婚が社会統合を促し
ていた．ただし，国際結婚の効果については，すでに日本人とのネットワーク
を持つ人や心理的な統合を達成している人が国際結婚しやすいという傾向を示
している可能性も考慮しなければならない．移民どうしの結婚は必ずしも日本
人とのネットワーク形成や承認感の醸成を促すわけではない一方，生活満足度
を高める効果を持っていた．このことは家族とともに暮らすことが，その人自
身のメンタルヘルスにとって重要である一方で，日本（人）社会での安定的な生
活基盤の提供につながっていない可能性を示唆している．**第5章**で見るように，
家族の形成は自治会や町内会への参加の契機にはなっているが，本章の分析か
らは深い友人関係の形成には至っていないことも示唆される．このような生活
基盤の形成がなされていないからこそ，承認感も得られない状態に置かれるの
ではないだろうか．移民が移住先社会で，人種，民族的な同類婚によって家族

8　他方で，2009年という経済危機のなかで静岡県の移民を対象に行われた調査によれば，日
　本人女性と結婚した移民男性の方が，他の移民よりも失業率が低いことが報告されている
　（Takenoshita 2017）．

を形成するとき，社会統合の局面でどのような影響を及ぼすのか，今後とも注目していく必要がある．そして，移民が同国人どうしで婚姻し家族を形成することが，必ずしも社会統合を促さないのであれば，社会統合を押しとどめる要因を明らかにし，統合を促す条件や施策について検討することが必要である[9]．

　本章の分析では，国際結婚が，移民の日本社会への統合を推し進めるなど，国際結婚の肯定的な側面が注目された．他方で，国内外の先行研究では，国際結婚が，夫婦に様々な葛藤やストレスをもたらすなど，移民と日本人との婚姻関係の難しさや問題点なども，これまでに強調されてきた（桑山 1995; 竹下 2000; 武田 2011）．本章が用いた調査では，夫婦関係それ自体についての質問がなく，夫婦関係の内実や葛藤について十分な分析ができなかった．筆者のひとりは，2009年の静岡県で行われた移民を対象とする調査を用いて分析を行ったことがある．それによれば，夫婦関係の今後の不安感を分析すると，他の諸要因を統制した後でも，外国人と結婚した人よりも，日本人と結婚した人の方が，夫婦関係の不安感が高いことが明らかになった（Takenoshita and Cheung 2019）．日本人との婚姻者について，夫婦関係や家族をめぐる葛藤と問題点について検討を深めていくことは今後の課題である．そして，移民の統合を，国際結婚のカップルから生まれる子どもたちの視点から考えることも重要な論点である（Osanami Törngren and Sato 2021）．国際結婚の夫婦から生まれる子どもは，マジョリティ社会と移民社会の懸け橋と見られることも多いが，かれらの置かれている状況は，先行研究では十分に明らかにされていない．かれらが教育達成や職業達成という点で，どのような問題や困難に直面し，人種，民族的な同類婚のカップルから生まれた移民の子どもたちと，どのような相違があるのかなど，多くの検討すべき課

9　筆者のひとりは，2020 年 2 月に，ドイツの複数の研究機関を訪問し，移民を対象とする社会調査デザインについて意見交換を行った．1980 年代からドイツ社会経済パネル調査（German Socioeconomic Panel）を企画し，実施してきたドイツ経済研究所（DIW Berlin）では，移民・難民を対象とするパネル調査も併せて行ってきた．その中には，近年の因果推論や実験的デザインの考え方を応用して，移民・難民を対象に特定の施策の因果効果を検証する調査も行われている．ドイツの調査機関の訪問は，カレン・シャイア教授（デュイスブルク大学）とアイミ・ムラナカ研究員（デュイスブルク大学）が調整してくださった．記して感謝申し上げる．

題が残されている[10].

　また今回の分析では，日本での人口規模の小さな国籍の移民ほど日本国籍者と結婚する傾向がわかったが，移民が婚姻相手を探すとき，移民の出身国とのネットワーク（トランスナショナルなネットワークを含む）がどのように国境を越えた人種，民族的な同類婚を推し進め，それが日本社会との関わりや統合にどう関係していくのかは注目すべきである．移民が出身国から婚姻相手を探し呼び寄せることは，近年に始まったことではなく，戦前に北米や南米にわたった日本人も経験したことである．交通・通信技術の発達により，国家間の往来やコミュニケーションが容易になった現代社会において，トランスナショナルなつながりが日本の移民コミュニティの隔絶をもたらすのか，広く日本社会への統合や社会関係の形成を促すのかなど，今後も注目する必要があるだろう．

［文献］

Alba, Richard and Victor Nee, 2003, *Remaking the American Mainstream: Assimilation and Contemporary Immigration*, Cambridge: Harvard University Press.

Arber, Sara and Jay Ginn, 1995, "The mirage of gender equality: occupational success in the labour market and within marriage," *The British Journal of Sociology*, 46（1）: 21-43.

Becker, Gary S., 1985, "Human capital, effort, and the sexual division of labor," *Journal of Labor Economics*, 3（1, Part 2）: S33-S58.

Behtoui, Alireza, 2006, *Unequal opportunities: the impact of social capital and recruitment methods on immigrants and their children in the Swedish labour market*, Linköping: Department of Social and Welfare Studies, Linköping University.

Brandén, Maria, Ann-Zofie Duvander and Sofi Ohlsson-Wijk, 2018, "Sharing the caring: Attitude-Behavior discrepancies and partnership dynamics," *Journal of Family Issues*, 39（3）: 771-795.

Bratter, Jenifer L. and Karl Eschbach, 2006, "'What about the couple?' Interracial marriage and psychological distress," *Social Science Research*, 35（4）: 1025-1047.

Castles, Stephen, Hein D. Haas and Mark J. Miller, 2014, *The Age of Migration: International*

---

10 さらに本章では，観察されない異質性（Unobserved heterogeneity）の議論を前提に，国際結婚の統合に対する因果効果の厳密な推定を行うことができなかった．海外の先行研究では，パネルデータを用いてこの問題に対処しようとしており，1時点のデータを用いた本研究では，観察されない異質性によって生じる国際結婚のセレクションの影響を完全に除去することはできない（Dribe and Nystedt 2015; Nekby 2010）．今後の課題としたい．

Population Movements in the Modern World, Basingstoke: Palgrave Macmillan.

Dribe, Martin and Paul Nystedt, 2015, "Is there an intermarriage premium for male immigrants? Exogamy and earnings in Sweden 1990-2009," *International Migration Review*, 49（1）: 3-35.

Dunleavy, Victoria O., 2004, "Examining Interracial Marriage Attitudes as Value Expressive Attitudes," *Howard Journal of Communications*, 15（1）: 21-38.

Furtado, Delia and Nikolaos Theodoropoulos, 2010, "Why does intermarriage increase immigrant employment? The role of networks," *The B. E. Journal of Economic Analysis & Policy*, 10（1）.

Furtado, Delia and Tao Song, 2015, "Intermarriage and socioeconomic integration: Trends in earnings premiums among US immigrants who marry natives," *The ANNALS of the American Academy of Political and Social Science*, 662（1）: 207-222.

Gelatt, Julia, 2013, "Looking Down or Looking Up: Status and Subjective Well-Being among Asian and Latino Immigrants in the United States," *International Migration Review*, 47（1）: 39-75.

Gordon, Milton M., 1964, *Assimilation in American Life: The Role of Race, Religion, and National Origins*, New York: Oxford University Press.

Grönlund, Anne, Karin Halldén and Charlotta Magnusson, 2017, "A Scandinavian success story? Women's labour market outcomes in Denmark, Finland, Norway and Sweden," *Acta Sociologica*, 60（2）: 97-119.

Hohmann-Marriott, Bryndl E. and Paul Amato, 2008, "Relationship Quality in Interethnic Marriages and Cohabitations," *Social Forces*, 87（2）: 825-855.

Irastorza, Nahikari and Pieter Bevelander, 2014, "Economic integration of intermarried labour migrants, refugees and family migrants to Sweden: premium or selection?" *IZA Discussion Paper*, 8065.

Ishizawa, Hiromi, Hirohisa Takenoshita and Jie Zhang, 2019, "The effect of integration on life satisfaction among immigrants in Japan," Paper prepared for the annual meeting of American Sociological Association, held at Hilton New York, New York.

Jacobs, Jerry A. and Teresa G. Labov, 2002, "Gender Differentials in Intermarriage Among Sixteen Race and Ethnic Groups," *Sociological Forum*, 17（4）: 621-646.

梶田孝道, 1994, 『外国人労働者と日本』日本放送出版協会.

Kalmijn, Matthijs, 1998, "Intermarriage and homogamy: Causes, patterns, trends," *Annual Review of Sociology*, 24: 395-421.

─────, 2011, "The influence of men's income and employment on marriage and cohabitation: Testing Oppenheimer's theory in Europe," *European Journal of Population/ Revue européenne de Démographie*, 27（3）: 269-293.

Kalmijn, Matthijs, Paul M. de Graaf and Jacques P. G. Janssen, 2005, "Intermarriage and the Risk of Divorce in the Netherlands: The Effects of Differences in Religion and in Nationality, 1974-94," *Population Studies*, 59 (1) : 71-85.

Kalmijn, Matthijs and Ruud Luijkx, 2005, "Has the Reciprocal Relationship between Employment and Marriage Changed for Men? An Analysis of the Life Histories of Men Born in the Netherlands between 1930 and 1970," *Population Studies*, 59 (2) : 211-231.

Kalmijn, Matthijs and Frank Van Tubergen, 2010, "A comparative perspective on intermarriage: Explaining differences among national-origin groups in the United States," *Demography*, 47 (2) : 459-479.

Kantarevic, Jasmin, 2004, "Interethnic marriages and economic assimilation of immigrants," *IZA Discussion Paper*, 1142.

是川夕, 2019, 『移民受け入れと社会的統合のリアリティ――現代日本における移民の階層的地位と社会学的課題』勁草書房.

桑山紀彦, 1995, 『国際結婚とストレス――アジアからの花嫁と変容するニッポンの家族』明石書店.

Lieberson, Stanley and Mary C. Waters, 1988, *From Many Strands: Ethnic and Racial Groups in Contemporary America*, New York: Russell Sage Foundation.

Long, Scott J., 1997, *Regression Models for Categorical and Limited Dependent Variables*, Thousand Oaks: Sage Publications.

Marcson, Simon, 1950, "A theory of intermarriage and assimilation," *Social Forces*, 29 (1) : 75-78.

McDonald, Patrick, 2020, "The Male Marriage Premium: Selection, Productivity, or Employer Preferences?" *Journal of Marriage and Family*, 82 (5) : 1553-1570.

Meng, Xin and Robert G. Gregory, 2005, "Intermarriage and the economic assimilation of immigrants," *Journal of Labor Economics*, 23 (1) : 135-174.

Meng, Xin and Dominique Meurs, 2009, "Intermarriage, language, and economic assimilation process: A case study of France," *International Journal of Manpower*, 30 (1-2) : 127-144.

Nekby, Lena, 2010, "Same, Same but (Initially) Different?: The Social Integration of Natives and Immigrants in Sweden," SULCIS reports and working papers.

Osanami Törngren, Sayaka, 2011, Love ain't got no color?: Attitude toward interracial marriage in Sweden (Doctoral dissertation, Linköping University Electronic Press).

Osanami Törngren, Sayaka, Nahikari Irastorza and Miri Song, 2016, "Toward building a conceptual framework on intermarriage," *Ethnicities*, 16 (4) : 497-520.

Osanami Törngren, Sayaka and Yuna Sato, 2021, "Beyond being either-or: identification of multi racial and multi ethnic Japanese," *Journal of Ethnic and Migration Studies*, 47 (4) : 802-820.

Portes, Alejandro and Rubin G. Rumbaut, 2001, *Legacies: the Story of the Immigrant Second*

Generation, Berkeley: University of California Press.

Rodríguez-García, Dan, 2015, "Intermarriage and integration revisited: International experiences and cross-disciplinary approaches," *The ANNALS of the American Academy of Political and Social Science*, 662（1）: 8-36.

Prieto-Rodríguez, Juan and César Rodríguez-Gutiérrez, 2003, "Participation of married women in the European labor markets and the 'added worker effect,'" *The Journal of Socio-Economics*, 32（4）: 429-446.

Song, Miri, 2009, "Is intermarriage a good indicator of integration?" *Journal of Ethnic and Migration Studies*, 35（2）: 331-348.

Takenoshita, Hirohisa, 2017, "The impact of the recent economic crisis on unemployment among immigrants in Japan," *Journal of International Migration and Integration*, 18（2）: 563-585.

竹ノ下弘久，2018，「移民受け入れの制度的文脈と人間関係——日系ブラジル人の事例から」佐藤嘉倫編『ソーシャル・キャピタルと社会』ミネルヴァ書房，147-168.

Takenoshita, Hirohisa and Sin Yi Cheung, 2019, "Cross-border marriage and immigrant integration in Japan," Paper presented at the international symposium of UK/Japan Migration, organised by New and Old Diversity Exchange（NODE）UK-Japan Network, held at Waseda University, Tokyo on December 2 to 6.

竹下修子，2000，『国際結婚の社会学』学文社.

武田里子，2011，『ムラの国際結婚再考——結婚移住女性と農村の社会変容』めこん.

Tsuda, Takeyuki, 2003, *Strangers in the Ethnic Homeland: Japanese Brazilian Return Migration in Transnational Perspective*, New York: Columbia University Press.

第 5 章

社会的活動から見た社会統合
——移民と日本国籍者の比較を通した検討——

石田賢示・龔順

1　はじめに

　移民の問題を考えるときに注目されるのは，労働者としての処遇についてである．彼らの生計維持，さらには健康や身体の安全をいかに保障できるかという点はきわめてクリティカルである．処遇の問題が中心的な論点となることはきわめて自然な流れといえるだろう．

　一方で，移民は受け入れ社会のなかの生活者でもある．「労働者」と「生活者」を対立的にとらえる必要はないが，移民が労働市場のなかだけでなく，地域社会や市民活動にも参加しうる存在であるというのがここで言いたいことである．社会の一員としての役割を，移民が様々な領域のなかで担ってゆけることが，高度な統合の実現した状態であるといえるだろう．

　移民の統合問題を，どの程度社会に参加できているかという観点から考えてみると，多様な切り口が考えられる．他の章で詳細に論じられてきた労働市場における処遇の問題に加え，本章では社会的活動への参加という点から移民の社会統合の一端を考えてゆく．ここでの社会統合という言葉は，移民がホスト社会のなかで取り結ぶ様々な社会関係から排除されず，様々な他者や集団とつながってゆく過程という意味で用いている．本章では，とりわけ社会的活動参加を通じた社会統合に着目して議論を進める．

　なお，本章における社会的活動という言葉について若干補足を加えておきたい．社会的活動あるいは社会参加という言葉は幅広い内容を含むが，近隣の人々を手助けしたり，様々な団体・組織・集団の活動に自発的に関与したりする一連の行為を意味していることは共通している（Couton and Gaubet 2008: 23）．その典型例がボランティア活動であるが，他者（人だけでなく組織も含む）のためになることを目的として無償で行う活動である点も，社会的活動は含意している（Wilson 2000）．概念の境界は必ずしも明確ではなく議論が必要ではあるが，ひとまず上述のような意味で，本章では社会的活動という言葉を用いてゆく．

　日本社会という具体的なフィールドに即して本章での問いを表現すると，(1) 移民の社会的活動への参加頻度が日本国籍者と同じといえるか，(2) 移民は具体的にどのような社会的活動に参加しているのか，また (3) 社会的活動への参加の背景となる要因が移民と日本国籍者で同じといえるか，である．これらの問いに対して，本章では後述する 2 種類の社会調査データを用いながら検討を進める．

　現在の日本社会においては，移民は社会から支援される対象でありえても，社会を支援する対象とはあまり見なされていないようである．確かに，地域住民と移民をつなぐ交流活動に取り組む移民を取り上げる新聞記事などもわずかに散見される[1]．しかし，移民に関する社会的活動で言及されるものの多くは，彼らを支援することを目的，名目としたものである．移民の日本社会での生活を支援する取り組みの増加が，彼らの生活上の問題解決にとって有益であることはおそらく論を俟たない．しかし，支援を受けることにより社会とつながることは社会統合の一面ではあってもすべてとはいえない．

　社会統合は，形式的には人々が社会的紐帯や社会的関係を十分に保有できている状態であると定義されることが多いが（House et al. 1988; Turner and Turner 2013），紐帯や関係は人々のあいだでの相互行為を通じて形成されてゆく．そして，そのような相互行為を生み出す 1 つのきっかけは，様々な集団（職場，地域，その他の組織など）に所属し，他の人々と活動をともにすることである．移民が，生活

1　たとえば，「多様なルーツ 地域と歩む：インドネシア男性 交流イベント次々」（朝日新聞 2019 年 9 月 12 日，大阪本社夕刊 11 ページ）．

者としての役割を担う機会を持てているかどうかは，社会統合の状態を知るための 1 つの重要な側面を構成していると考えられるのである．

2　移民の社会的活動への参加をとらえる考え方と本章の課題

2.1　社会的活動に関する移民とマジョリティの差をどのように考えるか

　前節でふれたように，移民が社会的活動に参加してゆくというイメージは，日本人による社会的活動によって支援されるイメージに比べて弱いように思われる．このように考えると，先に挙げた 3 つの問いのうち，(1) については移民の方が社会的活動をしにくく，(2) については，(活動をするとしても) 移民は日本人と交わらないようにしか社会的活動に関与しないのではないか，という予想が立つ．では，このような予想の背後にはどのような一般的な考え方がありうるのだろうか．

　移民を対象とする研究には限られないが，ボランティア活動を中心に据えて様々な研究の系統的な整理を行った Wilson (2000) によれば，動機・価値観・信念，経済合理性，そして社会的資源が主な背景要因であるという．これらが相互に排他的な要素であるとは言えないだろうが，本章の対象である移民に即してどのような説明が可能であるのかを試論してみたい．

　動機に関しては，一般的にはボランティア精神 (volunteerism) や利他性 (altruism) といった個人の価値観やパーソナリティ特性に注目がなされるようである．しかし，移民という対象に即して考えてみれば，なぜホスト社会にいるのかという点も動機の要素となるように思われる．ホスト社会で生活する理由や目的の測り方は多様であるが，たとえば出稼ぎ目的と定住それ自体が目的である移民のあいだでは，社会的活動に対する積極性も異なるだろう．次の合理的選択の視点とも関連するが，ホスト社会でできるだけ多く稼ぐことが目的である移民にとって社会的活動は無償労働でもありえてしまい，同じ時間を費やすならば有償労働をより好むという予測は十分に成り立つだろう．一方，定住自体が目的でもある移民にとっては，ホスト社会の人々と何らかの形でつながること自体が重要となる．

　経済合理性の視点では，先述のとおり社会的活動を無償労働と見なす．したがって，有償労働により得られる金銭的報酬の重要性が大きいほど社会的活動に関与するインセンティブは小さくなる．低所得など社会経済的に余裕があまりない人は社会的活動に参加しづらく，反対に余裕のある人は相対的には参加しやすくなると予想できる．この予想は移民，マジョリティを問わず成り立ちそうだが，もし移民が経済的に貧しければ，マジョリティよりも参加しづらいという説明になるだろう．

　最後の社会的資源の視点には多様な要因が含まれるが，社会的活動への参加の必要性や選好を強める（あるいは弱める）個人外の要因に着目する点がユニークであるといえる．たとえば子どもがいることによって，子ども会を通じて地域活動に参加する機会（あるいは義務）が生じるという説明である．地域への定住という点では，持ち家を保有することで近隣社会との関係が生じるということもあるだろう．移民という対象については，ホスト社会の言語スキルがマジョリティの人々とつながるために重要な社会的資源であるともいえる．日本国籍者と移民の違いという点に着目するならば，こうした社会的資源の多寡が両者の違いを説明できるかもしれない．

2.2　日本および海外での先行研究の知見と本章の課題

　それでは，実際の調査データから，移民と受け入れ社会のマジョリティ集団のあいだで，社会的活動への参加頻度が異なるといえるのだろうか．この点について先行研究は，共通して移民の参加が消極的であることを報告している．カナダをフィールドとした研究では，就業状態別に見るとほとんどのケースで移民はボランティア活動，社会的活動に参加しにくいことが示されている（Couton and Gaubet 2008）．同様の知見はドイツの研究でも見られるが，活動時間の長さや内容には移民とマジョリティ集団のあいだで明確な差は見られない（Greenspan et al. 2018）．

　一方，社会的活動への参加の背景となる要因は移民とマジョリティ集団のあいだである程度共通している．そこで関心となるのは，共通の要因の影響の仕方が両者のあいだで異なるのか否かである．移民を対象とする社会的活動に関

する実証研究の蓄積はあまり厚くないが，先述の Couton and Gaubet（2008）では，子どもがいるといった家族的要因が移民の社会的活動への参加を増やすことはない一方，マジョリティ集団と同様に年齢，所得，教育水準が参加率とプラスに関連するという結果が示されている．

　また，マジョリティ集団との比較はなされていないものの，アメリカにおけるコリア系移民のボランティア活動について分析した研究では，現地で教育を受けた者が一般的なボランティア活動に参加しやすい一方，英語で話すことが苦手であると参加しにくいという結果を得ている（Lee and Moon 2011）．その一方で，この研究では年齢や学歴水準，配偶状態や子どもの有無はボランティア活動への参加と関連していないという．

　日本で移民とマジョリティを比較した実証研究は管見の限り見つかっていない．しかし，日本国籍者を対象とする研究では，研究のあいだで知見に若干の違いは見られるものの，次のような知見が得られている．すなわち，年齢が高いこと，高学歴であること，失業状態ではない非労働力であること，有配偶であること，人口規模の小さい地方部に住んでいること，社会ネットワークの規模が大きいことなどが，ボランティア活動への参加と正に関連しているという（Taniguchi 2010; 永冨ほか 2011; 三谷 2013）．こうした知見は，海外の先行研究の知見ともある程度共通する（Wilson 2000）．学歴や配偶関係は社会的活動に対する動機形成と関わりがあるかもしれず，非労働力であることは有償労働へのインセンティブ，ニーズの低さと関連があるようにも思われる．また，これらの要因の関連の仕方が，移民と日本国籍者のあいだで異なるのかは検討に値するだろう．

　十分なレビューとはいえないものの，以上の先行研究から言えそうなことは，移民とマジョリティ集団を比べると前者の方が社会的活動の頻度が少ないということである．本章の主題に即して予想を立てると，移民が日本国籍者よりも社会的活動をしづらいと考えられる．また，社会的，経済的あるいは人口学的要因と社会的活動との関連の仕方が移民と日本国籍者のあいだで異なるのかについては，これまでのところ明確な知見が得られているわけではない．この点に関して日本社会では類例がないため，調査データを用いて実際に確認してみる必要がある．

3 データと方法

3.1 使用データ

以上の問題意識にもとづき，本章では 2 種類のデータを用いて日本で暮らす移民の社会的活動状況の背景を実証的に検討する．1 つは，本書を通じて用いられる ILW 調査である．もう 1 つは，ILW 調査サンプルの比較対象として用いる「社会階層と社会移動全国調査」（SSM 調査）の 2015 年調査である．

2015 年 SSM 調査データを併用する理由は 3 つある．第 1 に，1955 年から 10 年おきに継続して実施される SSM 調査では，過去調査との継続性の観点から調査対象は日本国籍者であり，2015 年調査でも同様である（白波瀬 2018: 5）．ILW 調査と 2015 年 SSM 調査の対象が重ならないことで，移民と日本国籍者のよりわかりやすい対比が可能となる．

第 2 に，国籍について両調査が重ならないのに対し，調査母集団の年齢範囲はほぼ同一である[2]．以下で見るように，現実には SSM 調査と ILW 調査の年齢構成は大きく異なる．しかし，設計段階での年齢の範囲が同一であることにより，2015 年 SSM 調査サンプルと同じようなライフステージに置かれる移民の状況をとらえられる．また，年齢分布の違いが集計・分析結果に及ぼす影響については，多変量解析などによりある程度統制することもできる．

第 3 に，本章で焦点を当てる社会的活動に関する調査事項が，両調査で共通していることである．質問文と回答選択肢が共通であることは，比較分析を行うにあたって基本的な要件の 1 つであろう．ILW 調査では日本語，英語，中国語，ポルトガル語の 4 か国語を用いているが，いずれの言語についても十分に長じていない回答者による測定誤差の問題などは潜在的にあるかもしれない．しかし，こうした方法論的課題は今後さらに検討を深めてゆくべきことであり，現段階ではまず両調査データの分析結果の異同を記述すること自体に意義がある

---

2 2015 年 SSM 調査の調査母集団の年齢範囲が 20 歳から 79 歳であるのに対し，ILW 調査では 20 歳から 69 歳である．本章での SSM 調査データの分析では全年齢を対象としたが，20 歳から 69 歳にサンプルを限定した推定結果も以降で言及するものとほとんど変わらない．

といえる.

3.2　使用変数

　本章で用いる主要な被説明変数は社会的活動の参加状況に関するものである.
具体的には, (a) 自治会・町内会活動への参加, (b) ボランティア活動への参加,
(c) 同国人団体の活動への参加, の 3 種類である. 2015 年 SSM 調査では (c)
を尋ねていないので, 比較に用いるのは (a) と (b) の 2 項目である. これらの
回答選択肢は (1) いつもしている, (2) よくしている, (3) ときどきしている,
(4) めったにしない, (5) したことがない, の 5 件からなる. 記述統計では (1)
と (2), および (4) と (5) をそれぞれまとめた 3 区分を用いるが, 多変量解析
では (1) (2) (3) である場合 1, (4) (5) である場合 0 とする 2 値変数を用いる[3].

　ILW 調査と 2015 年 SSM 調査で共通する説明変数は, 性別, 年齢, 教育年数,
従業上の地位, 世帯年収, 配偶状態, 子どもの有無, 持ち家保有ダミー, 居住
市区町村の人口規模の 9 種類である. 教育年数については, ILW 調査では通算
の年数の回答を対象者に求めているのに対し, SSM 調査では最終学歴に対して
年数を割り当てている (中学校: 9 年, 高校: 12 年, 短大・高専・専門学校: 14 年, 大学:
16 年, 大学院: 18 年). 従業上の地位については, 「経営者・役員」「自営業主・自
由業主」「家族従業者」「内職」を「経営・自営」,「常時雇用」を「フルタイム」,
その他被雇用者を「パートタイム」, 仕事をしていない場合には「無業」とした
(学生を含む). 世帯年収については両調査間でカテゴリ区分は若干異なるが, お
およそ同じ区分となるように 8 つのカテゴリをまとめた.

　配偶状態については, SSM 調査データでは「未婚」「有配偶」「離死別」の 3
区分を用いるが, ILW 調査データでは有配偶者を「日本国籍の有配偶者」と「外
国籍の有配偶者」に分割している. 子どもの有無については, SSM データでは
「子どもなし」「1 名」「2 名」「3 名以上」の 4 つに区分し, ILW 調査データでは
「子どもなし」「1 名」「2 名以上」の 3 区分を用いる. 居住市区町村の人口規模

3　記述的な分析で用いる 3 区分を用いて多変量解析 (順序ロジスティック回帰分析) を行っ
　たが, 結果はほぼ同様であった. 本章で用いる限界効果の算出や解釈の簡便さを優先し,
　ここでは 2 値変数による分析結果を示す.

表5-1 本章で用いるデータに関する記述統計

SSM調査（日本国籍者サンプル）n = 7,110			ILW調査（中国）n = 328			韓国・朝鮮 n = 166		フィリピン n = 86		ブラジル n = 103		その他 n = 232	
独立変数	平均・比率	標準偏差	独立変数	平均・比率	標準偏差	平均・比率	標準偏差	平均・比率	標準偏差	平均・比率	標準偏差	平均・比率	標準偏差
性別			性別										
男性	0.454	0.498	男性	0.396	0.490	0.398	0.491	0.256	0.439	0.583	0.496	0.547	0.499
女性	0.546	0.498	女性	0.561	0.497	0.560	0.498	0.663	0.476	0.398	0.492	0.427	0.496
			無回答	0.043	0.202	0.042	0.202	0.081	0.275	0.019	0.139	0.026	0.159
年齢	53.436	15.609	年齢	34.430	9.847	47.355	13.359	42.326	10.656	43.563	11.840	37.539	10.629
教育年数	13.045	2.277	教育年数	16.253	3.827	14.205	3.376	13.081	2.907	12.680	3.069	16.185	3.389
従業上の地位			従業上の地位										
経営・自営	0.150	0.357	経営・自営	0.061	0.240	0.145	0.353	0.047	0.212	0.010	0.099	0.086	0.281
フルタイム	0.308	0.462	フルタイム	0.341	0.475	0.319	0.468	0.233	0.425	0.262	0.442	0.366	0.483
パートタイム	0.210	0.407	パートタイム	0.180	0.385	0.301	0.460	0.500	0.503	0.650	0.479	0.263	0.441
無業	0.332	0.471	無業	0.418	0.494	0.235	0.425	0.221	0.417	0.078	0.269	0.284	0.452
世帯年収			世帯年収										
100万円未満	0.015	0.121	100万円未満	0.030	0.172	0.054	0.227	0.105	0.308	0.058	0.235	0.073	0.261
100-250万円未満	0.093	0.290	100-250万円未満	0.113	0.317	0.078	0.269	0.163	0.371	0.155	0.364	0.103	0.305
250-400万円未満	0.167	0.373	250-400万円未満	0.159	0.366	0.229	0.421	0.174	0.382	0.320	0.469	0.190	0.393
400-650万円未満	0.223	0.416	400-600万円未満	0.159	0.366	0.157	0.365	0.140	0.349	0.175	0.382	0.155	0.363
650-850万円未満	0.110	0.313	600-800万円未満	0.101	0.301	0.096	0.296	0.047	0.212	0.107	0.310	0.078	0.268
850-1050万円未満	0.064	0.245	800-1000万円未満	0.085	0.280	0.127	0.333	0.058	0.235	0.029	0.169	0.056	0.230
1050万円以上	0.078	0.269	1000万円以上	0.098	0.297	0.078	0.269	0.023	0.152	-	-	0.121	0.326
世帯年収不明	0.250	0.433	世帯年収不明	0.256	0.437	0.181	0.386	0.291	0.457	0.155	0.364	0.224	0.418
配偶状態			配偶状態										
未婚	0.144	0.351	未婚	0.381	0.486	0.271	0.446	0.151	0.360	0.175	0.382	0.328	0.470
有配偶	0.742	0.438	日本国籍の配偶者	0.159	0.366	0.283	0.452	0.349	0.479	0.087	0.284	0.293	0.456
			外国籍の配偶者	0.430	0.496	0.307	0.463	0.395	0.492	0.563	0.498	0.341	0.475
離死別	0.114	0.318	離死別	0.030	0.172	0.139	0.347	0.105	0.308	0.175	0.382	0.039	0.194
子どもの有無			子どもの有無										
子どもなし	0.212	0.409	子どもなし	0.598	0.491	0.476	0.501	0.372	0.486	0.456	0.501	0.625	0.485
1名	0.139	0.346	1名	0.244	0.430	0.211	0.409	0.326	0.471	0.301	0.461	0.181	0.386
2名	0.422	0.494	2名以上	0.159	0.366	0.313	0.465	0.302	0.462	0.243	0.431	0.194	0.396
3名以上	0.226	0.418											
持ち家	0.790	0.407	持ち家	0.305	0.461	0.500	0.502	0.256	0.439	0.301	0.461	0.224	0.418
居住市区町村人口規模(万人)	18.845	16.287	居住市区町村人口規模(万人)	25.613	18.289	24.442	16.777	20.097	15.236	12.575	8.626	27.290	20.422
			通算滞日年数	9.341	8.569	37.018	21.815	12.360	8.550	17.612	8.061	9.802	10.049
			日本語スキル	11.232	3.528	14.199	1.696	7.988	2.247	7.981	3.061	9.362	3.540
			在留資格グループ										
			特別永住・永住・定住・日本人配偶者	0.427	0.495	0.837	0.370	0.860	0.349	0.971	0.169	0.444	0.498
			就労関連	0.220	0.415	0.108	0.312	0.058	0.235	0.019	0.139	0.306	0.462
			その他	0.354	0.479	0.054	0.227	0.081	0.275	0.010	0.099	0.250	0.434

については，両調査で市区町村コード（2015年時点）が利用可能なので，市区町村別人口を紐付けて分析に用いる．

　ILW調査データの分析では，回答者の国籍，通算滞日年数，日本語スキル，在留資格グループを別途説明変数として用いている．国籍変数では，中国，韓国・朝鮮，フィリピン，ブラジル，その他の5区分を用いる．通算滞日年数については，日本生まれの場合は対象者の年齢を割り当てている．日本語スキルについては，「会話する」「読む」「書く」の3種について尋ねた項目について5件法で尋ねている．分析では，「ほぼ完全にできる」の5点から「まったくできない」の1点までのスケールに変換し，3項目を合算した変数を用いる[4]．在留資格グループの変数については，高い定住性を示すと思われる特別永住者，永住者，定住者，日本人の配偶者を1つにまとめ，高技能の就労関連資格，その他（家族滞在，留学，特定活動，その他）の3区分からなる変数を作成した．以上の変数に関する記述統計量を，ILW調査については国籍別に**表5-1**に示す[5]．これらは，前節でふれた社会的活動への関与の背景となる動機，経済合理性，社会的資源とも重なるところが大きいと考えられる[6]．

4　分析結果

4.1　社会的活動への参加に関する移民と日本国籍者の比較

まず，日本国籍者からなるSSM調査データとILW調査データのあいだで，社

4　主成分分析により，これら3項目の第1主成分の寄与率が89.9％となっており，一次元性は高いと判断した．

5　なお，本章の分析では社会ネットワークに関する変数を用いなかった．先行研究では指摘されている主要な要因であるが，ネットワークが社会的活動の独立変数といえるかという点については慎重な議論が必要である．両者が強い内生的関係に置かれている場合，他の社会経済的，人口学的変数との関連を必要以上に見えづらくする可能性も考えられる．（どのような）社会ネットワークが社会的活動を促進あるいは抑制するのかについては，方法論を含めて改めて検討したい．

6　なお，同じ説明変数が，社会的活動に関する動機や経済合理性，社会的資源のいずれにもあてはまる場合がありうる（たとえば教育水準など）．そのため本章では各変数がいずれの視点の指標となるのかについては明確に定義しないが，今後の研究では各側面の相対的な説明力の比較も検討課題となるだろう．

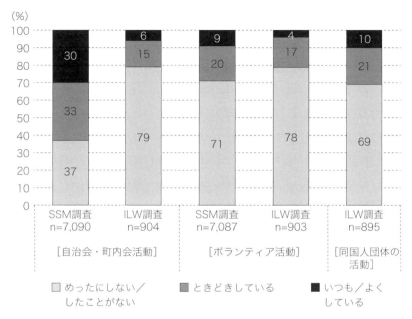

図5-1　3種類の社会的活動に関する参加頻度の分布

会的活動の状況の分布がどのように異なるのかを概観する．**図 5-1** は，主要な被説明変数の分布を示したものである[7]．

　自治会・町内会活動について見ると，日本国籍者と移民の両サンプル間で明らかな差が見られる．SSM 調査データでは約 6 割の対象者が自治会・町内会活動を「ときどきしている」あるいは「いつも／よくしている」と回答しているのに対し，移民サンプルではこれら 2 つのカテゴリを合わせても約 2 割にとどまる．近隣地域社会における社会的活動への参加という面では，移民が日本国籍者のなかに入り込んでいるとは言い難い状況があるといえるだろう．

　ボランティア活動に関しても，SSM 調査データの方が ILW 調査よりも参加している者の割合が 8％ポイント高い．日本国籍者か移民であるかを問わずボランティアへの参加割合は自治会・町内会活動と比べると小さいが，相対的に

7　**図 5-1** の「ボランティア活動・ILW 調査」でパーセントの合計が 100％にならないのは，小数点以下の数値の四捨五入（丸め）によるものである．

は移民の方が参加しにくいようである.

　同国人団体への活動については ILW 調査のみで尋ねられている.「ときどきしている」あるいは「いつも／よくしている」と回答した者の割合は約 3 割である. この数値の位置付けは, 日本国籍者との比較では解釈が難しい.

　そこで, これらの社会的活動について, いずれか 1 つでも参加しているか否かを表す 2 種類の変数を作成した. 1 つは自治会・町内会の活動とボランティア活動のうち少なくとも 1 つに参加しているか否かを示す変数である. もう 1 種類は, ILW 調査データについて, 同国人団体の活動を加えた変数である.

　自治会・町内会活動とボランティア活動のうち少なくとも 1 つに参加している者の割合は, SSM 調査データで約 67%, ILW 調査データで約 33% である. 割合には約 2 倍の開きがある. 一方, ILW 調査データについて同国人団体の活動を加味して割合を算出すると, 3 つの社会的活動のうち少なくとも 1 つに参加している者の割合は約 48%（1.45 倍）に上昇する. こうした結果は, 移民にとって同国人団体が社会的参加の重要な機会になっている可能性を示唆している. 一方で, SSM 調査では考慮されていない種類の活動を加味しても日本国籍者の参加割合には届かないことから, 移民とマジョリティのあいだで社会的参加の状況に差があることは海外と同様であるといえる.

　ところで, 移民の社会的活動への参加機会が同国人団体にある程度依存しているということは, 活動の場が日本国籍者と移民のあいだで隔てられている可能性も考えられなくはない. 本章の分析で厳密な検証は難しいが, この予想がある程度正しいならば, 近隣地域社会での活動である自治会・町内会活動と同国人団体の活動が相互排他的, すなわち負の関連を示すと想定できる. そこで, ILW 調査データのなかで, 自治会・町内会活動への参加状況と同国人団体の活動への参加状況の関連を見た. ケンドールの順位相関係数を計算するとその値は 0.23 であり, 正の関連を示している.[8] 同国人団体の活動への参加頻度の多い者が, 居住する近隣の活動には参加しにくいとは必ずしもいえない.

8　対応分析やログリニア分析など, 他のカテゴリカルデータ分析の方法を用いても同様の結果が得られている.

4.2　日本国籍者と移民それぞれにおける背景要因の検討

　それでは，様々な要因の影響を同時に考慮した場合，**3.2** で挙げた説明変数が社会的活動への参加状況とどのように関連しているといえるだろうか．ここからは，**表 5-1** にリストされている説明変数を用いたロジスティック回帰分析の結果を検討してゆく．先述のとおり，「いつも／よくしている」または「ときどきしている」と回答する場合 1，「めったにしない／したことがない」と回答した場合 0 とする 2 値変数が被説明変数である．はじめに日本国籍者サンプル（2015 年 SSM 調査データ），続いて移民サンプルの分析結果を検討してゆく．

　日本国籍者サンプルの分析結果は**図 5-2** に示されている．これは，先述のロジスティック回帰分析の推定結果にもとづき，各説明変数の値をとるとき被説明変数が 1 である予測確率（マージン）を算出してグラフ表現したものである．グラフ中のエラーバーは 95% 信頼区間である．

　性別については，いずれの活動についても確率の差は有意ではない．年齢については，より高齢であるほどいずれの活動にも参加しやすいという正の関連が明確に現れている．

　続いて社会経済的地位に関連する変数に目を移そう．ボランティア活動に対して教育年数は正に関連しており，学歴が高いほど参加しやすいという結果となっている．一方，自治会・町内会活動に対しては有意な関連を示していない．従業上の地位については，いずれの活動でも経営者・自営業者のカテゴリの予測確率が，フルタイム就業者カテゴリのそれよりも有意に高い．世帯年収については，自治会・町内会活動への参加に対しては有意な関連を持たないが，ボランティア活動に対しては年収が高いほど参加しやすいという正の関連を示している．なお，世帯年収不明のカテゴリは，いずれの活動に対しても負に関連している．

　配偶状況については，有配偶者は自治会・町内会活動により参加しやすい．子どもについても，その数が多いほど参加しやすく，ボランティア活動についても同様の結果となっている．住居の形態については，持ち家であるといずれの活動にもより参加しやすい結果を示している．最後に居住市区町村の人口規模であるが，人口規模の大きな市区町村に居住している者ほど自治会・町内会活

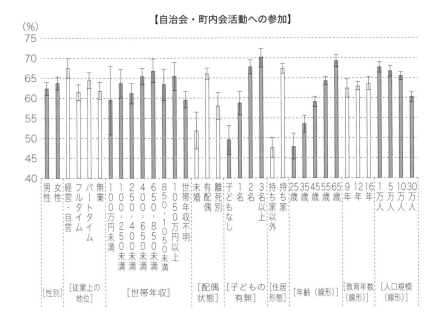

【自治会・町内会活動への参加】

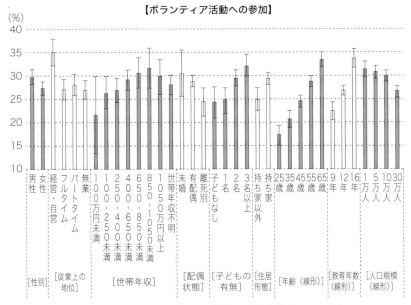

【ボランティア活動への参加】

図5-2　社会的活動への参加に関する予測確率（SSM調査）

動，ボランティア活動のいずれにも参加しにくいという結果となった．

　続いて，移民サンプルの分析結果を検討しよう．**図 5-3** は，**図 5-2** と同様に予測確率をグラフに表したものである．

　性別については 3 種類の活動いずれについても有意な関連は見られなかった．年齢については，自治会・町内会活動とボランティア活動で正の関連を示しており，日本国籍者サンプルの分析結果と同様である．同国人団体の活動に対しては，年齢が高いほど参加しにくいように見えるが，統計的に有意な関連ではなかった．

　社会経済的地位に関連する変数について，教育年数は同国人団体の活動への参加に対してのみ，正の関連を示した．従業上の地位については，いずれの活動とも関連が見られない．世帯年収については，自治会・町内会活動に対しては年収が高いほど参加しにくいという負の関連を示した．一方，同国人団体の活動への参加については正に関連していた．ボランティア活動については，世帯年収との関連は見られなかった．

　配偶状況については，有配偶者が自治会・町内会活動に参加しやすいのはSSM 調査データの分析結果と同様だが，特に外国籍の配偶者と未婚者との比較で有意差が生じる[9]．有配偶者のあいだで明確なコントラストが生じるのは同国人団体の活動についてであり，日本国籍の配偶者がいる場合予測確率が他の場合よりも明らかに小さい．また，外国籍の配偶者がいる場合には同国人団体の活動により参加しやすいという結果が示されている．ボランティア活動については，配偶状況との関連は見られなかった．

　子ども数については，自治会・町内会活動についてのみ正の関連を示した．住居形態については，持ち家であることの正の関連は自治会・町内会活動のみで見られた．居住市区町村の人口規模については，規模が大きいほど参加しにく

9　この点については，**表 5-1** からもわかるとおり，日本国籍の配偶者の割合が相対的に小さいことから，ダミー変数の係数の標準誤差が大きくなっていることも理由のひとつとして考えられる．そのため，有配偶者内部の国籍差よりは配偶者がいるか否かの方が実質的に重要な差といえるかもしれない．この点の確認のため，配偶者の国籍を区別せずに推定を行うと，未婚者に対する有配偶者の限界効果は 0.09（＋ 9％ポイント）で，統計的に有意であった（S.E. = 0.04）．

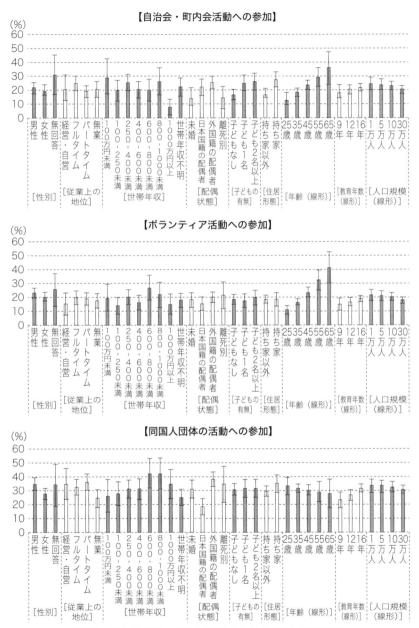

図5-3　社会的活動への参加に関する予測確率（ILW調査）

いという傾向があるように見えるが，いずれの活動についても有意な関連は見
られなかった．

　以上，日本国籍者サンプル（2015 年 SSM 調査データ）と移民サンプルに共通する
説明変数の推定結果を見てきた．両サンプルに共通するのは，特に自治会・町
内会活動について，ライフステージや家族・世帯の状況に関わる要因が関連し
ている点である．具体的には，年齢の高いこと，有配偶者であること，子ども
がいること，そして持ち家を保有していることが活動参加と正に関連していた．

　社会経済的地位に関連する要因については，若干様相を異にする．教育年数に
ついては，日本国籍者サンプルではボランティア活動への参加，移民サンプル
では同国人団体の活動への参加と正に関連していた．世帯年収についても，日
本国籍者と移民ではそれぞれボランティア活動，同国人団体の活動と正に関連
しており，教育年数と同様の結果も得られる．一方，移民サンプルについては，
自治会・町内会活動への参加に対して世帯年収が負に関連していた．この点は
日本国籍者との違いといえるかもしれないが，この結果は移民で「1000 万円以
上」の層における予測確率の低さを強く反映している可能性もあるため，慎重
な解釈が必要かもしれない．

　最後に，ILW 調査データ特有の変数が，3 種類の社会的活動への参加状況と
どのように関連しているのかを検討しよう．国籍，在留資格グループ，通算滞
日年数，日本語スキルの状況別に予測確率をプロットしたものが図 5-4 である．

　国籍については，他の様々な要因の影響を統制した後には有意差が見られな
くなった（統制前の結果は割愛）．ボランティア活動については，その他国籍の予
測確率が高い．同国人団体の活動への参加については，フィリピン国籍者にお
ける予測確率が 50％を超え，他の国籍との差が顕著である．

　この点について，以下のような補足的集計も試みた．まず，未婚または離死
別で子どもがいる者，すなわちひとり親の割合を国籍別に算出した．中国，韓
国・朝鮮，フィリピン，ブラジル，その他国籍でそれぞれ 2.1％，8.4％，11.6％，
8.7％，0.9％であった（カイ二乗検定の結果は 5％水準で有意）．少なくとも今回の調
査サンプルにおけるフィリピン国籍者のなかには，他の国籍よりもひとり親が
多く，日本語スキルも平均的には低い．また，ひとり親のほとんどは女性であ

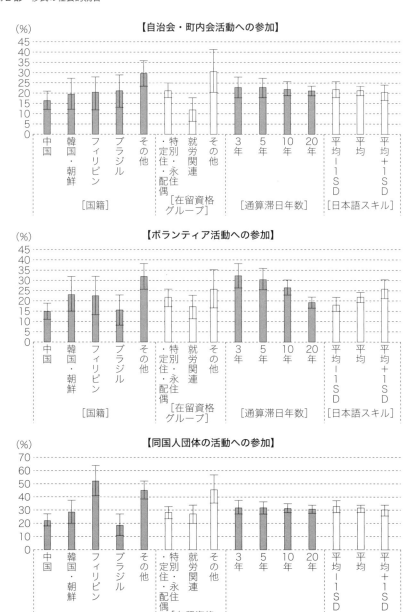

図5-4　ILW調査データ特有の変数に関する被説明変数にもとづく予測確率

る（男性は 2 ケースのみ）．（とりわけ女性の）ひとり親であることはメンタルヘルスの悪さなど，社会的，経済的生活を送る上で様々なストレスをともなう（Cairney et al. 2003）．ケース数の少なさもあって，ひとり親であることと社会的活動への参加状況の関連は十分に検討できていない．日本国籍者，あるいは日本の様々なサポートシステムとつながりにくい条件がフィリピン国籍者において揃っていることにより，同国人団体への関与を深めることでサポートネットワークを維持しようとしているのかもしれない．

在留資格グループについては，自治会・町内会活動に対する「特別永住者・永住者・定住者・日本人の配偶者」の予測確率が就労関連の資格グループのそれよりも統計的に有意に高い．ボランティア活動については在留資格グループ間での差は見られなかった．同国人団体の活動への参加については，その他の在留資格グループの予測確率が他のカテゴリよりも統計的に有意に高い．

通算滞日年数は，ボランティア活動への参加と負に関連している．すなわち，滞日年数が長い者ほどボランティア活動には参加しにくいという傾向である．自治会・町内会活動と同国人団体の活動については，統計的に有意な関連は見られなかった．

最後に日本語スキルであるが，統計的に有意な関連を示したのはボランティア活動への参加に対してのみであった．日本語スキルの限界効果は正に有意であり，日本語に習熟している者ほどボランティア活動へ参加しやすい状況があることを意味している．自治会・町内会活動と同国人団体の活動については負の限界効果があるように見えるものの，統計的には有意でない．

5　考察と結論

以上の分析結果から得た，当初の問いに対する暫定的な答えは次のとおりである．第 1 に，社会的活動への参加の平均的状況は，先行研究と同様に日本社会においても移民の方が消極的であり，その差が顕著なのは自治会・町内会活動についてである．第 2 に，そのなかで移民が比較的参加しやすいのはボランティア活動や同国人団体の活動であり，地縁から相対的に独立した場所に社会

的活動の場があるといえる．第 3 に，移民と日本国籍者それぞれにおける背景
要因の関連の仕方については，異なる点もあるものの全体としては共通する点
が多かったといえる．

　これらに沿って，社会的活動の観点から現代日本社会における移民の社会統
合の状況をどのように評価できるだろうか．第 1，第 2 の知見をふまえると，現
在の日本社会で移民の社会統合の機会が量的に十分とはいえないと結論づけら
れる．**図** 5-1 で明らかなように，日本社会全体での社会的活動の中心は町内会
や自治会といった地縁的組織である．しかし，移民はそうした組織に参加する
機会を得にくい．彼らが社会的活動の場を得るためには，地縁とは異なるコン
テクストを自発的に求めてゆかなければならない．また，一連の多変量解析の
結果は，移民と日本人とのあいだでの差を社会経済的属性の分布の違いで説明
しきれないことも示唆しており，移民は移民であるがゆえに社会的活動の機会
を得にくいといえる．

　そして第 3 の知見からは，社会的活動参加の規定構造が移民や日本国籍者の
別を問わずある程度共通していると考えられる．低所得層や低学歴層で活動が
消極的なのは，経済合理的判断の結果とも，社会的資源の少なさの結果ともいえ
る．また，配偶者や子どもなどの家族関係が影響している点は，社会的資源説
に沿ったものといえるだろう．就労関連の在留資格を持つ人々が社会的活動に
消極的である点は，日本に滞在する動機とも関連しているだろう．見方によっ
ては，移民の定住が進んでゆけば彼らの社会統合もそれに合わせて実現してい
くように見えなくはない．しかし，このように楽観的な展望には以下の点から
慎重であるべきだと思われる．

　1 つには，これまでの日本社会が移民の受け入れに対してきわめて選別的で
あったことである．移民を受け入れてはいないことになっている日本社会で，
現実には存在する移民が生活し続けることに困難が多いことは想像に難くない．
移民がうまくやっているように見えるとすれば，それは何らかの生存バイアス
の結果なのかもしれない．滞日年数の経過が社会的活動への参加に結びつかな
いという結果は，そもそもある程度日本社会に適応的な移民しか生活を続けら
れないという生活環境の困難さを反映している可能性も考えられるだろう．

　また，中央政府レベルで移民受け入れの政策パッケージが十分に整備されていないなかで，外国籍住民が集住する地方自治体が彼らと向き合ってきたことに留意すべきだろう．本章の ILW 調査よりも最近のデータとなるが，「在留外国人統計（法務省）」の 2019 年 6 月末時点での市区町村別の移民数にもとづきジニ係数を求めると，0.84 であった．これは，一部の自治体に移民が集中していることを意味する．東京，大阪圏の大都市や，「外国人集住都市会議」に含まれるような都市では，外国籍住民への対応が現在進行形の課題となっていることに鑑みれば，各自治体および住民が統合のために努力していることは十分に考えられる．また，そのような地域では外国籍住民の数も多いため，彼らが孤立せずに地域生活を送れている可能性もあるだろう．以上 2 点をふまえれば，日本社会では移民が日本人と同じ条件で社会的活動に参加できているのではなく，移民自身，あるいは集住地域の自治体の自助努力の結果が一連の分析結果に表れているにすぎないのかもしれない．

　いずれも憶測の域を出ず，詳細な検証は今後の様々な調査研究の蓄積を待たなければならないだろう．しかし，個々の自治体や地域住民，そして移民自身に社会統合の問題を任せきりでは，今後も見込まれる移民人口の増加に対していずれ限界が生じる．そして，こうした見通しは荒唐無稽ともいえないだろう．今だからこそ，移民の社会統合をめぐって先進的な課題に直面する地域の試行錯誤について，ある程度余裕をもって吟味することが可能であり，また必要でもあるといえる．

［謝辞］

本研究は，日本学術振興会科学研究費の助成を受けたものである（JP25000001，JP16H05954）．また，本章で用いた 2015 年 SSM 調査データは 2017 年 2 月 27 日版（バージョン 070）である（SSM 調査データの分析は石田が担当）．記して関係各位に感謝の意を表したい．

［文献］

Cairney, John, Michael Boyle, David R. Offord and Yvonne Racine, 2003, "Stress, Social

Support and Depression in Single and Married Mothers," *Social Psychiatry and Psychiatric Epidemiology*, 38（8）: 442-449.

Couton, Philippe and Stéphanie Gaudet, 2008, "Rethinking Social Participation: The Case of Immigrants in Canada," *Journal of International Migration and Integration*, 9（1）: 21-44.

Greenspan, Itay, Marlene Walk and Femida Handy, 2018, "Immigrant Integration Through Volunteering: The Importance of Contextual Factors," *Victorian Literature and Culture*, 47（4）: 803-825.

House, James S., Debra Umberson and Karl R. Landis, 1988, "Structures and Processes of Social Support," *Annual Review of Sociology*, 14（1）: 293-318.

Lee, Young-joo and Seong-Gin Moon, 2011, "Mainstream and Ethnic Volunteering by Korean Immigrants in the United States," *Voluntas*, 22（4）: 811-830.

三谷はるよ，2013，「市民参加は学習の帰結か？──ボランティア行動の社会化プロセス」『ノンプロフィット・レビュー』13（2）: 37-46.

永冨聡・石田祐・小藪明生・稲葉陽二，2011，「地縁的な活動の参加促進要因──個票データを用いた定量分析」『ノンプロフィット・レビュー』11（1）: 11-20.

白波瀬佐和子，2018，「2015 年『社会階層と社会移動に関する全国調査（SSM 調査）』実施の概要」保田時男編『2015 年 SSM 調査報告書 1 調査方法・概要』2015 年 SSM 調査研究会，1-12.

Taniguchi, Hiromi, 2010, "Who Are Volunteers in Japan?" *Nonprofit and Voluntary Sector Quarterly*, 39（1）: 161-179.

Turner, J. Blake and R. Jay Turner, 2013, "Social Relations, Social Integration, and Social Support," C. S. Aneshensel, J. C. Phelan and A. Bierman eds., *Handbook of the sociology of mental health*, Berlin: Springer, 341-356.

Wilson, John, 2000, "Volunteering," *Annual Review of Sociology*, 26（1）: 215-240.

第 3 部

移民の心理的統合

第6章

移民のメンタルヘルス

——移住後のストレス要因と社会関係に注目して——

長松 奈美江

1　はじめに

　日本社会における移民のメンタルヘルスの状況を明らかにすること，それが本章の目的である．近年，日本に居住する移民が増加している．移民が増加するにつれて，日本において彼らが直面する苦境に注目が集まるようになった（西日本新聞社 2017; 鳥井 2020）．津崎克彦（2018）は，日本において移民は全般的に良好といえない雇用状態に置かれており，不安定さや低賃金であること，仕事の不快さや危険性において，相対的に劣悪な状況にあると指摘する．移民が直面する苦境は労働の次元だけに限ったことではない．2016 年に法務省が実施した「外国人住民調査報告書」によると，外国人住民の約 3 割が，外国人であることを理由に侮辱されるなど差別的なことを言われたと回答した（法務省 2017）．また田辺俊介（2019）によれば，2000 年代後半以降，反外国主義の中でも中国人や韓国人に対する排外主義が顕著に強まったという．

　日本における移民が数々の苦境に直面している背景には，日本政府による「定住化の阻止」と，移民の権利に関する政策の不在がある．日本政府の過去 30 年における「外国人労働者」政策の方針の 1 つは，「外国人材」は受け入れるが，彼らの定住化は可能な限り阻止しようというものであった．そのため，移民の権利に関する政策の不在という弊害が出ており，格差や貧困，差別が放置され

ている．髙谷幸（2019）によれば，この社会に暮らす移民たちにとっては安心し
て暮らせる場や潜在能力を発揮できる機会が限られ，彼らは周縁的な位置に押
しとどめられがちであるという．

　移民が直面している苦境は，彼らのメンタルヘルスを悪化させる要因となり
うる．移民のメンタルヘルスに関する国内外の研究では，不安定な雇用，失業，
貧困，差別が移民のメンタルヘルスを悪化させることが実証されてきた．ただ
し，同じ移民であったとしても，出身国や就労状況などによって，日本社会に
おける立場は異なっている．日本的雇用システムを前提とする二重労働市場の
なかで移民は周辺的な立場に位置付けられがちであるが（**第 2 章**），近年では高
技能移民も増加している（永吉 2020）．また，日本人の移民に対する態度は移民
の出身国や移住理由によっても異なっている（田辺編 2019）．ヘイトスピーチが
増加するなど，近隣諸国出身の移民が国籍を理由とした差別に直面する一方で，
欧米出身の白人移民に対しては好意的なまなざしが向けられることが多い．

　移民のメンタルヘルスの状況を明らかにする際には，メンタルヘルスを悪化
させる要因だけでなく，その緩衝要因にも目を向けなければならない．先行研
究においては，家族や友人，エスニック・コミュニティからの社会的支援が移
民のメンタルヘルスにとって重要であることが示されている（Harker 2001; Zhang
and Ta 2009）．日本における移民を対象とした研究においても，移民の生活や仕事
に影響を与え，受け入れ社会への包摂を促進するものとして，移民が日本社会
で築いている社会関係が重要視されてきた．

　本章は，日本に居住する外国籍者を対象とした全国調査データを用いて，移
民の社会経済的地位や差別の経験，社会関係を考慮しながら，彼らのメンタル
ヘルスの状況を明らかにする．なお，本章ではオールドカマー，ニューカマー
にかかわらず，すべての外国籍者を分析対象とする．以下，**2** では移民のメン
タルヘルスに関する研究を検討し，メンタルヘルスに影響を与える要因をまと
める．**3** では仮説を提示し，**4** でデータと変数について説明し，**5** で分析を行う．
6 では，分析結果にもとづいて日本における移民のメンタルヘルスの状況につ
いて考察する．

2　移民のメンタルヘルスに影響を与える要因

2.1　移住とメンタルヘルス：「健康な移民効果」？

　移住は，メンタルヘルスに大きな影響を及ぼす要因のひとつである．異なる国で新しい生活を営む際に，移民は言語習得やコミュニケーション，異なる文化や生活への適応，差別，経済的な困難，寂しさなどの問題に直面する．これらがストレッサーとなり，メンタルヘルスの不調が増長されることが指摘されている（李 2015; Smith and Khawaja 2011）．

　一方，欧米諸国における移民の身体的・精神的健康についての研究では，受け入れ国の人びとと比較して移民の健康状態は良好であることが指摘されてきた．これは，越境できる移民は有利な属性や特徴（比較的高い教育水準，家族や親族からのサポートなど）を持っているためであり，「健康な移民効果（Healthy Immigrant Effect）」と呼ばれている（Kennedy et al. 2015; Ichou and Wallace 2019; Zhng and Ta 2009）．ただしこの「健康な移民効果」については，健康を測定する指標によって異なる結果が見られることや，メンタルヘルスに関しては「健康な移民効果」はそれほど明確ではないことが指摘されている（Simich and Beiser 2011=2017; Ichou and Wallace 2019）．加えて，「健康な移民効果」は移住から一定期間を経ると失われる傾向があることや，移民の出身国によっても効果が異なることが知られている（Ng et al. 2005; Khlat and Guillot 2017; 木村 2020）．E.ングら（2005）は，カナダへ移住する人びとのうち，ヨーロッパ以外の国からの移住者は，カナダ生まれの人やヨーロッパ出身の移住者よりもより深刻なメンタルヘルスリスクを抱え，慢性的な健康問題をもつ可能性があると指摘する（Ng et al. 2005）．この背景には，貧困や差別など，移民が直面する苦境がある．

　ここからわかるのは，移住のプロセス自体が健康を損なうものであったり，移住者自身が本質的に不健康なわけではなく，移住者のメンタルヘルスは，受け入れ社会における移住後の状況に大きく左右されるということである（Simich and Beiser 2011=2017: 511）．このことを考慮すれば，日本における移民のメンタルヘルスに関して「健康な移民効果」が見出されるかには疑問がある．日本にお

いては，移民の権利を保障する政策や法制度が欧米諸国に比べて大きく遅れて
おり，特に人種にもとづく差別を禁止する法律が存在しない．加えて，「単純労
働に従事する外国人労働者は受け入れない」という日本政府の表向きの政策と
は裏腹に，定住者，技能実習生，留学生などの「就労」目的でない在留資格に
よる移民が日本の低賃金労働を引き受けているという実態がある（鳥井 2020）．

　多くの移民受け入れ国において，移民のメンタルヘルスは重要な研究テーマ
のひとつとなっている（Bhugra and Gupta 2011=2017）．たとえばカナダでは，移住者
のメンタルヘルスに影響を与える諸要因を検討する総合的な研究が行われてお
り，全国規模のデータ整備も進んでいる（Mental Health Commission of Canada Task Group
on Diversity 2009; 木村 2020）．一方，日本における移民のメンタルヘルスに関しては，
精神医学，看護学，保健学，心理学，ソーシャルワークなどの分野に属する研究
者と実践者が研究と実践を蓄積している．しかしながら，日本における移民の
メンタルヘルス研究の蓄積は欧米諸国に比べると多くはない．加えて，これま
での研究では医療機関や医療相談の受診データや地域的あるいは属性的に偏り
があるデータが用いられることが多かった（平野 2003; 李 2015; Takenoshita 2015）．移
民が増加して定住化が進み，その属性も多様化する現代日本社会において，全
国規模のデータを用いて移民のメンタルヘルスを研究する意義は大きい．以下
では，移民のメンタルヘルスに関する国内外の研究を整理しながら，移民のメ
ンタルヘルスに影響を与える要因を検討する．

2.2　移民のメンタルヘルスを悪化させる要因：就労，貧困，差別

　移民のメンタルヘルスに関する研究では，多くの要因が複雑に絡み合って
メンタルヘルスに影響を与えることが指摘されている（Mental Health Commission of
Canada Task Group on Diversity 2009; 平野 2003）．**図 6-1** は，移住とメンタルヘルスとの
関係を表したモデルである（Simich and Beiser 2011=2017: 515）．これは，カナダの移
住者と難民の子どもを対象とした疫学研究と国際比較研究で用いられたモデル
であり，移民のメンタルヘルスに影響を与える複合的な要因を図示したもので
ある（Beiser 1999: 63）．この図によれば，移住前および移住後のストレス，社会的
資源，個人的資源が移民のメンタルヘルスに影響を与えている．社会的資源と

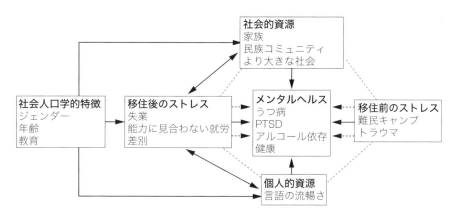

図6-1　移住とメンタルヘルス

出所：Simich and Beiser（2011=2017: 515），Beiser（1999: 63）より一部を筆者改変.

は，移民の家族や民族コミュニティ，受け入れ国で築く社会関係から得られる資源を指す．また M. バイザーは，移住に伴うストレスフルな時間に対していかにうまく対処できるかは個人によって異なっており，個人に特有な資質（個人的資源）がメンタルヘルスに影響を与えることを指摘する．なかでも移住先の言語的能力が高いことは社会への適応を容易にし，メンタルヘルスにも良い影響を与えることが明らかにされている（Beiser 1999: 64）．

　本章は，このモデルに依拠しながら，社会人口学的特徴（ジェンダー，年齢，教育）と個人的資源（日本語能力）を考慮しつつ，移住後のストレスと社会的資源が日本における移民のメンタルヘルスにどのような影響を与えるかを明らかにする．

　まず，移民のメンタルヘルスを悪化させる「移住後のストレス」に関わる要因として，就労，貧困，差別に注目する．移民の就労状況を表し，メンタルヘルスに影響を与えうる要因として従業上の地位と職業を取り上げる．職業の違いに起因する物質的環境やストレス要因，あるいは失業状態にあることがメン

1　本研究では難民を主な対象にはしないので，移住前のストレスは取り上げない．

タルヘルスに与える影響は，これまで実証されてきた（堤・神林 2015）．なかでも本章が特に注目したいのは，移民に非正規雇用が多いことである．日本においては雇用形態間の格差が大きく，非正規雇用は正規雇用と比較して低賃金であるだけでなく，種々の手当がなく，解雇されやすい存在であることが知られている．非正規雇用は雇用が不安定であるゆえに，雇用主に対して強くものが言えずに，危険で有害な業務に就かされていることが多い（矢野 2010）．日本人を対象とした調査研究において，非正規雇用の男性は抑うつ傾向が高いこと（片瀬 2017），男性のパートタイム，女性のアルバイトおよび契約社員でディストレスが高いことが明らかにされている（Inoue et al. 2010）．

　第 2 に，移民が貧困に陥りやすいことに注目する．貧困とは，単に低所得であることを意味するだけではなく，社会参加や他者との交流，社会保障といった制度との接点，労働市場における地位など，様々な社会的な不利を内包する概念である（近藤・阿部 2015: 117）．したがって，貧困は様々な経路を通じてメンタルヘルスに影響を与えうる．まず，物質的困窮にあることで食に困窮し，快適な住環境へのアクセスが制限される．また，時間的制約と経済的制約から医療サービスへのアクセスが難しくなる．さらに，他の人びとと比較して自身の経済状況や社会的ステータスが劣ると認識することは精神的な負荷になるという心理的影響も考えられる（近藤・阿部 2015: 126-130）．多くの国で，移民は貧困に陥りやすいことが指摘されている．カナダの全国児童青少年期調査を用いた研究では，第 1 世代移民の子どもは貧困状態にある確率が高く，貧困が移民の子どものメンタルヘルスに与える影響は直接的であり，かつ大きいことが示されている（Beiser et al. 2002）．

　第 3 に，移民が直面する苦境として差別がある．移民が外国人であることを理由とした差別を受けることで，より良い条件で働いたり，暮らしたりすることが妨げられ，それがメンタルヘルスの不調につながりうる．加えて，このような間接的な影響だけでなく，差別を受けることは移民の心理状態に直接的に影響を与えることが指摘されてきた（Harker 2001; Takenoshita 2015）．日本の移民においても，差別がメンタルヘルスに与える影響は深刻であることが想定される．また 1 で述べたように，日本人の移民に対する態度は国籍によって異なってい

る．国籍の違いを考慮して，差別が移民のメンタルヘルスに与える影響を検討する必要がある．

2.3　移民のメンタルヘルス悪化への緩衝要因：社会関係

以上のように，就労，貧困，差別という移民が直面する苦境はメンタルヘルスを悪化させる可能性がある．しかし，このような苦境を乗り越えてより良い生活をするために，移民は受け入れ社会で様々な社会関係を築いていることにも目を向けなければならない．メンタルヘルスの研究においては，社会関係によって得られる社会的支援（ソーシャル・サポート）がメンタルヘルスの悪化への緩衝要因となることが指摘されてきた（李 2015）．この節では，メンタルヘルスに影響を与える社会的資源として，移民の社会関係に注目する．なお，社会的支援は社会関係の機能的側面を表す概念であり，「社会関係を通じて交換される支援」と定義されている．ストレスに対処するために必要な心理的・物質的な資源が社会関係を通じて提供されることで，ストレス要因が健康に与える影響が軽減されることが指摘されている（杉澤・近藤 2015）．

人びとが築く社会関係は様々なレベル（層）からとらえることができる．N.リンらによれば，個人は，層の異なる社会構造（コミュニティ，社会的ネットワーク，親密な対人関係）に位置付けられている．そしてこの社会構造が，社会的支援が機能する基礎を提供する．コミュニティへの参加，社会的ネットワーク（日常的な対人関係），親密な関係が，様々な次元における社会的支援の機能を強める．なかでも，ディストレス等の心理的状況に対しては配偶者やパートナーとの親密な関係が最も強い効果をもつという（Lin et al. 1999）．

移民のメンタルヘルスに対して社会関係および社会的支援が重要であるということは，多くの研究で指摘されてきた．リンらの研究でも示されているように，家族・親族との親密な関係が移民の心理的状況やメンタルヘルスに与える効果を指摘する研究が多い．アメリカの移民を対象とした研究では，第1世代移民の抑うつ度が低いのは家族による支援があるためであること（Harker 2001），家族や近隣の凝集性，親族や友人による支援が移民の身体的／精神的健康に影響を与えることが示されている（Zhang and Ta 2009）．また，カナダの移民・難民

を対象としたインタビュー調査にもとづく研究によれば，移住と統合における
障害を乗り越えるために，移民は公的な組織に助けを求める前に，まずは家族，
友人，仲間からの支援を求めるという（Stewart et al. 2008）．日本においても，竹ノ
下弘久は家族・親族との結束型ソーシャル・キャピタルがブラジル移民のメン
タルヘルスを改善することを示している（Takenoshita 2015）．

　以上から，日本における移民のメンタルヘルスに対しても，家族や同じエス
ニック・グループの人びととの社会関係が影響を与えていることが想定される．
一方で見過ごすことができないのは，受け入れ国の人びととの社会関係も移民
にとって重要だということである．日本に住む移民にとって，日本人との関係
はより良い職に就くための橋渡しになっていること（樋口 2019），同じエスニッ
ク・グループの人びとによる支援に加えて，日本人による支援が移民の健康に
影響を与えうることが指摘されている（平野 2003）．以下では，日本社会で移民
が築く社会関係がメンタルヘルスにどのように影響を与えているかを検討する．

3　仮　説

　本章では，移住後のストレスと社会的資源が移民のメンタルヘルスに与える
影響を検討する．移住後のストレスに関わる要因として，移民の就労状況，貧
困，差別経験に注目する．特に，非正規雇用であること，貧困であること，差
別を経験することは移民のメンタルヘルスの悪化へとつながることが予想され
る．

　社会的資源としては，移民の社会関係に注目する．移民が日本で築いている社
会関係は社会的支援を提供する基礎となり，メンタルヘルス悪化への緩衝要因
となっていることが予想される．移民の社会関係を表すものとして，家族，友
人（同国人，日本人）の存在，コミュニティへの参加を取り上げる．2.3 での考察
から，コミュニティへの参加よりも，家族や友人との関係がメンタルヘルスに
より強い効果を及ぼしていることが予想される．

　以上より本章では，以下の 2 つの仮説を設定する．

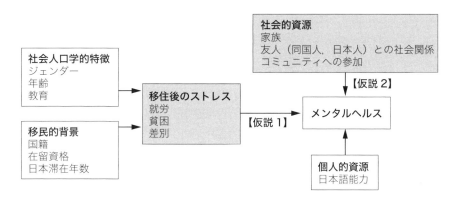

図6-2　仮説の図示

出所：**図6-1** を筆者改変.

【仮説1】

　　移住後のストレス（就労，貧困，差別）が移民のメンタルヘルスを悪化させる

【仮説2】

　　移民の社会的資源（家族，友人，コミュニティへの参加）が移民のメンタルヘルス
を向上させる

　図 6-2 には，仮説1と仮説2を図示した．この**図 6-2** は，本章の仮説に合わ
せて**図 6-1** を改変したものである．日本における移民の属性が多様化している
ことを考慮して，移民的背景（国籍，在留資格，滞在年数）も取り上げる．以下で
はデータ・変数の説明をし，分析に入っていく．

4　データ・変数

　本章では以下の2つの調査データを用いる．第1のデータは2018年に実施さ
れた ILW 調査，第2のデータは「2015年社会階層と社会移動全国調査」（SSM

調査[2]）である．SSM 調査は移民と日本人を比較するために用いる．

　メンタルヘルスを表す変数として，日本版 K6 に準ずる気分・不安障害尺度を用いる[3]．この尺度はうつ病等の精神疾患をスクリーニングする目的で開発されたものである．本研究では，以下の 6 つの質問項目に対する回答から作成した．具体的な質問項目は，⑴ いらいらする，⑵ 絶望的な感じになる，⑶ そわそわして，落ち着かない，⑷ 気持ちがめいって，何をしても気が晴れない，⑸ 何をするのもおっくうな気持ちになる，⑹ 自分が何の価値もない人間のような気持ちになる，である．各項目について，「全くない」（0 点）から「いつも」（4 点）の 5 件法により回答を求め，6 項目を合計した（0 〜 24 点）．これを K6 スコアと呼ぶ．先行研究では，気分・不安障害のカットオフ値は，陰性が 0 〜 4 点，軽度が 5 〜 8 点，中等度が 9 〜 12 点，重度が 13 〜 24 点の 4 区分とされている[4]（川上ほか 2005; 南部ほか 2014）．このうち，中等度の気分・不安障害を把握するために，K6 スコア 9 点以上を 1 とするダミー変数（K6_9）を用いる．

　独立変数として，移民にストレスを与え，メンタルヘルスを悪化させる可能性のある要因として就労状況，貧困，差別経験を取り上げる．就労状況として，従業上の地位（経営者・自営／正規雇用／非正規雇用／無職／失業／学生）と職業（専門・管理／事務・販売／マニュアル）の変数を用いる．貧困は世帯収入を同居人数の平方根で除して等価所得とし，それが中央値の半分を満たない相対的貧困の状態に

2　SSM 調査は，日本に居住する日本国籍をもつ 20 歳〜 79 歳の男女を対象にした層化 2 段・等間隔抽出法による調査票調査である．有効回答数 7,817，回収率 50.1％であった．分析には 20 歳〜 70 歳のサンプルを使用する．SSM 調査データの使用にあたり 2015 年 SSM 調査管理委員会の許可を得た．

3　気分・不安障害尺度は，Kessler et al.（2002）によって開発された．10 項目からなる K10 と 6 項目からなる K6 がある．日本語版は，川上憲人ほか（2005），古川壽亮ほか（2003）により開発され，成人の自殺防止を推進する上で効果的なスクリーニングツールとして利用されている．ILW 調査と SSM 調査で用いられた気分・不安障害尺度は日本語版 K6 に準ずるものの，ワーディングが多少異なっている．

4　うつ病等の精神疾患をスクリーニングする目的では，カットオフ値を低くすれば疾病者を見落とす可能性は低くなるが，スクリーニングの効率性は落ちる．スクリーニングのために K6 のカットオフ値は 5 点以上に設定されることもあるが（Sakurai et al. 2011），カットオフ値を低く設定すれば，気分・不安障害を持つ者を検出できないという問題がある．本章ではスクリーニングを目的とするわけではないので，気分・不安障害の傾向を把握するために，カットオフ値は 9 点を利用する．

あることとして定義する．**2.2** で貧困は様々な社会的な不利を内包する概念であると指摘したが，経済的な困窮状態は不利さを端的に表す変数だと考えられる．世帯収入は無回答が多く欠損ケースが多くなるため，「不明・無回答」を加えた 3 カテゴリの変数を用いる．差別経験は，日本で「外国人（外国籍）だという理由でいやな経験やつらい思いをしたことがあるか」を尋ねた変数を用いる．「よくある」，「ときどきある」を 1，「ほとんどない」，「まったくない」，「わからない」を 0 とするダミー変数として用いる．

　次に，移民の社会関係を表す変数として，家族，友人（同国人，日本人）の存在，コミュニティへの参加を考慮する．家族に関する変数は，配偶者の有無を表すダミー変数を用いる．配偶者は事実婚も含んでいる．友人の存在は，「日本の中で，ふだん頼りにしている親しい人」の人数を日本人と同国人に対して尋ねた．「0 人」と答えた者を 0，「1 人」以上と回答した者を 1 とするダミー変数を用いる．コミュニティへの参加は，ボランティア，自治会・町内会，同国人団体，宗教団体へ日常的にどの程度参加しているかを表す変数を用いる．それぞれの活動について「いつもしている」から「したことがない」まで 5 件法で尋ねている．このうち，「いつもしている」，「よくしている」，「ときどきしている」を 1，「めったにしない」，「したことがない」を 0 とする二値変数を用いる．少なくともいずれかの活動で「している」と答えた場合を 1 とし，いずれの活動にも参加していない場合を 0 とする変数を作成した．

　仮説の検証に関わるこれらの変数に加えて，社会人口学的特徴（ジェンダー，年齢，教育），移民的背景（国籍，在留資格，日本滞在年数），個人的資源（日本語能力）を考慮する．学歴は日本で高等教育を受けたかどうかを表すダミー変数を用いる．国籍の変数として，日本／中国／韓国・朝鮮／フィリピン／ブラジル・ペルー／欧米／その他を区別する．在留資格は，「身分に関する在留資格」，「仕事に関する在留資格」，「その他の在留資格・無回答」を区別する[5]．日本滞在年数は日本に滞在する年数である．日本語能力は，「会話する」，「読む」，「書く」に対し

5　「仕事に関する在留資格」は「技術・人文知識・国際業務」，「企業内転勤」，「技能」，「経営・管理・教育・教授」であり，「身分に関する在留資格」は「特別永住者」，「永住者」，「日本人の配偶者等」，「定住者」である．

て，「ほぼ完全にできる」，「わりとできる」，「まあまあできる」，「あまりできない」，「まったくできない」の 5 段階で自己評価してもらった．これら 3 変数を単純加算した変数を用いる（信頼性 α 係数は 0.94）．値が大きいほど日本語能力が高いことを示す．その他，健康状態をコントロールするために主観的健康を用いる．現在の健康状態について「とてもよい」から「わるい」まで 5 段階で尋ねた変数である．分析には，国籍別の分布を母集団にそろえるためのウェイトを用いる．

5　分　析

5.1　移民のメンタルヘルス：国籍による比較

では，分析を行っていく．まず，移民のメンタルヘルスを国籍別に比較しよう．**表 6-1** には，国籍別にメンタルヘルスの状態が悪い（K6 スコアが 9 点以上）者の割合を％で示した．**表 6-1** によれば，日本人と比較すると，移民ではメンタルヘルスの状態が悪い者の割合は高くなっている．メンタルヘルスの状態が悪い者の割合は，日本人の 19.0％と比較して，いずれの外国籍者でも 20％を超えている．特に，韓国・朝鮮，フィリピン，欧米国籍者は 3 割を超えている．

次に，ILW 調査と SSM 調査を統合した上で，年齢と性別をコントロールし，メンタルヘルス状態（K6_9）を従属変数としたロジスティック回帰分析を行った．分析結果（国籍のオッズ比）を**図 6-3** に示した．**図 6-3** によれば，基準カテゴリの日本人と比較して，韓国・朝鮮の国籍を持つ人のメンタルヘルスの状態が悪い．オッズ比は 2.2 であり 1％水準で統計的に有意である．また，統計的に有意ではないが，中国，フィリピン，ブラジル・ペルー，欧米の国籍を持つ者のオッズ比は 1 を超えている．

5.2　移住後のストレス要因／社会関係によるメンタルヘルス状態の比較

次に，ILW 調査のみを用いて，移民のメンタルヘルスが移住後のストレス要因（就労，貧困，差別）と社会関係と関連しているかを見ていく．**図 6-4** には従業上の地位，職業，貧困状況，差別経験，**図 6-5** には社会関係とメンタルヘルス状

表6-1　メンタルヘルス状態（k6_9）の比較（国籍別）

国籍	%	n
日本	19.0	6,296
中国	28.7	303
韓国・朝鮮	32.5	207
フィリピン	30.6	108
ブラジル・ペルー	25.1	90
欧米	30.2	53
その他	26.6	302
合計	20.4	7,359

注：ILW 調査，SSM 調査により計算．

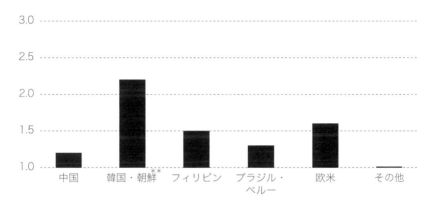

図6-3　メンタルヘルス状態（K6_9）を従属変数としたロジスティック回帰分析の推定値（オッズ比）
注：ILW 調査，SSM 調査により計算．年齢と性別をコントロール（日本人＝ 1，**p < .01，*p < .05）．

態（K6_9）の関連を示した．図中のアスタリスクはクロス表のχ2 乗検定の結果を示す．**図 6-4** によれば，従業上の地位，貧困状況，差別経験によって，メンタルヘルスの状態が異なっている．従業上の地位では，非正規雇用，失業，学生においてメンタルヘルスの状態が悪い者の割合が高い．貧困状況にある者の約 45％でメンタルヘルスの状態が悪い．差別経験に関しては，差別された経験がある者のメンタルヘルスの状態が悪い．なお，職業に関しては明確な関連は見られなかった．

　次に**図 6-5** からメンタルヘルス状態（K6_9）と社会関係との関連を確認しよう．**図 6-5** によれば，配偶者，頼りになる同国人，頼りになる日本人の有無によっ

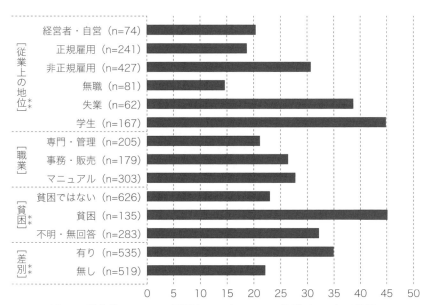

図6-4　移住後のストレス要因とメンタルヘルス状態（K6_9）の関連

注：ILW 調査により計算（**p < .01,　*p < .05,　+p < .10）.

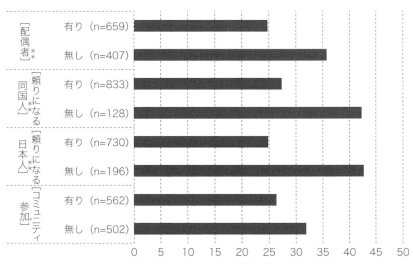

図6-5　社会関係とメンタルヘルス状態（K6_9）の関連

注：ILW 調査により計算（**p < .01,　*p < .05,　+p < .10）.

てメンタルヘルスの状態が異なることがわかる．特に，同国人，日本人ともに頼りになる人がいない場合にメンタルヘルスの状態が悪くなっている．頼りになる同国人，頼りになる日本人がいない場合，その40％以上がメンタルヘルスの状態が悪い．コミュニティへの参加に関しては，参加していない者のメンタルヘルスの状態がやや悪い傾向にあるが，他の3つの変数ほど明確な関連は見られなかった．

5.3　移民のメンタルヘルスの規定要因：ロジスティック回帰分析

では，移住後のストレス要因と社会関係によって移民のメンタルヘルスはどのように異なっているだろうか．メンタルヘルス状態（K6_9）を従属変数としたロジスティック回帰分析を行った．結果を**表6-2**に示す．**表6-2**では，3つのモデルを推計した．モデル1は女性ダミー，高等教育ダミー，年代，移民的背景，日本語能力，主観的健康を投入した．モデル2ではモデル1の独立変数に加えて，従業上の地位，貧困状況，差別経験の変数を追加した[6]．モデル3ではモデル2の独立変数に加えて，社会関係の変数を追加した．

　表6-2から分析結果を確認しよう．まず移民的背景については，国籍（韓国・朝鮮）と在留資格（その他の在留資格・無回答）がK6_9に対して統計的に有意な効果を持っていた．**表6-1**と**図6-3**でも確認したように，韓国・朝鮮籍の移民はメンタルヘルスの状態が悪い．ただ，この国籍の効果は，モデル2・モデル3では小さくなる．これは，韓国・朝鮮籍の人ほど差別を経験する割合が高く，それがメンタルヘルスの状態を悪化させているためである[7]．「外国人（外国籍）だという理由でいやな経験やつらい思いをした」人の割合は中国籍が48％であるのに対し，韓国・朝鮮籍では61％であり，他の国籍者と比較しても最も高い．加

6　従業上の地位と職業を掛け合わせた変数（経営者・役員・自営／非正規雇用（マニュアル）／非正規雇用（ノンマニュアル）／正規雇用（マニュアル）／正規雇用（ノンマニュアル）／無職・学生）を投入してもメンタルヘルス状態（K6_9）に対して統計的に有意な効果を持たなかったため，**表6-2**では従業上の地位だけを投入した．

7　韓国・朝鮮籍の移民のメンタルヘルスの状態が悪いのは，彼らの従業上の地位や貧困状況のためではない．他の国籍に比べて韓国・朝鮮籍の人は経営者・役員，常時雇用の割合が高く非正規雇用の割合が低い．また，貧困である割合も低い．

表6-2　メンタルヘルス状態（k6_9）を従属変数としたロジスティック回帰分析

	モデル１		モデル２		モデル３	
	Coef.	S.E.	Coef.	S.E.	Coef.	S.E.
女性	0.275	0.234	0.186	0.240	0.178	0.246
高等教育（日本）	-0.051	0.238	-0.355	0.256	-0.344	0.251
年代（ref. = 20代）						
30代	-0.067	0.265	0.150	0.269	0.164	0.276
40代	-0.740+	0.393	-0.548	0.415	-0.520	0.427
50代	-0.591	0.401	-0.379	0.440	-0.300	0.437
60代以上	-0.958	0.561	-1.020+	0.617	-1.120+	0.638
国籍（ref. = 中国）						
韓国・朝鮮	0.650*	0.325	0.634+	0.351	0.678+	0.362
フィリピン	0.105	0.374	-0.350	0.432	-0.201	0.430
ブラジル・ペルー	0.273	0.353	-0.198	0.393	-0.321	0.407
欧米	0.149	0.392	0.032	0.412	0.155	0.430
その他	-0.466	0.309	-0.492	0.309	-0.405	0.306
在留資格（ref. = 身分に関する在留資格）						
仕事に関する在留資格	0.152	0.404	0.256	0.432	0.223	0.459
その他の在留資格・無回答	0.682*	0.309	-0.235	0.420	-0.342	0.414
滞在年数	-0.005	0.012	0.000	0.013	-0.003	0.013
日本語能力	-0.083+	0.044	-0.098*	0.045	-0.085+	0.047
主観的健康	0.885**	0.148	0.846**	0.142	0.818**	0.147
従業地位（ref. = 非正規雇用）						
経営者・自営			-0.832+	0.429	-0.784+	0.440
正規雇用			-0.647+	0.332	-0.783*	0.325
無職			-1.649**	0.586	-1.663**	0.553
失業			-0.082	0.399	-0.164	0.425
学生			0.937*	0.417	0.900*	0.416
貧困（ref. = 貧困ではない）						
貧困			0.893**	0.315	0.741*	0.307
不明・無回答			0.548*	0.253	0.521+	0.266
差別			0.616**	0.219	0.529*	0.215
配偶者有					-0.088	0.262
頼りになる同国人有					-0.350	0.276
頼りになる日本人有					-0.828**	0.247
コミュニティ参加					-0.134	0.199
切片	-2.379**	0.710	-2.346**	0.685	-1.254	0.792
McFadden の疑似 R^2	0.121		0.184		0.207	
AIC	816.72		776.59		764.34	
BIC	895.20		891.99		898.21	

注：データは ILW 調査（n = 747，**p < .01，*p < .05，+p < .10）.

えて，いわゆる在日コリアンである韓国・朝鮮籍の特別永住者のなかで差別の経験がある人の割合は 64％であり，さらに高くなっている.[8]

8　韓国・朝鮮籍の移民のメンタルヘルスの状態が悪いのは，彼らの多くが在日コリアンだからではない．在留資格が特別永住者である人を除いて**表 6-2** と同じ分析をしても，国籍が

　在留資格については，モデル1によれば，「その他の在留資格・無回答」の移民が「身分に関する在留資格」の移民よりもメンタルヘルスの状態が悪い傾向にある．ただしこの効果はモデル2・モデル3で見られない．それは，「その他の在留資格・無回答」のなかの学生（留学生）が，特にメンタルヘルスの状態が悪いためである．また，効果は大きくはないが，日本語能力があるほどメンタルヘルスの状態が良いことが確認された．

　次に，モデル2から，従業上の地位，貧困状況，差別経験の効果を確認しよう．まず従業上の地位については，非正規雇用や学生であるほどメンタルヘルスの状態が悪く，経営者・自営，正規雇用，無職であるほど状態が良いことがわかった．係数の値を見ると，失業状態にあるほどメンタルヘルスの状態が悪いことがわかるが，その効果は統計的に有意なものではない．これは，失業者の数が少なく，推定が不安定であるためである．また貧困である者は貧困でない者と比較してメンタルヘルスの状態が悪いこともわかった．

　最後に，社会関係の変数の効果を確認しよう．**表6-2**のモデル3によれば，頼りになる日本人がいるほどメンタルヘルスの状態が良いことがわかった．**図6-5**では関連が見られた配偶者，頼りになる同国人の有無，そしてコミュニティへの参加はメンタルヘルス状態に対して統計的に有意な効果を持っていなかった．

6　考察と結論

　本章では，移住後のストレス要因と社会関係に注目して，移民のメンタルヘルスについて明らかにしてきた．**3**で提示した仮説に即して，分析結果を考察しよう．まず，【仮説1】「移住後のストレス（就労，貧困，差別）が移民のメンタルヘルスを悪化させる」については，非正規雇用や学生であること，貧困であること，差別された経験があることがメンタルヘルスの状態を悪化させていることがわかった．したがって仮説1は検証された．次に【仮説2】「移民の社会的

　韓国・朝鮮であるほどメンタルヘルスの状態が悪いという結果には変わりがなかった．

資源（家族，友人，コミュニティへの参加）が移民のメンタルヘルスを向上させる」
については，頼りになる日本人の存在がメンタルヘルスの状態を良好なものと
していることがわかった．先行研究とは異なり，家族や同国人との関係よりも，
日本人との関係が重要であった．この結果には，測定の問題も関連しているだ
ろう．家族の変数が「配偶者の有無」であることや，社会的ネットワークを測
定する際のように日常的な付き合いを考慮に入れた変数ではないためにこのよ
うな結果が得られたのかもしれない．しかし，「頼れる日本人の存在」が移民の
メンタルヘルスを向上させるという分析結果は，重要な発見である．**図6-6**に
は分析結果を図示した．その他の要因として，国籍が韓国・朝鮮籍であること，
日本語能力がないことがメンタルヘルスの悪化につながっていることがわかっ
た．

　本章の分析結果から，移民のメンタルヘルスを悪化あるいは向上させるどの
ような状況がわかるだろうか．以下の3点について考察しよう．第1に，移民
的背景（国籍）と個人的能力（日本語能力）がメンタルヘルスに対して効果を持っ
ていた．国籍に関しては，韓国・朝鮮籍者のメンタルヘルスの悪さは際立って
いた．韓国・朝鮮籍者のメンタルヘルスの状態が悪いのは，韓国・朝鮮籍であ
るほど差別を経験しやすいことと関連している．韓国・朝鮮籍であるほど非正
規雇用が多いということも貧困にあるということもなく，むしろフィリピンや
ブラジル・ペルー籍の人と比べて状況は良い．近年，日韓関係の悪化，ヘイト
スピーチの増加，排外主義の高まりなど，韓国・朝鮮籍の人を取り巻く状況は
厳しい．このことが，彼らの精神的健康状態の悪さにつながっていると考えら
れる．そして日本語能力はわずかであるが，移民のメンタルヘルスを向上させ
る効果を持っていた[9]．日本語能力のなさは，日本社会からの断絶と，日本社会

9　ILW調査では4種類の言語の調査票を使用したが，日本語能力のメンタルヘルス状態（K6_9）
　への効果は，調査票言語の違いを反映したものではないと考えられる．**表6-2**・モデル3に
　おいて日本語能力の代わりに調査票言語（日本語，英語，中国語，ポルトガル語）を投入
　して分析すると，日本語（基準カテゴリ）に比較して中国語で回答した者ほどメンタルヘ
　ルスの状態が悪いという結果が得られたが（5%水準で有意），他の言語はメンタルヘルス
　状態に対して統計的に有意な効果を持たなかった．つまり，日本語で調査票を回答した者
　ほど総じてメンタルヘルス状態が良い，という結果は得られなかった．

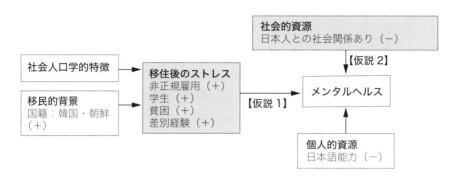

図6-6　分析仮説の図示

出所：**図** 6-1 を筆者改変.

でより良い地位に到達する見込みの少なさを表している．このことが，日本語能力がないほどメンタルヘルスの状態が悪いということの背景にあると考えられよう．

　第2に，移住後のストレス要因が移民のメンタルヘルスに与える影響について考察する．まず従業上の地位に関しては，非正規雇用者と学生のメンタルヘルスの状況が悪かった．日本においては雇用形態間に大きな格差があり，非正規雇用は収入が低いだけでなく，種々の手当が得られなかったり，解雇されやすかったり，日常的に職の不安定さに直面していることが指摘されている．日本人と比較して移民は雇用主にとってさらに弱い立場にあり，それがメンタルヘルスの悪化につながっていると考えられる．また，非正規雇用者だけでなく，学生の立場にある移民のメンタルヘルスの状況が悪いということは1つの発見であった．この背景には2つのことが考えられよう．1つは，日本における留学生が勉学を進める際に多くのストレスを感じていることである．留学生の文化変容の経験に焦点を当てた研究では，留学生は異なる環境で勉学を進めるに際して，言語の問題，勉学における困難，差別などに直面していることが指摘されている（Smith and Khawaja 2011）．もう1つは，日本において留学生が「安い労働力」として利用されている現実である（西日本新聞社 2017）．鳥井（2020）は，2018年10月時点で留学生の約88％が働いているという試算を示しつつ，他国

と比べたその状況の特異性を指摘している．留学生は，勉学のストレスに加え労働のストレスを感じていることが想定される．留学生特有のストレス要因と緩衝要因に注目して留学生のメンタルヘルスの状況を検討することは今後の課題である．

　移住後のストレス要因として次に注目されるのは，貧困がメンタルヘルスに与える効果の大きさである．これは，貧困による物質的困窮に加え，心理的影響が大きいのではないかと考えられる．**表6-2**・モデル3で，従属変数を主観的健康の変数に代えて分析すると，貧困であることは主観的健康に対して統計的に有意な効果を持っていなかった．貧困のために医療サービスにアクセスできないというよりは，物質的な困窮状態にあるということが心理的負荷となってメンタルヘルスを悪化させていると考えられよう．

　第3に，社会関係がメンタルヘルスに与える影響に注目する．先行研究においては，家族や親族との親密な関係性が移民のメンタルヘルスを向上させることが指摘されていた．本章の分析結果によれば，配偶者や，頼りにする同国人の有無よりむしろ，日本人との関係性が移民のメンタルヘルスにとって重要であることがわかった．分析対象者のうち「頼りになる日本人がいる」と答えた者は76.4％であり，その割合は低くはない．大多数の移民にとっては，日本のなかで頼りにすることができる日本人の存在がある．その一方で，誰も頼りにすることができない移民は，メンタルヘルスの状態を悪くしているのだと考えられる．先行研究では，日本社会と接点を持つことは正社員や自営業の仕事を得る有力な回路となることが指摘されている（樋口 2019）．日本社会との橋渡しになるような頼れる日本人の存在が，移民のメンタルヘルスを向上させていることが明らかになった．

　本章の分析結果からわかったことは，移民のメンタルヘルスは日本人と比較しても良好なものではなく，移民が直面する苦境（就労状況，貧困，差別）がメンタルヘルス悪化へとつながっていたということである．本章の結果から示唆されるのは，移民のメンタルヘルスの向上にとって，日本語能力と雇用上の地位の向上，貧困の軽減と差別の撲滅，そして日本社会との接点が重要であるということである．本章では質問紙調査によって移民のメンタルヘルスの状態を把握

したために，より深刻な精神疾患をとらえられていないという限界もある．し
かし，本章の分析でとらえたメンタルヘルスの不調がうつ病等の罹患や自殺と
いうより深刻な健康障害につながる可能性も考えられる．移民のメンタルヘル
スに影響する要因を的確にとらえ，適切なサポート体制を整えることが，日本
社会における移民の統合を考える上でも重要である．

［文献］

Beiser, Morley, 1999, *Strangers at the Gate: The "Boat People's" First Ten Years in Canada*, University of Toronto Press.

Beiser, Morton, Feng Hou, Ilene Hyman and Michel Tousignant, 2002, "Poverty and mental health among immigrant and non-immigrant children," *American Journal of Public Health*, 92（2）: 220-227.

Bhugra, Dinesh and Susham Gupta, 2011, *Migration and Mental Health*, Cambridge University Press.（野田文隆監訳，2017，『移住者と難民のメンタルヘルス――移動する人の文化精神医学』明石書店.）

古川壽亮・大野裕・宇田英典・中根充文，2003，「一般人口中の精神疾患の簡便なスクリーニングに関する研究」平成14年度厚生労働科学研究費補助金（厚生労働科学特別事業）心の健康問題と対策基盤の実態に関する研究協力報告書，127-130.

Harker, Kathryn, 2001, "Immigrant Generation, Assimilation, and Adolescent Psychological Well-Being," *Social Forces*, 79（3）: 969-1004.

樋口直人，2019，「労働――人材への投資なき政策の愚」髙谷幸編『移民政策とは何か――日本の現実から考える』人文書院，23-39.

平野裕子，2003，「在日外国人の身体的・精神的健康――保健学・看護学的視点から」『福岡醫學雜誌』94（8）: 241-249.

法務省，2017，『外国人住民調査報告書 修正版（平成28年度法務省委託調査研究事業）』公益財団法人人権教育啓発推進センター，（2020年4月6日取得，http://www.moj.go.jp/content/001226182.pdf）.

Ichou, Mathieu and Matthew Wallace, 2019, "The healthy immigrant effect: The role of educational selectivity in the good health of migrants," *Demographic Research*, 40（4）: 61-94.

Inoue, Akiomi, Norito Kawakami, Masao Tsuchiya, Keiko Sakurai and Hideki Hashimoto, 2010, "Association of Occupation, Employment Contract, and Company Size with Mental Health in a National Representative Sample of Employees in Japan," *Journal of Occupational Health*, 52（4）: 227-240.

片瀬一男，2017,「非正規であることの男女差——従業上の地位とメンタルヘルス」『東北学院大学教養学部論集』176: 1-13.

川上憲人・近藤恭子・柳田公佑・古川嘉亮，2005,「成人期における自殺予防対策のあり方に関する精神保健的研究」平成16年度厚生労働科学研究費補助金「自殺の実態に基づく予防対策の推進に関する研究」分担研究報告書，147-169.

川上憲人・橋本英樹・近藤尚己編，2015,『社会と健康——健康格差解消に向けた統合科学的アプローチ』東京大学出版会.

Kennedy, Steven, Michael P. Kidd, James Ted McDonald and Nicholas Biddle, 2015, "The Healthy Immigrant Effect: Patterns and Evidence from Four Countries," *Journal of International Migration and Integration*, 16（2）: 317-332.

Kessler, R. C., G. Andrews, L. J. Colpe, E. Hiripi, D. K. Mroczek, S. L. T. Normand, E. E. Walters and A. M. Zaslavsky, 2002, "Short screening scales to monitor population prevalences and trends in non-specific psychological distress," *Psychological Medicine*, 32: 959-976.

Khlat, Myriam and Michel Guillot, 2017, "Health and Mortality Patterns Among Migrants in France," University of Pennsylvania Population Center Working Paper（PSC/PARC），2017-8.

木村真理子，2020,「移住者とメンタルヘルス——異文化社会に滞在する外国人」『精神保健福祉』51（2）: 187-197.

近藤尚己・阿部彩，2015,「貧困・社会的排除・所得格差」川上憲人・橋本英樹・近藤尚己編『社会と健康——健康格差解消に向けた統合科学的アプローチ』東京大学出版会，117-137.

李健實，2015,「日本における高度の技術・知識を持つ外国人労働者の職業性ストレスとメンタルヘルス——日本人労働者との比較検討」『ストレス科学研究』30: 90-101.

Lin, Nan, Xiaolan Ye and Walter M. Ensel, 1999, "Social Support and Depressed Mood: A Structural Analysis," *Journal of Health and Social Behavior*, 40（4）: 344-359.

Mental Health Commission of Canada Task Group on Diversity, 2009, Understanding the issues, best practice and options for service development to meet the needs of ethno-cultural groups, immigrants, refugees, and racialized groups, Calgary, AB: Mental Health Commission of Canada.

永吉希久子，2020,『移民と日本社会』中央公論新社.

Ng, Edward, Russell Wilkins, François Gendron and Jean-Marie Berthelot, 2005, Dynamics of Immigrants' Health in Canada: Evidence from the National Population Health Survey, Component of Statistics Canada, Catalogue 82-618.

西日本新聞社，2017,『新 移民時代——外国人労働者と共に生きる社会へ』明石書店.

南部泰士・石井範子・柳屋道子，2014,「介護予防基本チェックリストにおけるうつ

項目の検討」『厚生の指標』61（5）：23-30.

Sakurai, K., A. Nishi, K. Kondo et al., 2011, "Screening performance of K6/K10 and other screening instruments for mood and anxiety disorders in Japan," *Psychiatry Clin Neurosci*, 65（5）：434-441.

Simich, Laura and Morton Beiser, 2011, "Immigrant and refugee mental health in Canada," Dinesh Bhugra and Susham Gupta eds., *Migration and Mental Health*, Cambridge University Press, 323-336.（鵜川晃訳，2017，「カナダの移住者と難民のメンタルヘルス——教訓と今後の見通し」野田文隆監訳『移住者と難民のメンタルヘルス——移動する人の文化精神医学』明石書店，505-525.）

Smith, R. A. and N. G. Khawaja, 2011, "A review of the acculturation experiences of international students," *International Journal of Intercultural Relations*, 35: 699-713.

Stewart, Miriam, Joan Anderson, Morton Beiser, Edward Mwakarimba, Anne Neufeld, Laura Simich, Denise Spitzer, 2008, "Multicultural meanings of social support among immigrants and refugees," *International Migration*, 46（3）：123-159.

杉澤秀博・近藤尚己，2015，「社会関係と健康」川上憲人・橋本英樹・近藤尚己編『社会と健康——健康格差解消に向けた統合科学的アプローチ』東京大学出版会，209-232.

Takenoshita, Hirohisa, 2015, "Social Capital and Mental Health among Brazilian Immigrants in Japan," *International Journal of Japanese Sociology*, 24（1）：48-64.

田辺俊介，2019，「ナショナリズム——その『高まり』は本当か」田辺俊介編『日本人は右傾化したのか——データ分析で実像を読み解く』勁草書房，22-43.

田辺俊介編，2019，『日本人は右傾化したのか——データ分析で実像を読み解く』勁草書房.

津崎克彦，2018，「現代日本における産業構造の変化と外国人労働者」津崎克彦編『移民・ディアスポラ研究7 産業構造の変化と外国人労働者——労働現場の実態と歴史的視点』明石書店，9-16.

髙谷幸，2019，「移民社会の現実を踏まえて」髙谷幸編『移民政策とは何か——日本の現実から考える』人文書院，7-22.

鳥井一平，2020，『国家と移民——外国人労働者と日本の未来』集英社.

堤明純・神林博史，2015，「職業と健康」川上憲人・橋本英樹・近藤尚己編『社会と健康——健康格差解消に向けた統合科学的アプローチ』東京大学出版会，39-56.

矢野栄二，2010，「非正規雇用と健康」『学術の動向』15（10）：20-23.

Zhang, Wei and Van M Ta, 2009, "Social connections, immigration-related factors, and self-rated physical and mental health among Asian Americans," *Social Science & Medicine*, 68: 2104-2112.

第7章

[帰属意識]

移民の日本に対する帰属意識

——水準と規定要因——

五十嵐　彰

1　はじめに

　2019 年 4 月，改正入国管理法が施行され，日本は非熟練外国人労働者の受け入れ拡大に舵を切った．それに伴い改めて活気づいたのが「多文化共生」の考え方である．「多文化共生」とは「国籍や民族などの異なる人々が，互いの文化的ちがいを認め合い，対等な関係を築こうとしながら，地域社会の構成員として共に生きていくこと」（総務省 2006: 5）をめざして施行される一連の施策である．

　「文化的ちがいを認め合う」ということは，移民が出身国の文化を保ち続けることを妨げないともいえる．しかしながら移民の出身国文化の保持は，移民が持つ受け入れ社会に対する感情や態度との関係において，長年にわたり各国で議論の焦点となり続けてきた．たとえばイギリスの元首相デイヴィッド・キャメロンは，多文化主義のもとで移民の文化を保持させることによって，移民

1　カナダやヨーロッパで施行されてきた多文化主義とは，移民が持つ文化を保持・尊重することを促す理念である．こうした理念を具体化したものが多文化主義政策であり，たとえば移民の母語教育を促したり，移民集団に対して補助金を出したり，二重国籍を許したりといった，積極的な文化的保持政策の総称である（Banting and Kymlicka 2017）．他方で日本の多文化共生は，文化保持に関してはどちらかといえば自由放任的な考え方であり，むしろ日本語の学習や外国人の生活支援により力点が置かれた，地方レベルの施策とまとめられるだろう．日本の多文化共生については近藤（2019）を参照．

のイギリス社会に対する帰属意識を育めず，多文化主義は移民と国民の文化的分断を進めると論じた[2]（Cameron 2011）．さらに移民が受け入れ社会に対して帰属意識を持てないことにより，イギリス国内の移民が過激なイデオロギーを持ち，テロに走る一因となったとさえも述べている．こうしたヨーロッパにおける多文化主義の "失敗" は，日本の移民受け入れや多文化共生を議論する上でも盛んに用いられ（e.g., 安達 2009; 遠藤 2019），移民の文化を保持することによって，移民の日本に対する帰属意識がかえって低下することが，移民受け入れに反対する 1 つの論拠となっている．

　こうした多文化主義・多文化共生をめぐる議論には，1 つの前提がある．それは移民の文化保持や自身が所属しているエスニック・グループに対する帰属意識と，受け入れ社会に対する移民の帰属意識との間に排他的な関係があるという前提である（e.g., Heath and Demireva 2014）．すなわち，ある国に居住する移民が，出身国の文化集団に対する帰属意識を高く保っている場合，その移民は居住している国に対して低い帰属意識を持つということである．これはたとえばアメリカに移住した日本人が，自身を日本人集団のみに帰属していると見なし，アメリカ社会との一体感を感じないこと，またはその逆しか成り立たないということを意味する．こうした想定は過去の研究からなされており（e.g., Gordon 1964），移民の心理的側面に関する研究において重要な地位にあり続けた．

　では，移民が自身のエスニック集団に対して抱いている帰属意識と，受け入れ社会に対する帰属意識は，本当に両立しないのだろうか．日本においては，筆者が知る限り移民のエスニック集団に対する帰属意識と日本社会に対する帰属意識の関連を見た研究は見当たらず，そもそも移民の帰属意識への着目は，デー

2　キャメロンは "多文化主義の教義のもとで，私たちは異なる文化が別々の生活を営み，お互いの文化が離れ離れになるよう，また主流文化から離れるよう促してきました．彼らが所属したいと感じる社会のビジョンを提供することができませんでした"（筆者訳）と論じ，多文化主義のもとで移民の帰属意識が居住国から離れていることを憂慮した．しかしながら多文化主義と移民のホスト社会に対する帰属意識との間には，筆者の研究も含めた複数の計量研究が示すように，正の関連があるといえる（e.g., Igarashi 2019）．多文化主義に対する批判点はこれ以外にもあるものの（e.g., レビューとして Murphy 2013），本章の主眼ではないためここでは取り上げない．

タの制約からほぽなされてこなかったといえるだろう（例外として，福岡・金1997）．
そのため，本章では，まず (1) 移民の日本社会に対する帰属意識を日本人の帰
属意識と比較することによって記述的に検証し，(2) 移民のエスニック集団と
日本社会に対する帰属意識の関連を検討し，(3) 最後に移民の日本に対する帰
属意識の規定要因を包括的に分析する．これらの3つの検証を通し，移民の日
本に対する帰属意識はどういった水準にあるのか，そして帰属意識はどのよう
に決まっているのかを論じることが本章の目的である．

2　受け入れ社会に対する帰属意識

2.1　帰属意識とはなにか

そもそも受け入れ社会への帰属意識とはなにか．ここでいう帰属意識とは，移
民が居住社会に関わっている，一体となっていると感じていることを意味する[3]．
ゴードン（1964）は自身の同化理論の中で，帰属意識を移民が経験する同化の最
終段階として挙げている[4]．エンツィンガーは，移民のホスト社会に対する文化
的な習熟や社会参加などの根幹に帰属意識があると指摘し，移民が居住国への
統合を達成する際の帰属意識の重要性を論じていた（Entzinger and Biezeveld 2003）．

3　移民の帰属意識についてはヨーロッパで多く研究が行われており，その規定要因について
　レビュー論文にまとめられている（Verkuyten and Martinovic 2012）．
4　ゴードンの著書では identificational assimilation と表現されている．本報告ではいわゆ
　る national identification を居住国に対する帰属意識として議論を進めている（e.g., De
　Vroome et al. 2014; Verkuyten and Martinovic 2012．組織研究においては Ashforth and Mael
　1989．Identification は日本語に翻訳するのが困難な概念だが，「帰属意識」という言葉は
　組織研究において用いられている実績があり，わかりやすさを優先して採用した）．なお
　identification と identity の違いはファカートン（Verkuyten 2018: 89-91）を参照してもらいたい．
　日本では両者を混同した議論が見られがちだが（e.g., たとえば陳（2010）は両者の定義を
　混同している），両者は似て非なる概念である．Identification は帰属対象の集団との主観的
　なつながりを指し，あくまで自己認識として完結するものであり，他方で identity の確立の
　ためには，自身に対する認識を，重要な他者も同様に共有している必要がある．そのため，
　identification は自身が所属していない集団に対しても持つことができる．移民を対象にした
　研究では，identification がより適切な概念として使われている．なお，ゴードンによる同化
　のその後の段階として，国民の偏見の現象や差別の現象，集団間の衝突の消滅などがあるが，
　これらはあくまで国民側の視点を扱ったものである．

　移民にとっての重要性のみならず，国民と移民との関係を論じる上でも，移民の受け入れ社会に対する帰属意識は重要であるといえる．社会の構成員が社会に対して強い帰属意識を持つことは，社会全体が結束しており，構成員が社会へ貢献しようとしていることにつながる（Banting and Kymlicka 2017）．国民は移民が受け入れ社会に対して強い帰属意識を持つことを望んでおり（e.g., Arends-Tóth and Vijver 2003），こうした期待と移民の意識が合致している場合は移民に対する好意的な態度を，合致していない場合は非好意的な態度をもたらすといわれている（e.g., Rohmann et al. 2008）．日本においても，日本人が移民を日本人集団の一員として見なすための条件として，移民が自分自身を日本人と思っているかどうかという意識を最重要視していることがわかっている（五十嵐 2015）．

　国民と移民の居住国に対する帰属意識を比較すると，多くの場合国民の方が高い帰属意識を持っている（e.g., De Vroome et al. 2014）．当然といえば当然かもしれないが，その理由についてはそこまで単純なものではないだろう．先行研究では，多数派の国民の言語や文化を反映した制度やシンボル（裁判，学校，国歌など）が歴史的に形成されてきており，こうした制度やシンボルが移民よりも国民に対してより強く訴えかけるからだと論じられている（ibid.）．

　日本における移民の帰属意識については，残念ながら多くのことはわかっていない．例外として，福岡と金（1997）による在日韓国人青年を対象にした研究がある．ここでは日本に対する愛着と韓国に対する愛着を聞いており，日本に対する愛着を感じる人は全体の 73.2％，韓国に対して愛着を感じる人は全体の 38.2％であった．ここから福岡・金は在日韓国人の中での日本社会への愛着の強さと母国・祖国への帰属意識の希薄化を論じている．

2.2　日本人と移民の帰属意識比較

　本章の主眼は，日本に在住する移民の自身のエスニック集団と日本社会への帰属意識の関連を検討することにある．しかしながらその前段階として，これらの帰属意識について詳細に検討しておく必要があるだろう．加えて，日本人の持つ日本社会への帰属意識と比較をすることにより，移民の日本社会に対する帰属意識の特徴を相対的に記述する．

　日本人のデータは International Social Survey Programme（ISSP）2013 を用い，日本に住む移民のデータである ILW 調査と比較する．それぞれのデータにおいて，日本に対する帰属意識は，「次の地域について，あなたはどのくらい愛着がありますか？」という質問のあと，「日本」という選択肢への回答によって測定している．4 件法で，1（まったく愛着がない）から 4（とても愛着がある）で質問をしている．これは社会や地域に対する帰属意識として広く使われている尺度であり，本研究でも帰属意識を測定するため採用した．同一の質問を用いることにより，この 2 つのデータが比較可能となる．日本社会に対する帰属意識に加えて，移民に対しては自身のエスニック集団に対する帰属意識（「あなたの国籍がある国」という選択肢で質問）も同時に聞いている．

　同調査の回答者は，日本国外で生まれ来日した移民 1 世と，日本で生まれ育った「移民」2 世・3 世（在日韓国人など）を含んでいるが，帰属意識という変数の性質上，移民 1 世と 2 世・3 世とではそのとらえ方に大きな違いがあると思われ，特に移民 2 世・3 世の帰属意識形成パターンは移民 1 世よりも日本人に近いと考えられる．またデータの限界から移民 2 世・3 世を分離して分析することができないため，本研究では移民 1 世に焦点を当て，以降の分析を進める．

　図 7-1 に日本人の日本に対する帰属意識，**図 7-2** に日本に住む移民の日本と自身のエスニック集団に対する帰属意識を示した．まず特筆すべきは，日本人の日本に対する帰属意識の高さだろう．日本に対して「とても愛着がある」人が全体の 62%，「まあ愛着がある」人と合算すると 98% に届こうかという水準である．他方で移民の日本に対する愛着は相対的に低い水準にあり，「とても愛着がある」と回答した人は全体の 29%，「まあ愛着がある」と回答した人と合算して 81% という水準であった．一般にいわれているように，移民の日本に対する帰属意識は日本人ほどのものではないということがわかる．

　ここで移民の日本に対する帰属意識を，エスニック集団に対する帰属意識と比較してみたい．**図 7-2** から，移民の日本に対する帰属意識の水準は，移民自身のエスニック集団に対する帰属意識と比較して大差ないといえる．「とても愛着がある」と「まあ愛着がある」とを日本への帰属意識とエスニック集団への帰属意識それぞれで合算すると，ほぼ同じ水準になっていることがわかるだ

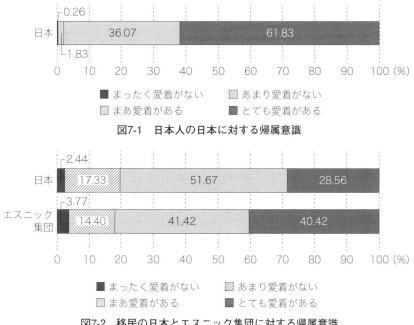

図7-1 日本人の日本に対する帰属意識

図7-2 移民の日本とエスニック集団に対する帰属意識

ろう．ここから，日本人の方が日本に対して強い帰属意識を持っているものの，移民の帰属意識は日本に対して特別低いというわけではなく，むしろ自身のエスニック集団に対するそれと近い水準にあるといえるのではないか．

こうした二変数間の水準の近さは，もともとの居住国から移住したという背景や，あえて居住先として日本を選んだといった経緯があるともいえる．移住を経験する人々は，国や特定の集団に対する帰属意識が低い可能性もある．しかしながら，理由はどうあれ，エスニック集団に対する帰属意識と近い割合である以上，必ずしもこれが低い水準にあるとはいえないだろう．

3 エスニック集団に対する帰属意識と受け入れ社会に対する帰属意識

3.1 意識間の関連

次に，自身のエスニック集団への帰属意識と受け入れ社会への帰属意識の関

連について検討しよう．先述したゴードン（1964）は，移民が受け入れ社会に同化する段階の 1 つとして，受け入れ社会に対する帰属意識の重要性を論じた．ここでゴードンのいう受け入れ社会への帰属意識は，移民のエスニック集団への帰属意識が完全になくなり，受け入れ社会に対する帰属意識のみが残る状態を指していた．実際に多くの研究が，移民のエスニック集団に対する帰属意識が，居住国に対する帰属意識と負の関係にあると示している（e.g., Rumbaut 1994; Verkuyten and Yildiz 2007）．これはつまり，移民が自身のエスニック集団に対する帰属意識を失っていくほど，受け入れ社会に対する帰属意識を強めるということを示している．こうした帰属意識間の負の関係について，先行研究（Chryssochoou and Lyons 2010）では，我々は国民国家を基調とした世界に住んでおり，このような世界において人々は共通の祖先に立脚した自然でかつ排他的な境界を集団間に引いているためだと論じられている．集団間の境界が両立しない以上，ある集団への帰属意識は，他の集団から離れることを同時に意味している．

　しかしながら帰属意識が両立しないというゴードンの主張には批判も多く，その現実味について疑問が持たれていた（e.g., Alba and Nee 1997）．人は複数のアイデンティティや帰属意識を同時に持ちうるというデュアル・アイデンティティモデル[5]が提唱され（レビュー論文として，Fleischmann and Verkuyten 2016），いくつかの研究ではエスニック集団への帰属意識と受け入れ社会への帰属意識の間に両立関係が見られるといった報告もなされている（e.g., Martinovic and Verkuyten 2012）．また自分のエスニック集団の友人が多くとも，受け入れ社会への帰属意識形成を妨げないという研究もある（Heath and Demireva 2014）．先行研究ではこのように，移民が複数の帰属意識を両立させることができるのか，または帰属意識間に相互

5　デュアル・アイデンティティの定義については未だに合意がなされていない．たとえばアイデンティティ間に上位と下位の関係を想定する論や（e.g., González and Brown 2003），**表 7-1** のように平均値より上か下かで個人の帰属意識を分け，両者とも上位のもののみをデュアル・アイデンティティと呼ぶなどである（e.g, Fleischmann and Verkuyten 2016 を参照）．またデュアル・アイデンティティとは別に，アイデンティティの両立可能性を指摘した理論的立場として，共通自集団アイデンティティ（common in-group identity）も提唱されている．こちらは，エスニック集団への帰属意識と受け入れ社会への帰属意識という 2 つの意識を，包摂的な 1 つの大きなカテゴリとして再分類するというものであり，そのため集団間の境界を意識しなくなると論じられている（Gaertner et al. 2000）．

に排他的な関係を持っているのか，未だ結論的ではないといえるだろう．本研究では，日本の移民を対象に探索的に帰属意識間の関連を見る．

3.2　日本に居住する移民の意識間関連分析

ここで ILW 調査を用い，日本への帰属意識と自身のエスニック集団への帰属意識との関連を，簡便な方法で検討する．2 で用いた 2 つの帰属意識の質問をそれぞれ平均値で高群と低群に分け，組合わせをクロス表として提示した．**表7-1** から，エスニック集団に対する帰属意識が低い移民は，日本に対する帰属意識も同様に低い場合が多く（77.14%），日本に対して高い帰属意識を持っている場合は少ない（22.86%）といえる．他方でエスニック集団に対する帰属意識が高い移民のうち，日本に対する帰属意識が低い移民と高い移民の割合は同程度だといえる．これは，エスニック集団への帰属意識が日本に対する帰属意識と両立する可能性を示唆しているといえるだろう．ゴードンが想定したような，受け入れ社会への帰属意識を形成する際に，エスニック集団への帰属意識が完全に取り払われている状況というのはやはり非現実的だったのではないかと思われる．

表7-1　帰属意識間のクロス表

| | | 日本への帰属意識 | |
		低	高
エスニック集団への帰属意識	低	415 (77.14%)	123 (22.86%)
	高	228 (54.29%)	192 (45.71%)

4　受け入れ社会に対する帰属意識の規定要因

3 まではエスニック集団に対する帰属意識と受け入れ社会に対する帰属意識の両立可能性について議論した．ILW 調査を用いて分析した結果，日本に居住

6　クロス表のカイ二乗検定の結果は $\chi^2 = 55.81$，$p < .001$ であり，分布に有意な差異があるといえる．なお，2 世・3 世を対象に分析しても同様の傾向が得られた．2 世・3 世に見られる特徴として，両集団に対する帰属意識が強い回答者が多いということが挙げられる．

する移民にとってこれらの帰属意識は必ずしも排他的であるわけではないようである.

　しかしながら, クロス表を用いた分析によって「本当に」2 つの帰属意識間の関連が判明したとは言い切れない. たとえば, 年齢が高い人は, エスニック集団へ所属してきた期間が長いぶん帰属意識が高まると同時に, 日本に居住している年数が長いため日本への帰属意識も同時に高まるだろう. もしかしたら**表 7-1** の関係は, エスニック集団の帰属意識で移民を分けたつもりだったが, 年齢で分けていたことになるのかもしれない. このように, 3 の分析では, 日本への帰属意識を形成している他の要因の影響を取り除くことができていない. そのため本節では, 受け入れ社会への帰属意識を規定するその他の要因を考察した上で, 改めてエスニック集団への帰属意識と日本への帰属意識との関係を分析する.

　居住国に対する帰属意識は, 経済的要因, 文化的要因, 社会関係要因の 3 つから規定されているとまとめられる. この 3 つの影響をまとめて分析することで, なぜ移民が日本への帰属意識を持つのかをより詳細に分析することができるだろう.

4.1　経済的要因

　まずは経済的要因だが, オランダの移民を対象にした研究では, 労働市場に参加している移民は, オランダに対する高い帰属意識を持っていることが明らかとなっている (De Vroome et al. 2014). これは経済的な成功が, 受け入れ社会に貢献している感情や, 社会にうまく適応できている意識を形成するからだと解釈されている. この理屈は同様に収入水準にもあてはまり, 高収入であれば受け入れ社会に対する帰属意識が高まると考えられるだろう.

　また, 自集団 (つまり, 自身が所属する集団) の経済的資源に対する脅威も考慮に入れる必要がある. 集団脅威仮説 (e.g., Blumer 1958) では, 集団は経済的に貴重な資源を持っており, その資源が外集団 (つまり, 自分が所属していない集団) によって脅かされていると認識した結果, 外集団に対してネガティブな態度を形成するとされている. これはたとえば, 仕事が移民によって奪われるという認識を

国民が持ち，結果移民に対してよりネガティブになるというようなものである．同様の理屈が移民にもあてはまり（e.g., Stephan et al. 2002），移民が自集団の経済的な地位が日本人によって脅かされると認識した結果，日本人に対してよりネガティブになると考えられる．受け入れ社会の国民に対する態度は受け入れ社会全体への態度に転化すると考えられるため，経済的な脅威の認知が受け入れ社会への帰属意識を下げると考えられるだろう．

4.2　文化的要因

　次に文化的要因だが，経済的な脅威と類似のメカニズムが文化的な脅威に対してもあてはまると考えられる．文化的脅威とは，自集団と外集団との間に文化・価値観・信念などの差異を認め，その差異が脅かされるというものである．こうした脅威認識は経済的脅威と同様国民の間で排外意識を形成する重要な要因として研究されてきたが，移民にも同様にあてはまることが示されている（e.g., Stephan et al. 2002）．これはたとえば，日本での生活に慣れたり，日本語を覚えたりするうちに，自集団の文化や価値観が変化したり，失われたりするのではないかと不安に思ったり脅威に感じたりするものも含むだろう．自集団の文化が脅かされていると移民が認識した結果，文化を保持するために受け入れ社会から心理的な距離をとることが予想され（Mähönen and Jasinskaja-Lahti 2012），結果として受け入れ社会に対する帰属意識が低下すると考えられる．

4.3　社会関係要因

　社会関係要因は日本人との関係と自集団との関係に分割することができる．日本に対する帰属意識を規定する日本人との関係として，移民の被差別経験が挙げられる．これは排除－帰属モデルと呼ばれており（Jasinskaja-Lahti et al. 2009），移民の被差別経験がホスト社会に対する帰属意識の低下をもたらすとされている．これは，差別は社会による不公平な扱いであり，差別を受けた移民は，平等な社会の構成員という意識を低下させるためだといわれている．日本に居住する移民も同様に，被差別経験が日本に対する帰属意識を下げると考えられる．
　次に友人数について，人は自身が所属しているネットワークの構成員の規範・

信念・行動に影響されるといわれている．仮に日本人の友人が多ければ，それだけ受け入れ社会に対する帰属意識が高まるだろうと考えられる（e.g., Lubbers et al. 2007）．同様に，移民の友人が多ければ，受け入れ社会外の信念や規範により影響を受け，結果として帰属意識が低下すると考えられる．

5　規定要因の分析

5.1　手　法

本節では，移民のエスニック集団への帰属意識と日本への帰属意識との関連を分析する．分析の際には，上記の経済的要因，文化的要因，社会関係要因がいかに移民の日本に対する帰属意識を規定するかも同時に検討する．日本国外生まれの移民を対象として，欠損値により最終的な分析には 444 人を用いた．

経済的要因は経済的脅威，階層帰属意識，世帯収入，労働市場参加，教育年数，日本における教育経験の有無から検討する．経済的脅威は「日本で外国人が日本人よりも経済的に成功するのはむずかしい」という質問に対する賛否で測定する．階層帰属意識は，「日本の社会全体を低い方から順に 1 ～ 10 に分けたとき，あなたがどこに入ると思いますか」という質問で測定する．労働市場参加ダミーは現在働いているかどうかで測定し，日本の教育経験ダミーは教育段階にかかわらず経験の有無を聞く．

文化的要因は文化的脅威をもって検討する．文化的脅威は「日本で出身国の文化を持ち続けて生活するのはむずかしい」という質問に対する賛否をもって操作化している．

最後に社会関係だが，これは日本人との関係と自集団との関係に分けることができる．日本人との関係は日本人の友人数と被差別経験を用い，自集団との関係は自集団の友人数と居住地域におけるそれぞれの国籍の移民割合を用いた．友人数については，4 人以上の友人がいる人には 4 を割り当て，それ未満の場合は実際の人数を割り当てた．日本人と自集団の友人両者に対して同様の方法で操作化した．被差別経験は主観的な経験をもとに測定し，「あなたが外国人（外国籍）だという理由で日本でいやな経験やつらい思いをしたことがあります

表7-2　記述統計

	最小値 - 最大値	平均値（標準偏差）／割合	
日本に対する帰属意識	1-4	3.06	(.74)
エスニック集団帰属意識	1-4	3.18	(.82)
〈経済的要因〉			
労働市場参加	0/1	69.55%	
階層帰属意識	1-5	3.73	(1.03)
世帯収入（対数）	3.91-7.60	5.89	(.84)
教育年数	0-20	15.15	(3.96)
日本の学校ダミー	0/1	40.92%	
経済的脅威	1-5	3.39	(1.23)
〈文化的要因〉			
文化的脅威	1-5	2.80	(1.18)
〈社会関係要因〉			
主観的被差別経験	1-5	2.39	(.83)
日本人友人	0-4	2.02	(1.51)
自集団友人	0-4	2.65	(1.45)
自集団サイズ	.01-4.38	.76	(.70)
〈制御変数〉			
年齢	20-70	38.60	(11.55)
男性ダミー	0/1	44.38%	
国籍			
韓国籍	0/1	6.92%	
中国籍	0/1	38.47%	
ブラジル籍	0/1	12.26%	
フィリピン籍	0/1	12.47%	
その他	0/1	29.87%	
永住／長期滞在ダミー	0/1	55.93%	
既婚ダミー	0/1	62.77%	
日本語能力（会話）	1-5	3.51	(1.20)
ウェルビーイング	1-5	2.05	(.85)

か」という質問に対して4件法で頻度を聞いている[7]．移民割合は，回答者の居住市町村の外国人割合を国籍別（中国，韓国，ブラジル，フィリピン，その他）で割り当てている．この変数を用いることにより，自集団の移民に遭遇する機会を分析することができ，移民ネットワークに埋め込まれている可能性の高さを考慮することができる．

7　被差別経験はあくまで主観的な変数であることに注意が必要だろう．実際に個人が差別されたかどうかという客観的な判断は，たとえば監査実験（audit study）などを行わないと結論的なことはいえない（Zschirnt and Ruedin 2016）．主観的な尺度であるために，差別を多く見積もったり，少なく見積もったりする場合がある（Major et al. 2002）．そういう意味で本研究の限界として指摘できるだろう．

制御変数として性別，年齢，国籍（中国，韓国，ブラジル，フィリピン，その他），永住／長期滞在ダミー（永住権，日本人の配偶者など長期滞在が見込まれる人），既婚ダミー，日本語会話能力，ウェルビーイングを投入する．

　分析手法は重回帰分析を用いる．分析の際には，市町村の固定効果をモデルに投入し，居住地域の効果を打ち消す．これはつまり，市町村の特徴（e.g., それぞれの地域の経済状況，日本人による排外的な雰囲気など）の影響はここではすべて取り除けているということを意味する．

　まずは全体の傾向を掴むために，**表 7-2** に記述統計を示す．日本に対する帰属意識とエスニック集団に対する帰属意識は，4 件法の平均値で見ると後者の方が若干高い．この差は統計的にも有意であった（t = 3.43，p < .001）．そのため，**図 7-1** と**図 7-2** の解釈については留保が必要である．

5.2　結果：エスニック集団への帰属意識

　次に移民の日本に対する帰属意識を検討する．結果を**表 7-3** に示した．まずは本章の焦点の自身のエスニック集団に対する帰属意識と日本に対する帰属意識との関連だが，日本への帰属意識に関係していそうな他の変数の影響を考慮に入れてもなお，帰属意識間は正の関連にあることがわかった．ここから，**表 7-1** で得られた結果は他の変数によるものではなく，エスニック集団に対する帰属意識が高い移民は，日本に対する帰属意識も同様に高いといえる．

　なお本章では分析の対象外とした「移民」2 世・3 世だが，これらの回答者をモデルに入れて分析しても，結果にほぼ変わりはなかった．加えて 2 世・3 世を対象とした日本出身ダミーとエスニック集団に対する帰属意識との交互作用を検証したが，有意な差がなかった．これは言い換えると，エスニック集団に対する帰属意識と日本に対する帰属意識との関わりのあり方は，回答者が日本出身か否かに影響を受けないということになる．また国籍ごとにエスニック集団に対する帰属意識と日本に対する帰属意識との関係が異なるかも同時に検討したが，どの国出身であれ，自身のエスニック集団に対する帰属意識と日本への帰属意識とは似たように関わっているということがわかった．

　こうした結果はゴードン（1964）をはじめとする理論研究や統計を使った実証

表7-3　重回帰分析

	B（S.E.）
エスニック集団帰属意識	.117** （.045）
〈経済的要因〉	
労働市場参加	.077　（.101）
階層帰属意識	.018　（.021）
収入	−.076　（.054）
教育年数	−.034** （.010）
日本の学校ダミー	.188* （.089）
経済的脅威	−.025　（.029）
〈文化的要因〉	
文化的脅威	−.103** （.031）
〈社会関係要因〉	
主観的被差別経験	−.099* （.048）
日本人友人	.075** （.025）
自集団友人	−.035　（.027）
居住地域の自集団割合	−.111　（.134）
〈制御変数〉	
年齢	−.004　（.004）
男性ダミー	.053　（.075）
国籍（ref. 韓国籍）	
中国籍	−.111　（.160）
ブラジル籍	.312　（.213）
フィリピン籍	−.113　（.205）
その他	−.043　（.164）
永住／長期滞在ダミー	.245* （.102）
既婚ダミー	−.053　（.086）
日本語能力（会話）	.075* （.035）
ウェルビーイング	−.109* （.047）

*p < .05，**p < .01，***p < .001．n = 444．市区町村固定効果．

研究（e.g., Verkuyten and Yildiz 2007），また一部の政治家が展開していたような，帰属意識間の排他的な関係とは反対のものであり，日本の移民はむしろ帰属意識を両立させているということができる．ではなぜこのような結果になったのか．1つの解釈として，移民が日本社会の価値観と自集団の価値観が両立可能だと認識している可能性がある．オランダに居住するムスリム系トルコ移民を対象にした研究（Martinovic and Verkuyten 2012）では，オランダの価値観とイスラムの価値観との両立可能性にもとづいて，オランダへの帰属意識と宗教への帰属意識との関係が決まると報告されていた．日本において，移民は強い文化的対立を認識しておらず，その結果両者の関係が両立可能となっているとも考えられる．あくまで推測であるため，今後さらなる研究によって両者の関係を検討する必

要がある[8].

5.3　結果：経済的要因・文化的要因・社会関係要因

　次に経済的要因・文化的要因・社会関係要因についてそれぞれ検討する．まずは経済的要因だが，日本に対する帰属意識とはほぼ関わりを持っていないといえる．労働市場参加ダミー，階層帰属意識，収入，経済的脅威はそれぞれ日本に対する帰属意識と有意な関連を持っていなかった[9]．これはつまり，移民の経済的な状況がどのようなものであろうとも，日本に対する帰属意識の高低には差がないということを意味する．こうした結果が得られた理由として，移民と日本人の労働市場が分断されているという可能性が挙げられる（e.g., 梶田ほか2005）．仮に労働市場が分かれているとすると[10]，日本で働いているとしても日本人と同様の労働市場に参加していることにならず，結果として社会にうまく溶け込んでいる感覚が得られないのではないかと考えられる．

　他方で，教育年数は有意な負の関連，日本の学校ダミーは有意な正の関連を持っていた．つまり，教育年数が上がれば上がるほど日本に対する帰属意識は低く，また日本の学校を卒業していれば帰属意識が高いといえる．教育年数の負の関連に対する解釈の1つとして，教育レベルが高いにもかかわらず，経済的なリターンが相対的に低いため帰属意識が低下するのではないだろうか[11]．

8　なお本研究の結果は，エスニック集団に対する帰属意識の増加が日本への帰属意識の増加をもたらすという時間的関係を必ずしも意味してはいないことに注意する必要がある．何らかの個人的な特性があり，2つの帰属意識を両立させることができている可能性もある．たとえば本研究の結果は，所属するあらゆる集団に対して帰属意識を高く持つといった移民の存在によって得られたものかもしれない．しかしながら少なくとも日本の移民にとって両帰属意識は排他的な関係にないということはいえるだろう．

9　世帯収入については，回答者が労働市場に参加しているかどうかで大きく変わってくる．そのため同時にモデルに投入することは適切ではないかもしれない．ただ，世帯収入や労働市場参加を個別に投入しても有意差はなかったため，どちらにせよ関連がないといえるだろう．

10　移民の経済的統合状況については是川（2019）などを参照．

11　教育水準が高ければ個人としての独立性が高まりあらゆる集団に対する帰属意識が低下するという可能性もある．この可能性を検討するため，追加の分析として教育とエスニック集団への帰属意識との関連を見たが，有意な関連はなかった．ここから，教育と日本に対する帰属意識との負の関連は，対象集団が日本社会であるということを十分考慮に入れて

　次に，文化的要因を検討する．自集団の文化に対する脅威は日本に対する帰属意識と負の関連を持っていた．これはつまり，自集団の文化を維持することが困難だと認識する移民は，日本に対する帰属意識を持ちにくいといえる．これは，自集団の文化を保持するために受け入れ社会から心理的な距離をとっていると考えられる．

　最後に，社会関係要因の検討に移る．日本人との社会関係をとらえるために日本人の友人数と被差別経験を，自集団との関係をとらえるために自集団の友人数と居住地域における同国籍集団サイズを分析した．結果から，日本人友人数は帰属意識と有意な正の関連，被差別経験は有意な負の関連を持つことがわかった．これらはつまり，日本人の友人が多い移民は日本に対してより強い帰属意識を持ち，また差別されたことがある移民は日本に対して弱い帰属意識を持つということを意味している．他方，自集団の友人数や集団サイズはどちらも帰属意識と関連を持たなかった．これらはすなわち，あくまで自身と日本社会との関係によって日本に対する帰属意識が決まるのであり，自集団との関連から間接的に規定されるわけではない，ということを意味しているだろう．

　制御変数として投入した変数のいくつかは興味深い結果を示している．まず年齢や性別，既婚ダミー，国籍は帰属意識に対して有意な関連を持たなかった．次に，永住／長期滞在変数や日本語会話能力は帰属意識と正の関係を持っていた．永住／長期滞在を希望したり，日本語能力を身につけるのは，日本に対する好意的な態度がなければとりにくい選択肢であると予想できるため，驚くべき結果とはいえないだろう．他方，ウェルビーイングが高ければ日本に対する帰属意識は低まるという結果となった．自集団への帰属意識が低いとウェルビーイングが下がるという研究結果もあり，三者間の関係はより頑健なデータと分析をもって明らかにするべきだろう．

　解釈する必要がある．

6　考察と結論

　多文化主義・多文化共生のもとで移民の文化や自らのエスニック集団に対する帰属意識が保持された結果，受け入れ社会に対して移民はどのような態度や意識を持つのか．これは長い間アメリカやヨーロッパ社会において学術・政治的論争の的であった．理論的・実証的な先行研究の多くが，エスニック集団に対する帰属意識が高まった結果，受け入れ社会に対する帰属意識が低下すると論じてきており，こうした帰属意識間の排他的関係は，多文化主義政策といった移民の文化保持を促進させる政策や移民受け入れそのものへの批判材料ともなっていた．日本においてもこれらの議論は援用され，移民の文化や受け入れのあり方を論じる際の暗黙の前提となっていた（e.g., 遠藤 2019）．しかしながら，こうした帰属意識間の排他的な関係が日本でも成り立つのかどうか，未だに研究がなされていなかった．

　本研究は日本に居住する移民1世を対象に，まず（1）移民の日本社会に対する帰属意識を日本人の帰属意識と比較することによって記述的に検証し，（2）移民のエスニック集団と日本社会に対する帰属意識の関連を検討し，（3）移民の日本に対する帰属意識の規定要因を包括的に分析することを目的としていた．これらの3つの検証を通し，移民の日本に対する帰属意識はどういった水準にあるのか，そして帰属意識はどのように決まっているのかを論じることが本章の目的であった．

　これらの検証から得られた成果を簡単にまとめたい．まず日本に対する帰属意識の水準について，移民の日本に対する帰属意識は日本人の日本に対する帰属意識よりも低かったものの，移民自身のエスニック集団に対する帰属意識と日本に対する帰属意識の間で大幅な差異がなかったことから，帰属意識全体の水準が相対的に低く，必ずしも日本に対する帰属意識が著しく低いとはいえないと指摘できる．次に，日本に住む移民は，エスニック集団への高い帰属意識を持っている場合，日本に対する帰属意識も同様に高くなりやすいといえる結果となった．エスニック集団への帰属意識以外に日本への帰属意識と関連して

いる要因として，自集団への文化的脅威と日本人との関係（被差別体験，日本人の友人数）とが挙げられる．他方，経済的要因（労働市場参加，世帯収入など）や自集団との関係（自集団の友人数，居住地域の自集団割合）は関連がなかった．

　これらの結果は，日本社会や日本に居住する移民にとって何を意味しているだろうか．日本においてヨーロッパの多文化主義とその“失敗”を参照し，移民の文化保持に関する慎重論や，移民の受け入れそのものに対する反対論が見受けられるが，こうした論は前提として移民のエスニック集団に対する帰属意識と受け入れ社会に対する帰属意識の間に排他的関係があることを前提とした議論であった．しかしながら本章の分析から，この前提は日本において必ずしも成り立っておらず，むしろ移民の文化保持を阻害しないことが日本に対する帰属意識を高めるものだといえる．これは本章で示した，日本において自集団の文化保持が難しいと感じる移民は日本に対する帰属意識を低下させるという文化的脅威の結果からも確認することができるだろう．日本に居住しながら自集団の文化が保持できないと考える移民は，日本に対する帰属意識をかえって減じてしまうといえる．

　さらに，本章の結果から，排外主義的な言説についても示唆が得られるだろう．しばしば「郷に入っては郷に従え」などと慣用句を持ち出し，移民に対して自集団の文化や価値観を捨て去り，受け入れ社会との差異をなくすことを求める意見が見られる（e.g., 野中・樋口 2010）．こうした考え方を同化というが，同化を求める日本人は移民に対して排外的な傾向にあることがわかっている（金 2015）．こうした関連を金は「異質な存在にはフルメンバーシップを与えないという判断を正当化」（金 2015: 43）しているためだと論じる．しかし，本章の結論に照らし合わせると，自集団への帰属意識を取り払った移民はかえって日本に対する帰属意識も低減することになり，逆に自集団への帰属意識を保っている移民は日本に対する帰属意識も高い．金の言い方を借りれば，異質な存在であるからこそ，逆説的に自身をメンバーとしてとらえることができているともいえる．排外的な日本人が最も目の敵にする異質な存在は，皮肉にも日本に対する帰属意識を強く持ちうる存在だったといえるだろう．さらにいうと，排外意識は移民に対する差別的な扱いにつながることがわかっているが（e.g., Habtegiorgis et al. 2014），本章の分析が示すとおり，差別を受けた結果移民は日本に対する帰属意識を失うといえる．排外意識の背後にあるような日本的価値観への同化や日本社会への誇りといった日本に対するある意味で好意的な考え方が，移民の日本に対する帰属意識を妨げるのであれば，これもまた皮肉な結果といっていいだろう．互いの文化を認め合う良好な関係こそが，社会の一体感を高める原動力となるといえる．

　最後に，現在日本に居住している移民の生活に関しても示唆が得られるだろう．現在の日本における多文化共生は，日本語の学習支援や通訳など生活支援を主眼としており，移民の文化保持には決して積極的だとはいえない．しかしながら移民にとって自らのエスニック集団に対する帰属意識を保持したり自集団のコミュニティに所属することは，自集団が持つ資源を利用可能にするため，自身の教育達成や（e.g., Åslund et al. 2011），自集団を対象にした経済活動（e.g., Edin et al. 2003），心理的な健康の維持（Smith and Silva 2011）にとって重要であると考えられている．日本においても，特に移民の子どもの人格形成や教育上の達成のために母語教育の重要性が指摘されてきているが（e.g., 池上 2001; 塚原 2010），これは親や自集団のコミュニティと母語によるコミュニケーションをとることによって様々な助けを得ることができるためである．そのため通訳や日本語学習補助だけでなく，多文化教育や母語教育による移民の文化保持の促進が，日本における社会的障壁を乗り越えるために求められている．こうした政策によって移民の文化が継承され，移民の自集団に対する帰属意識が形成されたとしても，それは日本社会への帰属意識を妨げるものではなく，かえって促進するものだと考えられなければならないだろう．

［文献］

安達智史，2009，「ポスト多文化主義における社会統合について」『社会学評論』60
　　（3）: 433-448.

Alba, R. and V. Nee, 1997, "Rethinking assimilation theory for a new era of immigration,"
　　International Migration Review, 31（4）: 826-874.

Arends-Tóth, J. and F. J. V. D. Vijver, 2003, "Multiculturalism and acculturation: views of
　　Dutch and Turkish-Dutch," *European Journal of Social Psychology*, 33（2）: 249-266.

Ashforth, B. E. and F. Mael, 1989, "Social identity theory and the organization," *Academy of Management Review*, 14（1）: 20-39.

Åslund, O., P. A. Edin, P. Fredriksson and H. Grönqvist, 2011, "Peers, neighborhoods, and immigrant student achievement: Evidence from a placement policy," *American Economic Journal: Applied Economics*, 3（2）: 67-95.

Banting, K. and W. Kymlicka eds., 2017, *The strains of commitment: The political sources of solidarity in diverse societies*, Oxford University Press.

Blumer, H., 1958, "Race prejudice as a sense of group position," *Pacific Sociological Review*, 1（1）: 3-7.

Cameron, D., 2011, PM's speech at Munich Security Conference, Retrieved from https://www.gov.uk/government/speeches/pms-speech-at-munich-security-conference.（Accessed on 25th May）.

陳天璽，2010,「アイデンティフィケーションの力学――共同研究 国籍とパスポートの人類学」『民博通信』129: 10-11.

Chryssochoou, X. and E. Lyons, 2010, "Perceptions of（in）Compatibility between Identities and Participation in the National Polity of People Belonging to Ethnic Minorities," A. E. Azzi, X. Chyrssochoou, B. Klandermans and B. Simon, *Identity and Participation in Culturally Diverse Societies: A Multidisciplinary Perspective*, Malden: Wiley-Blackwell, 69-88.

De Vroome, T., M. Verkuyten and B. Martinovic, 2014, "Host national identification of immigrants in the Netherlands," *International Migration Review*, 48（1）: 1-27.

Edin, P. A., P. Fredriksson and O. Åslund, 2003, "Ethnic Enclaves and the Economic Success of Immigrants: Evidence from a Natural Experiment," *The Quarterly Journal of Economics*, 118（1）: 329-357.

遠藤十亜希，2019,「多文化共生社会への道を歩み始めた日本に望まれること」*Forbes Japan*,（2020 年 5 月 11 日取得，https://forbesjapan.com/articles/detail/27575/1/1/1）.

Entzinger, H. and R. Biezeveld, 2003, Benchmarking in immigrant integration.

Fleischmann, F. and M. Verkuyten, 2016, "Dual identity among immigrants: Comparing different conceptualizations, their measurements, and implications," *Cultural Diversity and Ethnic Minority Psychology*, 22（2）: 151.

福岡安則・金明秀，1997,『在日韓国人青年の生活と意識』東京大学出版会.

Gaertner, S. L. et al., 2000, "The common ingroup identity model for reducing intergroup bias: Progress and challenges," D. Capozza and R. J. Brown eds., *Social identity processes: Trends in theory and research*, London: Sage, 133-148.

González, R. and R. Brown, 2003, "Generalization of positive attitude as a function of subgroup and superordinate group identifications in intergroup contact," *European Journal of Social Psychology*, 33（2）: 195-214.

Gordon, M. M., 1964, *Assimilation in American life: The role of race, religion, and national origins*, Oxford University Press on Demand.

Habtegiorgis, A. E., Y. C. Paradies and K. M. Dunn, 2014, "Are racist attitudes related to experiences of racial discrimination? Within sample testing utilising nationally representative survey data," *Social Science Research*, 47: 178-191.

Heath, A. and N. Demireva, 2014, "Has multiculturalism failed in Britain?" *Ethnic and Racial Studies*, 37 (1) : 161-180.

Igarashi, A., 2019, "Till multiculturalism do us part: Multicultural policies and the national identification of immigrants in European countries," *Social Science Research*, 77: 88-100.

五十嵐彰, 2015, 「『日本人の条件』に対する一般的イメージ——Mokken Scale Analysis による条件の重要性の順位の検証」『理論と方法』30 (2) : 293-306.

池上重弘, 2001, 『ブラジル人と国際化する地域社会——居住・教育・医療』明石書店.

Jasinskaja-Lahti, I., K. Liebkind and E. Solheim, 2009, "To Identify or Not To Identify? National Disidentification as an Alternative Reaction to Perceived Ethnic Discrimination," *Applied Psychology*, 58 (1) : 105-128.

梶田孝道・丹野清人・樋口直人, 2005, 『顔の見えない定住化』名古屋大学出版会.

金明秀, 2015, 「日本における排外主義の規定要因——社会意識論のフレームを用いて」『フォーラム現代社会学』14: 36-53.

近藤敦, 2019, 『多文化共生と人権——諸外国の「移民」と日本の「外国人」』明石書店.

是川夕, 2019, 『移民受け入れと社会的統合のリアリティ——現代日本における移民の階層的地位と社会学的課題』勁草書房.

Lubbers, M. J., J. L. Molina and C. McCarty, 2007, "Personal networks and ethnic identifications: The case of migrants in Spain," *International Sociology*, 22 (6) : 721-741.

Mähönen, T. A. and I. Jasinskaja-Lahti, 2012, "Anticipated and perceived intergroup relations as predictors of immigrants' identification patterns," *European Psychologist*, 17: 120-130.

Major, B., W. J. Quinton and S. K. McCoy, 2002, "Antecedents and consequences of attributions to discrimination: Theoretical and empirical advances," *Advances in Experimental Social Psychology*, 34: 251-330.

Martinovic, B. and M. Verkuyten, 2012, "Host national and religious identification among Turkish Muslims in Western Europe: The role of ingroup norms, perceived discrimination and value incompatibility," *European Journal of Social Psychology*, 42 (7) : 893-903.

Murphy, M., 2013, *Multiculturalism: A critical introduction*, Routledge.

野中千春・樋口まち子, 2010, 「在日外国人患者と看護師との関係構築プロセスに関

する研究」『国際保健医療』25（1）: 21-32.

Rohmann, A., U. Piontkowski and A. van Randenborgh, 2008, "When attitudes do not fit: Discordance of acculturation attitudes as an antecedent of intergroup threat," *Personality and Social Psychology Bulletin*, 34（3）: 337-352.

Rumbaut, R. G., 1994, "The crucible within: Ethnic identity, self-esteem, and segmented assimilation among children of immigrants," *International Migration Review*, 28（4）: 748-794.

Smith, T. B. and L. Silva, 2011, "Ethnic identity and personal well-being of people of color: A meta-analysis," *Journal of Counseling Psychology*, 58（1）: 42-60.

総務省, 2006, 『多文化共生の推進に関する研究会報告書』,（2020 年 5 月 11 日取得, https://www.soumu.go.jp/kokusai/pdf/sonota_b5.pdf）.

Stephan, W. G. et al., 2002, "The role of threats in the racial attitudes of Blacks and Whites," *Personality and Social Psychology Bulletin*, 28（9）: 1242-1254.

塚原信行, 2010, 「母語維持をめぐる認識と実践——ラテン系移民コミュニティと日本社会」『ことばと社会』12: 48-77.

Verkuyten, M., 2018, *The social psychology of ethnic identity*, 2nd edition, Psychology Press.

Verkuyten, M. and B. Martinovic, 2012, "Immigrants' national identification: Meanings, determinants, and consequences," *Social Issues and Policy Review*, 6（1）: 82-112.

Verkuyten, M. and A. A. Yildiz, 2007, "National（dis）identification and ethnic and religious identity: A study among Turkish-Dutch Muslims," *Personality and Social Psychology Bulletin*, 33（10）: 1448-1462.

Zschirnt, E. and D. Ruedin, 2016, "Ethnic discrimination in hiring decisions: a meta-analysis of correspondence tests 1990-2015," *Journal of Ethnic and Migration Studies*, 42（7）: 1115-1134.

第8章

[永住意図]

誰が永住を予定しているのか
──日本で暮らす移民の滞在予定──

木原　盾

1　問題の所在

　移民が受け入れ国への定住を続けるかどうかは移民研究における主要な問題関心であるとともに，教育，労働，社会保障など様々な分野での受け入れ体制を作っていく上で政策的にも重要な問いである．もちろん，移民の行動は移民本人の意図や計画によってのみ決定されるわけではないが（Carling and Schewel 2018），行動を理解する上で意図や計画の理解は欠かせない．そのため，欧米の移民受け入れ国ではどのような社会・経済的背景が移民の滞在予定を規定しているのかが問われ，特に移民の永住と帰国の意図に関心が持たれてきた（例：de Haas and Fokkema 2011; Khoo 2003; Rogers 1983）．

　日本では 2000 年頃より外国人の「高度人材」の受け入れを促進するための政策がとられ，近年ではこの流れがさらに加速している．しかし，来日した「人材」の定住・永住は進まず，外国に流出してしまっていることが指摘されている（大石 2018）．また，そもそも特別永住者や永住者（永住資格の保有者）のみが永住を予定しており，就労や留学の資格で在留している外国人は将来的には帰国するという暗黙の了解も日本社会では未だに根強く，日本で暮らす移民の滞在予定（永住か？帰国か？）に関する実態の把握はなかなか進んでこなかった．

　現在，日本で暮らす移民のうち，どの程度の者が日本への永住を予定してお

り，どの程度の者が将来の帰国を予定しているのであろうか？ また移民の滞在予定はどのような個人的，社会的背景に影響を受けて決まっているのであろうか？ 移民受け入れ国としての日本を考えたとき，この問いに対して正確な答えを得ることは，今後の受け入れ体制を改善していく上できわめて重要である．日本に存在する大部分の先行研究は，特定の市区町村（例：浜松市企画調整部国際課2018）や特定の国籍に対象を限定した研究（例：濱田 2006; 梶田ほか 2005; 駒井編 1995; 小内・酒井編 2001 など）が中心であり，無作為抽出の対象者から得たデータにもとづいた全国レベルでの研究はなされていない．また，滞在予定の規定要因の体系的な研究も行われていない．

そこで，本章ではこの問いを国内外の先行研究を参考に ILW 調査のデータを用いて明らかにする．本章の構成は以下のとおりである．まず，2 では移民の滞在予定の分析枠組みを国内外の先行研究にもとづいてまとめ，仮説を提示する．3 では本章で分析するデータ，変数，分析の手順について述べる．4 では滞在予定と主要な変数のクロス集計を図示した上で，滞在予定を規定する要因の多変量解析の結果を示す．5 では結果をまとめるとともに，その含意について考察する．

2　理論的枠組みと先行研究

2.1　何が移民の予定を規定するのか？：移民の永住／帰国を説明する諸理論

移民には将来的に受け入れ国に永住するか，帰国（または第三国へ移住）するかという 2 つの選択肢がある．移住前から，将来的な永住／帰国を予定し，その計画を変更しない移民もいるが，多くの移民は，受け入れ国で生活を続ける中で，予定を大きく変更する．また，こうした移民の将来の予定は，在留資格の他に，年齢，性別，経済状況，出身国および日本における社会関係によってダイナミックに規定されていることが先行研究によって指摘されている．以下では，移民の滞在予定を規定する理論枠組みとして，(1) 経済合理性仮説，(2) ネットワーク仮説，(3) 同化仮説の 3 つを海外の先行研究から紹介する．その上で，日本を事例とした研究をレビューする．

（1）経済合理性仮説：合理的な個人を仮定するアプローチ

　経済合理的な説明においては，移住という行為は，個人がコストやベネフィットをふまえた上で選択する合理的な行動であると考えられている（Massey et al. 1993; Sjaastad 1962）．よって，出身国に比べて受け入れ国の経済状況・生活レベルが低い場合や，受け入れ国で社会経済的な地位の確立に失敗した場合（例：失業）等に，移民は帰国を選択しやすくなり，逆に，受け入れ国の生活レベルの方が高い場合や，受け入れ国での経済生活が安定している場合には永住を選択しやすくなるとされる（Dustmann et al. 2011; de Haas and Fokkema 2011）．たとえば，アメリカ合衆国への留学生を研究した Bratsberg（1995）は，留学生は出身国の経済状況が良い場合には帰国しやすいことを示している．また，Edin et al.（2000）はスウェーデン，Constant and Massey（2002）はドイツ，Jensen and Pedersen（2007）はデンマークにおける移民のデータを用いて，低賃金や失業を経験することが帰国を促すと結論付けている．

（2）ネットワーク仮説：人と人とのつながり重視のアプローチ

　経済合理的なモデルに対しては，移民が属する基礎集団やネットワークを重視する立場から批判がある．個人に代わって移民の属する家族を分析単位とする「労働移民の新経済学（new economics of labor migration）」では，移住は「家族の生存戦略」であるとされ，家族は家計へのリスクを最小限に抑え，利益を最大化するために，メンバーの一部を別の地域や国へ移住させるとする（Massey et al. 1993; Stark and Bloom 1985）．このアプローチにおいては，個人を重視する経済合理的なモデルとは異なり，家族レベルでの収益やリスクマネジメントが重要だと考えられている．よって，移民が稼いだお金を家族の住む出身国に持ち帰る目的で移住した場合（例：出稼ぎ移民）には，社会経済的な成功を収めることが移民の帰国を早める可能性も出てくる（Constant and Massey 2002: 11）．

　また，移民の永住を家族の枠組みで考えるだけでなく，友人・知人等のネットワークと空間的距離でとらえる「ネットワーク理論」（network theory）も存在する（Boyd 1989; Massey et al. 1993）．この理論のもとでは，出身国に家族・友人・知人が多くいる場合や，彼らとの関係が強い場合，移民は出身国へ帰国する可

能性が高まり，逆に受け入れ国に関係が親密な家族・友人・知人が多くいる場合は永住をする可能性が高くなる（Boyd 1989; Paparusso and Ambrosetti 2017）．家族やネットワークを重視する立場の研究では，家族・友人・知人の多寡や彼らへの送金の有無で人と人とのつながりが測られ，こうしたネットワークへの空間的近接性が永住／帰国に影響することが様々な文脈で実証されている（Barbiano di Belgiojoso 2016; Carling and Pettersen 2014; Haug 2008; Paparusso and Ambrosetti 2017）．

（3）同化仮説：受け入れ社会からのアプローチ

　永住の選択を受け入れ社会の受容の視点から説明する同化仮説にもとづくアプローチも検討する必要がある．移民の「古典的同化仮説（classic assimilation hypothesis）」は，受け入れ社会において移民をマジョリティ集団と区別する経済的，社会的，文化的な諸側面が，移住後に減退していく過程を「同化」ととらえ，この背景を体系的に説明しようとする受け入れ社会の視点からの移民定住の仮説である（Gordon 1964）．この仮説の下では，永住を選択せずに帰国することは受け入れ社会へ移民が「同化」しなかった帰結と見なすことができる（de Haas and Fokkema 2011: 416; Rogers 1983）．

　広い意味での同化仮説には，先に述べた古典的同化仮説だけでなく，古典的同化仮説に批判的な「分節化された同化仮説」（Portes and Zhou 1993）や「新同化仮説」（Alba and Nee 2003）等の立場もあるが，これら同化仮説すべてに共通するのが，移民が定住する受け入れ社会の制度や文脈を重視する点である（Alba and Nee 2003; Gordon 1964; Portes and Zhou 1993）．同化仮説にもとづくと，受け入れ社会のマジョリティ集団から受ける差別の減少や，安定した雇用，マジョリティ集団との接触頻度の増加，受け入れ社会の言語習得，受け入れ社会の価値観の受容等の社会経済的・社会文化的な「同化」が進むことが移民の永住意図を強めるとされ，数多くの経験的な研究でこうした知見が得られている（Anniste and Tammaru

---

1　アメリカの移民研究の文脈で用いられる「同化」の代わりに「統合（Integration）」という用語を用いる動きがヨーロッパを中心に存在する．ここではアメリカの多くの先行研究と同様に両者を区別せず用いている．詳しくは Brubaker（2001）を参照されたい．様々な同化仮説の概説は Alba and Nee（2003: 17-66），日本語では是川（2019: 46-72）を参照されたい．

2014; Carling and Pettersen 2014; de Haas and Fokkema 2011; Toruńczyk-Ruiz and Brunarska 2018; de Vroome and van Tubergen 2014).

　次節以降で論じるように，同化仮説の観察可能な含意は，経済合理性仮説やネットワーク仮説と重なっており，これら2つの仮説の対立仮説というよりは，受け入れ国や受け入れ社会側の要因を特に強調する定住の説明枠組みと考えた方がわかりやすい．しかしながら，受け入れ社会において同じ出身国の者どうしで形成されるエスニック・ネットワークの影響に関して，同化仮説はネットワーク仮説と見解が分かれている．ネットワーク仮説においては，受け入れ国でのエスニック・ネットワークは受け入れ国への定住をサポート・促進する要因として理解される（例：Haug 2008）．一方，同化仮説（特に古典的な同化仮説）においては，エスニック・ネットワークは出身国とのつながりを強化し，受け入れ社会への「同化」を抑制するものと見なす傾向が強く，このことを示した実証[2]研究も数多く存在する（例：de Vroome and van Tubergen 2014）．

2.2　日本における先行研究

　前項で検討した諸仮説はすべて移民研究が進んでいる欧米諸国の文脈で行われた研究である．日本で暮らす移民の滞在予定の把握は全国レベルでは行われたことがない．また，滞在予定を規定する諸仮説の体系的な検討も行われていない．しかしながら，特定の市区町村に居住する，特定国籍の移民の滞日予定の実態調査やその規定要因に関する研究の蓄積は存在する．その中でも特筆すべきなのは，1990年の改正入管法施行により定住者の在留資格で入国した南米系移民（特にブラジル国籍）の定住意識に関する調査研究（濱田 2006; 樋口 2010; 梶田ほか 2005; 松宮 2012; 森 1994; 小内・酒井編 2001）である．こうした南米系移民の研究では，移民の比較的強い定住／永住志向や長期滞在の実態が強調される一方（濱

2　なお，古典的同化仮説を批判する分節化された同化仮説においては，こうしたエスニック・ネットワークが一部の移民グループの社会経済的地位達成を促進する側面が評価されている（Portes and Zhou 1993）．古典的同化仮説の文脈で引用されることが多い Gordon（1964）自身は，同郷の者で形成されるネットワークの定住サポートに果たす役割を認めている（例：242-243）ものの，彼の理論は出身国や宗教による構造的な分化が同化を妨げる可能性を強調している（例：236）．

田 2006; 森 1994; 小内・酒井編 2001），日本に定着せずに帰国する者も無視できない割合で存在することがわかっている（樋口 2010; 梶田ほか 2005）．

　永住予定の規定要因に関しては，日本の労働市場では南米系移民が母国で得た学歴が評価されないため，永住意図と学歴は無関係とする見解（梶田ほか 2005: 275）や，「出稼ぎ」意識のために貯蓄が進むと永住意図は低下するという知見（森 1994; 松宮 2012）が存在する．また，日本語能力が高い場合や日本に家族がいる場合（梶田ほか 2005: 275-276; 松宮 2012），日本人との交流頻度が高い場合に永住や長期滞在の計画をしやすく（森 1994），日本での差別経験がある場合や出身国に家族がいる場合に帰国を計画しやすいという知見がある（森 1994; 松宮 2012）．

　以上，こうした定住意識研究からは，前節で検討した諸仮説のうち，特にネットワーク仮説と同化仮説を支持する結果が得られている．しかしながら，便宜的なサンプリングにもとづくデータであるために，滞在予定に関して統計的な推測が難しいこと，ブラジル国籍を中心とした南米からの外国人労働者のみが対象となっていること，サンプルサイズの小ささから多変量解析ができないこと等，限界がある．

2.3　本章における仮説

　前項までででは経済合理性仮説，ネットワーク仮説，同化仮説を提示した上で，日本においては，特定国籍／特定市区町村に特化した小規模な調査の積み重ねはあるものの，これら3つの仮説が体系的に検討されていないことを論じた．本章では先行研究から導き出されたこれら3つの仮説を日本で暮らす移民のデータを用いて検討する．この3つの仮説は相互に補完的な移民の滞日予定に関する仮説であるが，それぞれ強調点が異なり，また一部に相反する面もある．

　表 8-1 は3つの仮説から導き出される観察可能な含意を示している．**表 8-1** において，「＋」の項目は永住と正の関係（帰国と負の関係），「－」は永住と負の関係（帰国と正の関係），「無」は永住とも帰国とも正の関係も負の関係も予測されないことを示す．

　経済合理性仮説のもとでは，出身国の経済生活レベルが高い場合に永住を予定しにくく，日本における社会経済的地位が高い場合に永住を予定しやすくな

表8-1　本章で検討する仮説と観察可能な含意（永住との関連）

	経済合理性仮説	ネットワーク仮説	同化仮説
出身国の経済生活レベル	-	無	無
日本における社会経済的地位	+	無	+
日本における家族・日本人ネットワーク	無	+	+
出身国における出身国ネットワーク	無	-	無
日本における出身国ネットワーク	無	+	-
日本語力	無	無	+
日本におけるネガティブな経験	無	無	-

注：「+」は永住に正の影響が予測されること，「−」は永住に負の影響が予測されること，「無」は関連が予測されないことを示す（すべて帰国予定との対比で考えた場合である）．

ることが予測される．ネットワーク仮説が正しければ，日本における家族や日本人とのネットワーク，日本におけるエスニック・ネットワークが豊富な場合に永住を予定しやすく，出身国におけるネットワークが豊富な場合に永住を予定しにくいことが予測される．最後に同化仮説においては，日本における社会経済的地位，日本語力，日本における日本人とのネットワークが豊富な場合に永住を予定しやすく，日本における出身国エスニック・ネットワークが豊富な場合や，日本における差別経験が多い場合に永住を予定しにくくなるはずである．

3　データ・変数・分析方法

3.1　データ

前項に記した仮説を検証するため，ILW調査の調査データを分析する．なお，日本で暮らす移民の永住予定と帰国予定を分析する本章の問題意識と照らし合わせて，日本で数世代前から生活している特別永住者（特別永住資格の保有者），および日本で出生した外国籍者は分析から除外してある[3]．よって，本章での分析

3　日本出生者（n = 157）の約8割は特別永住者であるため，日本出生者を分析から除くことは特別永住者を除くこととほぼ同義である．なお，日本国外出生の特別永住者も少数（n = 11）ながら確認されたものの，これらも分析から除く判断をした．特別永住資格の歴史的経緯から考えて，これら11人の回答者は日本の旧植民地で出生したか，親経由で外国での出生時から特別永住権を保有していた者であると考えられ，本章の主要関心である日本で暮らす移民と同時に分析することは適切ではないと判断した．

サンプルの母集団は調査時点で日本に居住する日本国外出生の外国籍者となる．サンプルサイズは n ＝ 891 である[4]．

3.2 分析に用いる変数

（1）被説明変数

滞在予定（意図）：　回答者が「今後，どのくらい日本に滞在する予定」か，を「すぐに日本から出たい」，「数年後に日本から出たい」，「将来は日本から出たい」，「日本に永住したい」，「まだ決めてない」，「その他」の 6 カテゴリーで測定した．分析においては，「日本に永住したい」を選択した者を「永住予定」，「まだ決めてない」を選択した者を「未定」，「すぐに日本から出たい」，「数年後に日本から出たい」，「将来は日本から出たい」のいずれかを選択した者を「帰国予定」[5]とし，「永住予定」，「未定」，「帰国予定」の 3 値のカテゴリカルな変数とした．「その他」を選択した者は自由回答への記述を基に「帰国予定」「永住予定」「未定」に振り分けた上で，分類不能な回答をした者（n ＝ 35）を分析から除外した．滞在予定の分布は「帰国予定」が 21.0％，「永住予定」が 41.4％，「未定」が 37.6％である（n ＝ 891）．

（2）説明変数

出身国の経済生活レベル：　出身国の経済生活レベルは，出身国（国籍国）の人間開発指数（HDI）の 2008 年から 2017 年までの 10 年間分の平均とした[6]．HDI

4　有効回答をした者のうち，分析で使用する説明変数が欠損している回答者の欠損値は多重代入法（m ＝ 20）によって補完した．次節で述べる 20 の説明変数と統制変数のうち，15 の変数に欠損値が存在し，最も欠損している割合が高い変数（親しい日本人の友人数）で 16.3％に欠損値が存在した．多重代入には Stata 15.0 の mi impute chained コマンドを利用し，被説明変数（滞在予定）を欠損している回答者に関しては多重代入後にサンプルから除外した（Von Hippel 2007）．

5　なお，質問紙では，日本を出国予定の者について，希望する行先の回答も求めた．出国予定者のうち大多数の 84％が出身国への帰国を予定しており，第三国への渡航を予定している少数のケース（n ＝ 36）に関しては，サンプルサイズの小ささから，本分析では除外した．

6　人間開発指数が欠損している年がある出身国では，欠損している年の指数を除いて平均を計算した．台湾の数値は国連によって公表されていないため，中華民国政府が国連総合開発と同じ式を使って独自に計算・公表している数値（行政院性別平等會 2020）を用いた．

は 1 人当たり GDP，平均寿命，成人識字率，中等・高等教育進学率から国際連合開発計画（UNDP）が毎年算出する値であり，理論的には 0 から 1 までの間をとる（UNDP 2019）．移民の出身国の HDI の平均は 0.74（標準偏差は 0.08）である．

　日本での社会経済的地位：　雇用形態（経営・自営，正規雇用，非正規雇用，無職・学生），持ち家の有無（持ち家有り = 1，持ち家無し = 0），大卒（大卒 = 1，大卒以下 = 0）で測定した．分析するサンプルにおいて，経営・自営は 6.0%，正規雇用は 22.2%，非正規雇用は 42.2%，無職・学生は 29.6%，持ち家保有者は 28.3%，大卒者は 73.1% である．

　日本と出身国におけるネットワーク：　出身国の親族への送金の有無（送金あり = 1，送金なし = 0），日本に居住する子の有無（日本在住の子あり = 1，日本在住の子なし = 0），出身国に居住する子の有無（外国在住の子あり = 1，外国在住の子なし = 0），ふだん頼りにしている親しい日本人の数，日本国内／出身国在住の配偶者の有無（日本国内在住の配偶者あり，日本国外在住の配偶者あり，配偶者なしの 3 値をとるカテゴリカル変数），日本の自治会・町内会への参加頻度，日本におけるふだん頼りにしている親しい同国人の数[7]，日本の同国人団体への参加頻度で測定した．自治会・町内会／同国人団体への参加頻度は「いつもしている」（5 点），「よくしている」（4 点），「ときどきしている」（3 点），「めったにしない」（2 点），「したことがない」（1 点）の 5 件法で測定し，高得点ほどより参加しているものとした．なお，上記の諸変数のうち，本研究では，日本に居住する配偶者・子，親しい日本人，自治会・町内会への参加は日本におけるネットワーク，日本に居住する親しい同国人，日本の同国人団体への参加は日本における出身国エスニック・ネットワーク，出身国の親族への送金，出身国に居住する配偶者と子は出身国におけるネットワークと見なされる．

　分析サンプルでは，出身国の親族へ送金しているのは 34.1%，日本在住の子がいるのは 49.1%，出身国在住の子がいるのは 13.4%，親しい日本人の平均は 2.8 人（標準偏差 2.8），配偶者が日本在住の者は 56.6%，配偶者が出身国在住の者は 5.6%，配偶者のいない者が 37.8%，日本の自治会・町内会への参加頻度の平

7　11 人以上と回答した者は 10 人にトップコードした．

均は 1.8（標準偏差は 1.0），日本における親しい同国人の平均は 4.0 人（標準偏差は 3.2），日本の同国人団体への参加頻度は 2.1（標準偏差は 1.1）である．

日本でのネガティブな経験:　回答者が「外国人（外国籍）だという理由」で，日本で「いやな経験」や「つらい思い」をした頻度を「よくある」（4 点），「ときどきある」（3 点），「ほとんどない」（2 点），「まったくない」（1 点）の 4 件法で測定し，高得点ほど高頻度でネガティブな経験をしているものとした．外国人であるという理由でのネガティブな経験の平均は 2.4（標準偏差は 0.78）である．

日本語力:　日本語の「会話する」，「読む」，「書く」の 3 技能それぞれに関して「ほぼ完全にできる」（5 点），「わりとできる」（4 点），「まあまあできる」（3 点），「あまりできない」（2 点），「まったくできない」（1 点）の 5 件法によって測定した．分析においては，3 技能の平均をとり，高得点ほどより日本語ができるとした．日本語力の平均は 3.2（標準偏差は 1.2）である．

在留資格:　永住者，日本人の配偶者等，定住者，仕事に関わる在留資格，留学，その他（在留資格の無回答含む）の 6 カテゴリーに分類した（特別永住者は分析から除外されている）．分析サンプルでは永住者は 37.4％，日本人の配偶者等は 9.1％，定住者は 9.4％，仕事に関わる在留資格は 16.9％，留学生は 15.9％，その他は 11.2％である．

その他の変数:　滞日年数とその二乗，年齢，回答者のジェンダー（男性 = 1，女性 = 0），居住市区町村の人口規模および DID 人口比率を分析に投入した．DID 人口比率は市区町村の総人口に占める人口集中地区人口の比率で，都市化の指標として様々な先行研究で用いられており（例：平松・三谷 2017），総務省統計局（2019）より取得した．サンプルにおいては，滞日年数の平均は 11.1 年（標準偏差 9.1），男性は 45.0％，年齢は平均が 38.7 歳（標準偏差は 11.4），市区町村の平均人口は 238 万 4,795 人（標準偏差は 187 万 9,083），DID 比率は 0.77（標準偏差は 0.30）である．

3.3　分析方法

分析においては，(1) 滞在予定（帰国予定，永住，未定）と主要変数とのクロス集計表を示したのちに，(2) 滞在予定を被説明変数とした多項ロジット回帰分

析を行うことで，滞在予定と説明変数の間の関連を明らかにし，3 つの仮説を
検討する．

　滞在予定と説明変数の間の関連を明らかにするにあたっては，滞在年数の長
さによって，変数の関連自体が大きく異なる可能性がある．たとえば，滞在年
数が長くなればなるほど永住が視野に入ってくる人が多くなり，永住の規定要
因も変化することや，すでに帰国してしまって調査では捕捉されなかった人が
いる選抜バイアスが考えられる．よって，分析においては滞日年数にもとづい
て，⑴ 滞日年数≦ 10 年サンプル（n = 496），⑵ 滞日年数 >10 年サンプル（n =
395）に層化した．さらに，⑶ 合併サンプル（n = 891）の分析も行う．

4　分析結果

4.1　記述的分析

　図 8-1，図 8-2，図 8-3 は滞在予定と在留資格，国籍，滞日年数とのクロス
表を図示したものである．なお，クロス集計にあたっては，カテゴリ数の多さ
から出身国は中国籍，韓国籍[8]，フィリピン国籍，その他アジア地域国籍，ブラ
ジル・ペルー国籍，欧米豪加国籍，その他の国々の国籍の 7 カテゴリに分類し，
滞日年数は 5 年以下，5 年超 10 年以下，10 年超 20 年以下，20 年超の 4 カテゴ
リとした．

　在留資格別（図 8-1）に見ると，永住予定は留学生とその他以外で多数派を占
めており，永住者のうちの 49.2%，日本人の配偶者等のうちの 55.6%，定住者
のうちの 50.0%，仕事に関わる在留資格のうちの 39.7% を占めている．留学生
の間では帰国予定が多数派で 42.3%，在留資格がその他の者の間では未定が多
数派で 42.0% を占めている．法的に日本に永住や長期滞在が想定されている永
住者や日本人の配偶者でも未定（永住者で 36.9%，日本人の配偶者等で 37.0%）や帰国
予定（永住者で 13.8%，日本人の配偶者等で 7.4%）の回答者が無視できない割合で存
在することや，逆に，法的には永住が想定されているとはいえない仕事に関わ

8　質問紙では「韓国または朝鮮」籍としているが，日本出生者と特別永住者を分析から除外
　していることから，韓国籍と推定することができる（注 3 も参照のこと）．

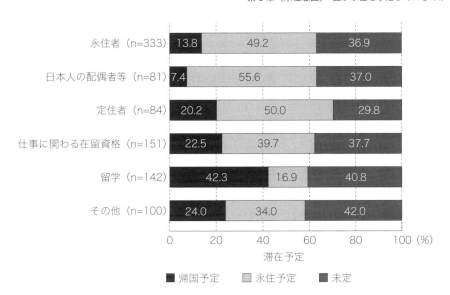

図8-1　在留資格別の滞在予定の分布

注：多重代入（m = 20）したデータセットのうち 1 つ目を用いて算出した．n = 891．

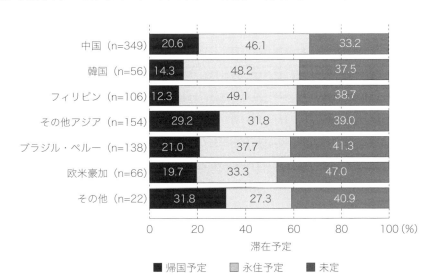

図8-2　国籍別の滞在予定の分布

注：多重代入（m = 20）したデータセットのうち 1 つ目を用いて算出した．n = 891．

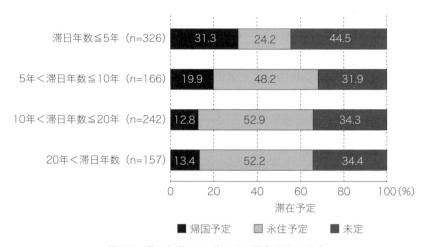

図8-3　滞日年数カテゴリ別の滞在予定の分布

注：多重代入（m = 20）したデータセットのうち 1 つ目を用いて算出した．n = 891．

る在留資格保有者や留学生の間でも永住予定が一定数いること（仕事に関わる在留資格保有者では 39.7%，留学生では 16.9%）は，日本で暮らす移民の滞在予定が必ずしも法的ステータスに規定されているわけではないことを示している．国籍別（**図 8-2**）に見ると，その他の国籍以外のすべての国籍で永住予定者が帰国予定者を上回っている．ただし，欧米豪加国籍の者は未定の者が半数近く（47.0%）いる．

　滞日年数別（**図 8-3**）に見ると，滞日年数が 5 年以下の者では永住予定は 24.2%，5 年超 10 年以下では 48.2%，10 年超 20 年以下では 52.9%，20 年超では 52.2% である．滞日の長期化に伴い，永住予定の者が増え，帰国予定の者が減る傾向にあることがわかるが，滞日年数が 10 年超 20 年以下と 20 年超の者の間では，今後の滞日予定にほとんど違いは見られない．また，未定の者に関しては，5 年を過ぎた時点で大きく減少する．これは，長く日本に居住している者は，今後の予定が定まり，永住意図が強まるという滞日年数の効果と，帰国予定の移民は滞日 10 年になる前にすでに帰国しており，ILW 調査の対象とならないという選抜効果の両方のメカニズムが働いていると考えられる．

4.2 多変量解析

　滞在予定はどのような要因によって規定されているのだろうか. **表8-2** は滞在予定を被説明変数とした多項ロジット回帰分析の係数とその標準誤差を,（1）滞日年数≦ 10 年サンプル（n = 496),（2）滞日年数 >10 年サンプル（n = 395),（3）合併サンプル（n = 891）に関して示している. **表8-2** の係数は参照カテゴリである帰国予定との対比で解釈され, 係数の正負を見ることで（帰国予定と対比して）どのような人が永住予定／未定を選択しやすいかを把握することができる. たとえば, 親しい友人に関する変数の係数が永住に関して正であったとすると, 親しい友人が多い場合に,（帰国に対して）永住を予定する確率が高いと解釈することができる. 以下の分析結果は, 分析サンプル（モデル）ごとに違いがある場合もあるが, 基本的には合併サンプル（モデル 3）に関して結果を論じ, 滞日年数≦ 10 年サンプル（モデル 1）と滞日年数 >10 年サンプル（モデル 2）からの結果については, 必要な場合に併記する.

　まず, どのような場合に永住を予定する確率が高いのかを見ていく. **表8-2** からは, 日本で持ち家を持つ場合（ただし, 滞日年数≦ 10 年の者に限る), 日本人の親しい友人が多い場合, 自治会・町内会活動に参加頻度の高い場合に, 統計的に有意に永住を予定する傾向にあることがわかる. 逆に, 配偶者が出身国に在住している場合, 出身国の親族に送金をしている場合（ただし, 滞日年数 >10 年の者に限る), 日本でのネガティブな経験が多い場合, 同国人団体の活動への参加頻度が高い場合（ただし, 滞日年数≦ 10 年の者に限る）に, 帰国を予定しやすい（永住を予定しにくい）ということもわかった. ただし, 日本でのネガティブな経験と配偶者の居住地は滞日年数 >10 年の者に限ると有意ではない. 出身国の経済生活レベル（HDI）, 大卒学歴, 雇用形態, 子の居住地, 同国籍の友人数は統計的に有意ではなかった.

　次にどのような場合に滞在予定が未定になる確率が高いのかを見ていく. 未定は全体（合併サンプル）においては, 37.6％おり, 滞在予定について考える上で欠かせないカテゴリである. **表8-2** からは, 帰国を予定する場合と対比して, 未定の確率が高いのは, 持ち家を持つ場合（ただし, 滞日年数≦ 10 年の者に限る), 日本での自治会・町内会活動に参加頻度の高い場合である. 逆に, 配偶者が出身

表8-2　滞在予定（永住，帰国，未定）を被説明変数とした多項ロジット回帰分析の結果

	(1) 滞日年数≦10年サンプル 永住予定 (ref. 帰国予定) β	(1) 未定 (ref. 帰国予定) β	(2) 滞日年数>10年サンプル 永住予定 (ref. 帰国予定) β	(2) 未定 (ref. 帰国予定) β	(3) 合併サンプル 永住予定 (ref. 帰国予定) β	(3) 未定 (ref. 帰国予定) β
出身国の経済生活レベル						
出身国の人間開発指数 /100（HDI）	0.011 (0.022)	0.025 (0.017)	-0.036 (0.026)	-0.025 (0.026)	-0.003 (0.016)	0.008 (0.014)
社会経済的地位						
大卒ダミー	-0.165 (0.476)	0.203 (0.481)	-0.620 (0.418)	-0.421 (0.493)	-0.294 (0.275)	-0.166 (0.297)
雇用形態（ref. 非正規雇用）						
経営・自営	-0.362 (0.780)	-0.507 (0.800)	0.788 (0.862)	0.305 (0.856)	0.039 (0.562)	-0.312 (0.507)
正規雇用	0.032 (0.419)	0.302 (0.423)	-0.129 (0.534)	-0.322 (0.490)	0.076 (0.333)	0.136 (0.300)
無職・学生	0.330 (0.489)	0.357 (0.514)	0.124 (0.462)	0.354 (0.515)	0.226 (0.358)	0.318 (0.374)
持ち家ダミー	0.984+ (0.520)	1.106* (0.457)	0.112 (0.410)	-0.217 (0.434)	0.325 (0.261)	0.130 (0.268)
日本における家族・日本人ネットワーク						
子どもが日本在住ダミー	0.334 (0.418)	0.143 (0.363)	0.034 (0.402)	-0.402 (0.398)	0.149 (0.269)	-0.140 (0.243)
配偶者が日本在住（ref. 配偶者なし）	0.413 (0.371)	0.136 (0.365)	-0.172 (0.558)	-0.144 (0.590)	0.120 (0.267)	-0.057 (0.266)
日本人の親しい友人数	0.102+ (0.060)	0.070 (0.062)	0.186* (0.091)	0.135 (0.090)	0.125** (0.048)	0.072 (0.047)
自治会・町内会活動への参加	0.539* (0.159)	0.496** (0.165)	0.475* (0.213)	0.122 (0.217)	0.519** (0.116)	0.333** (0.114)
出身国におけるネットワーク						
子どもが出身国在住ダミー	0.850 (0.539)	0.467 (0.505)	-0.009 (0.398)	-0.117 (0.379)	0.350 (0.356)	0.207 (0.344)
配偶者が出身国在住（ref. 配偶者なし）	-2.166** (0.751)	-0.842+ (0.506)	-0.136 (0.810)	-0.739 (0.925)	-1.262* (0.516)	-0.800* (0.406)
出身国の親族へ送金ダミー	0.136 (0.350)	0.200 (0.295)	-0.939* (0.395)	-0.455 (0.410)	-0.232 (0.230)	0.043 (0.220)
日本における出身国ネットワーク						
日本における同国籍の親しい友人数	-0.055 (0.052)	-0.012 (0.051)	-0.078 (0.070)	-0.074 (0.071)	-0.050 (0.035)	-0.027 (0.034)
日本での出身国団体の活動への参加頻度	-0.248+ (0.140)	-0.074 (0.121)	0.028 (0.180)	0.161 (0.199)	-0.143 (0.110)	-0.043 (0.099)
日本語力	0.029 (0.144)	0.089 (0.105)	0.144 (0.204)	0.052 (0.197)	0.105 (0.110)	0.074 (0.095)
日本でのネガティブな経験	-0.526** (0.187)	-0.389+ (0.204)	-0.156 (0.235)	-0.172 (0.239)	-0.324* (0.144)	-0.260* (0.130)
統制変数						
在留資格（ref. 永住者）						
日本人の配偶者	0.646 (0.914)	0.253 (0.820)	0.445 (0.760)	0.438 (0.914)	0.732 (0.532)	0.420 (0.537)
定住者	0.494 (0.766)	-0.225 (0.703)	0.319 (0.690)	-0.475 (0.710)	0.534 (0.478)	-0.301 (0.424)
仕事に関わる在留資格	0.428 (0.653)	-0.233 (0.677)	0.153 (0.787)	-0.182 (0.803)	0.031 (0.354)	-0.481 (0.355)
留学	-1.252 (0.810)	-1.157+ (0.676)	–	–	-1.564** (0.540)	-1.487** (0.442)
その他の資格	-0.137 (0.767)	-0.330 (0.651)	-0.033 (0.838)	-0.532 (0.630)	-0.244 (0.432)	-0.448 (0.378)
滞日年数	0.073 (0.164)	-0.090 (0.153)	-0.052 (0.115)	0.024 (0.125)	0.120** (0.040)	0.035 (0.034)
滞日年数の二乗	0.003 (0.016)	0.005 (0.015)	0.000 (0.002)	-0.001 (0.002)	-0.003** (0.001)	-0.001 (0.001)
年齢	-0.063** (0.019)	-0.035 (0.023)	-0.033 (0.026)	-0.038 (0.025)	-0.037** (0.014)	-0.027* (0.013)
男性ダミー	-0.529+ (0.298)	-0.662* (0.282)	-0.350 (0.401)	0.575 (0.396)	-0.526* (0.221)	-0.152 (0.195)
市区町村人口 DID/100	0.001 (0.006)	0.008+ (0.004)	0.003 (0.008)	-0.011 (0.007)	0.005 (0.004)	0.001 (0.004)
市区町村人口 /10000	-0.003 (0.007)	-0.007 (0.006)	-0.003 (0.013)	0.013 (0.014)	-0.003 (0.003)	-0.000 (0.005)
切片	1.974 (2.045)	-0.244 (1.799)	6.049* (3.021)	5.564+ (3.017)	1.516 (1.615)	1.289 (1.418)
McFadden の擬似決定係数	0.129		0.116		0.104	
n	496		395		891	

注：括弧内は 60 の市区町村をもとにしたクラスタロバスト標準偏差．**p<0.01, *p<0.05, +p<0.1（両側検定）．McFadden の擬似決定係数は多重代入されたデータ（m=20）のうち最初のデータセットを用いて算出．

国に在住している場合，日本でのネガティブな経験が多い場合は，未定になりにくい．出身国の経済生活レベル（HDI），大卒学歴，雇用形態，子の居住地，日本における日本人および同国籍の友人数や，同国人団体の活動への参加は統計的に有意ではなかった．

4.3　帰国・永住・未定の予測確率

　多項ロジット回帰分析では係数の正負は表から容易に読み取れるが，係数の大きさの程度の解釈を直感的に行うのは難しいため，推定されたモデルを用いて，説明変数の範囲に対する滞在予定の予測確率を計算した．図8-4 の A から G は分析から有意に滞在予定と関連することがわかった 7 つの変数を x 軸にとり，その他のすべての変数をそれぞれの回答者の観測値で固定した上で，回答者が帰国予定，永住予定，未定を選択する予測確率（y 軸）を示したものである．連続的な説明変数（友人数，地域活動への参加頻度，ネガティブな経験頻度）は折れ線グラフ，カテゴリカルな説明変数（持ち家，配偶者の在住地，送金の有無）は棒グラフで図示してある．たとえば，A では，日本人の親しい友人が 1 人もいない人の間では帰国を予定する確率が 0.25，永住を予定する確率が 0.37，未定の確率が 0.38 であるが，10 人いる者の間では帰国を予定する確率は 0.12 まで下がり，逆に永住を予定する確率が 0.53 まで上がることがわかる．同様に，C からは日本で家を持たない場合には帰国予定の確率は 0.29，永住予定の確率は 0.32，未定の確率は 0.39 であるが，日本で家を持つ場合にはそれぞれ 0.14，0.35，0.51 となり，未定の確率が大きく上がることがわかる．

　以上，分析結果（表8-1）および予測確率（図8-4）からクリアにわかることは，ネットワーク仮説と同化仮説で提示された諸変数（表8-1 も参照のこと）が，永住意図を強く規定していることである．親しい友人や地域参加など日本人とのネットワークを形成している場合（AB）に日本永住を予定する確率が高く，出身国

9　なお，持ち家と滞在予定との関連（図4C）は滞日年数が 10 年超のサンプルを使ったモデル 2，送金と同国人団体と滞在予定との関連（図4FG）は滞日年数が 10 年以下のサンプルを使ったモデル 1 を用いて予測確率を計算し，他のすべて（図4ABDE）は合併サンプルを使ったモデル 3 を用いた．

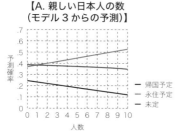

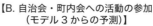
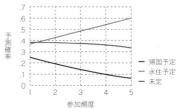
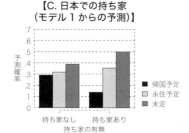
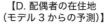
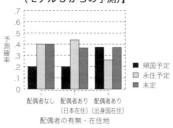
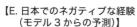
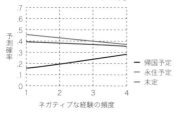
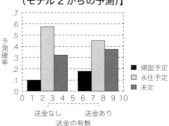
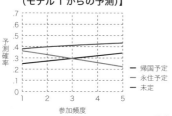

図8-4　滞在予定の予測確率

注：ABDE は合併サンプル（モデル 3）より，CG は滞日年数 ≦ 10 年サンプル（モデル 1）より，F は滞日年数 >10 年サンプル（モデル 2）より算出された．予測値は x 軸の変数以外の変数を回答者の実測値に固定した上で算出している．

にいる配偶者や親族などとのつながりが強い場合（DF）に帰国を予定する確率が高い．また，日本でネガティブな経験を多くすること（E），日本での同国人団体への活動の参加頻度が高いこと（G）は帰国を考える確率を高めることもクリアに見えてくる．なお，ここからは，経済合理性仮説はあてはまりが悪いこともわかる．経済合理性仮説を検討する諸変数の中では唯一，日本での持ち家の所有が滞日年数10年以下のサンプルにおいて有意に滞在予定と関連するが，予測確率を計算すると（C），持ち家を持つ場合，未定の確率は高まるが，永住を予定する確率は微増にとどまることがわかる[10]．

5　考察と結論

　本章は日本全国で暮らす移民の滞在予定を体系的に検討した初の試みである．初めに，研究の目的に照らし合わせ，日本国外で出生した外国籍者に分析サンプルを絞った上で，どの程度の移民が永住または帰国を予定し，どの程度が今後の予定を未定としているかを検討した．平均すると，日本で暮らす移民の4割近く（41.4%）が永住を予定していることがわかった．また，帰国を予定する者（21.0%）よりも，今後の予定が未定の者（37.6%）の方が多いということもわかった．

　在留資格別に見ても，永住を予定していることがもともと予想される永住者（永住権保有者），定住者，日本人の配偶者等だけでなく，仕事に関わる在留資格保有者，留学生の間でもそれぞれ39.5%，16.8%の者が日本永住を予定していた．多変量解析によってその他の変数を統制すると，留学生は永住者と比較して統計的に有意に帰国を予定する確率が高いものの，その他の在留資格保有者は永住者との間で有意な滞在予定の違いは確認されていない．無視できない割

10　日本での持ち家が未定の確率を高めることは意外な結果といえる．詳細な分析を行ったところ，日本で家を所有し，かつ滞在予定が未定の者は，中国人に多いことがわかった．国籍別の分析を行うにはサンプルサイズが足りないが，中国系の移民は政治的リスクを避けるために他国に家を所有することが知られており（Portes 2000），家を所有することで一方的に日本の永住に傾くというよりは，日本永住の可能性を残す（＝未定）という意味合いが強いものと考えられる．

合の移民が在留資格にかかわらず永住を考えていることは，今後の日本の移民の受け入れ体制をより良いものにしていくためにしっかりと認識しなければならない．

　次に，本章では主に欧米の先行研究で検討されている諸仮説（経済合理性仮説，ネットワーク仮説，同化仮説）が日本で暮らす移民全体にあてはまるかを，多変量解析によって検討した．分析から明らかにされたことの 1 点目は経済合理性仮説のあてはまりが良くないことである．日本で正規雇用者となっていることや，大卒学歴であることは永住の予定と統計的に有意な関連を持っていなかった．また，経済合理性仮説のもとでは，出身国の経済生活のレベルが高いほど帰国の可能性が高まるはずであるが，出身国の経済生活のレベルも有意な関連はなかった．滞日年数 10 年以下のサンプルで持ち家に住んでいることは滞在予定と有意に関連をしているものの，予定が未定になる確率を増やすことがその主な影響で，強く永住と関連しているとは言い難い．この経済合理性仮説のあてはまりの悪さは，もともと日本で暮らす移民の行動自体が経済合理的には決定されにくいという可能性がまずは考えられるだろう．また，過去 15 年の間の経済不況や日本国政府の帰国支援事業（樋口 2010; 松宮 2012）により社会経済的な地位を確立できなかった者がすでに日本を出国したことを反映している可能性や，日本の雇用環境が社会経済的地位の高い層にとって魅力的ではないという可能性（大石 2018）も考えられる．

　ネットワーク仮説は日本で暮らす移民の現状に概ね適合的と言えることがわかった．日本人の親しい友人が増えることや，日本の自治会・町内会活動に参加している場合に，帰国をせずに永住を予定する可能性が高い．また，出身国に残してきた配偶者がいる場合や，出身国の親族に送金をしている場合（ただし，滞日年数 10 年超の者に限る）に帰国を予定する確率が高い．この結果から，日本の南米系移民の先行研究を中心に得られたネットワークの重要性に関する知見は，日本で暮らす移民全体に一般化可能という見方をすることができるだろう．ただし，こうした結論から因果関係は導けないことには留意するべきである．たとえば，永住を予定している者が，永住の計画の実現のために積極的に日本人との関係を築き，地域社会に参加するという可能性も十分に考えられる．同様

に，帰国を予定している者は，出身国での関係が失われないように送金を続けることも考えられる．なお，日本におけるエスニック・ネットワークに関しては，ネットワーク仮説の下ではその定住サポート等の機能から永住を促すという含意が導出されていたが，支持されなかった．

　同化仮説は部分的に適合的であった．経済合理性仮説と含意が被る社会経済的地位に関しては有意な関連は確認されず，日本語力も永住の予定と関連はなかったものの，ネットワーク仮説と含意が重なる日本人の友人が多い場合や日本の地域活動への参加頻度が高い場合に永住を予定することがわかった．また，日本でネガティブな経験が多い場合に永住を予定する確率が低くなることは，同化仮説が重視する受け入れ社会の文脈がいかに重要かを示している．さらに，古典的同化仮説では，日本におけるエスニック・ネットワーク参加に関して，帰国を予定する確率を高めるという予想がなされていた．分析からは，滞日年数 10 年以下の者に限って，この同化仮説を部分的に支持する結果が得られた．ただ，滞日年数 10 年超のグループや合併サンプルではこの結果は確認されなかった．定住サポートによって永住を促す効果と，出身国とのつながりの維持によって帰国を促す効果が相殺している可能性や，エスニック・ネットワークの規模や性質が居住地やエスニシティごとに大きく異なる可能性もあわせて，今後検討していくべき課題である．

　なお，出身国の家族・親族とのつながりや，日本でのエスニック・ネットワーク参加によって促される「帰国」と，日本でのネガティブな経験による「帰国」は，質的に異なる意味を持つことには留意するべきである．前者は，出身国の家族・親族・友人のもとに戻るという積極的な意味を持ちうるのに対し，後者は，日本で差別等に直面したために日本を出ていくという消極的な意味を持ちうるからである．今後の移民受け入れ政策を考えていく上では，前者の意味での「帰国」を妨げてはならないが，後者の意味での「帰国」は受け入れ社会にとっても，移民にとっても大きな機会損失となる．移民が日本で生きていく中で直面するネガティブな経験を低減する仕組みづくりが求められる．

　本章の限界として 5 点があげられる．1 点目は，「問題の所在」でも述べたが，実際の永住／帰国の行動と永住／帰国の意図は同じではないという点であ

る．実際の移民の行動は意図と強く関連することが考えられるが，その他の制約も受けている（Carling and Schewel 2018）．2点目は，研究デザインの性質上，変数間の因果関係については検討できていない点である．滞在予定に影響を与えうる重要な変数を多変量解析で統制できていない可能性や，滞在予定が移民の日本での行動や社会関係を変容させている可能性については留意しなければならない．3点目は，サンプルサイズの小ささから，第三国への移住を予定する者の分析ができなかったことである．最終的な目標の移住先国ではなく，中継国に最初の「ステップ」として移住する「ステップワイズ移住（stepwise migration）」の研究では，日本が中継国の1つとして挙げられており（Paul 2011），今後はより大規模な国際移住システムの中での日本の位置付けを考えることが必要であろう．4点目は，日本移住時の移住意図の測定ができなかったことである．ブラジル人移民を研究した梶田ほか（2005）では，日本移住時点の移住意図がその後の定住意図とも強い関連を持つことが指摘されており，この点を検討できなかったことは本章の大きな限界である．5点目は，ILW調査の回収率が低いことである．もちろん，調査対象者による調査への協力（回答）の選択が無作為な場合には本章での知見に影響はない．しかし，調査への回答者と非回答者の間に系統的な違いがある可能性は大きく，本章の知見に何らかの形でのバイアスがある可能性は否めない．

　今後の展望として，日本で暮らす移民の居住する市区町村の特性や，移民の日本国内での移動を検討していくことがあげられる．本章は日本で暮らす移民の今後の滞在予定を「日本永住か出身国への帰国か？」という非常に単純化した枠組みで分析したため，調査時点で居住している市区町村の特性はあくまで統制変数として分析に投入しただけであった．また，調査時点までに移民が経験した国内移住や，今後の国内移住の予定は検討しなかった．しかしながら，国際移住と国内移住は理論的にも（White and Lindstrom 2019），経験的にもリンクしている（Reher and Silvestre 2009）．本章で検討した「誰が」永住するか？の次のステップとして，「誰が」「どこに」永住するか？を検討していく必要があるだろう．

［文献］

Alba, Richard D. and Victor Nee, 2003, *Remaking the American Mainstream: Assimilation and Contemporary Immigration*, Harvard University Press.

Anniste, Kristi and Tiit Tammaru, 2014, "Ethnic Differences in Integration Levels and Return Migration Intentions: A Study of Estonian Migrants in Finland," *Demographic Research*, 30（13）: 377-412.

Barbiano di Belgiojoso, Elisa, 2016, "Intentions on Desired Length of Stay among Immigrants in Italy," *Genus*, 72（1）: 1-22.

Bratsberg, Bernt, 1995, "The Incidence of Non-Return among Foreign Students in the United States," *Economics of Education Review*, 14（4）: 373-384.

Brubaker, Rogers, 2001, "The Return of Assimilation? Changing Perspectives on Immigration and Its Sequels in France, Germany, and the United States," *Ethnic and Racial Studies*, 24（4）: 531-548.

Boyd, Monica, 1989, "Family and Personal Networks in International Migration: Recent Developments and New Agendas," *International Migration Review*, 23（3）: 638.

Carling, Jørgen and Silje Vatne Pettersen, 2014, "Return Migration Intentions in the Integration-Transnationalism Matrix," *International Migration*, 52（6）: 13-30.

Carling, Jørgen and Kerilyn Schewel, 2018, "Revisiting Aspiration and Ability in International Migration," *Journal of Ethnic and Migration Studies*, 44（6）: 945-963.

Constant, Amelie and Douglas S. Massey, 2002, "Return Migration by German Guestworkers: Neoclassical versus New Economic Theories," *International Migration*, 40（4）: 5-38.

Dustmann, Christian, Itzhak Fadlon and Yoram Weiss, 2011, "Return Migration, Human Capital Accumulation and the Brain Drain," *Journal of Development Economics*, 95（1）: 58-67.

Edin, Per-Anders, Robert J. LaLonde and Olof Åslund, 2000, "Emigration of Immigrants and Measures of Immigrant Assimilation: Evidence from Sweden."

Fokkema, Tineke, 2011, "'Return' Migration Intentions among Second-Generation Turks in Europe: The Effect of Integration and Transnationalism in a Cross-National Perspective," *Journal of Mediterranean Studies*, 25.

Gordon, Mılton Myron, 1964, *Assimilation in American Life: The Role of Race, Religion, and National Origins*, New York: Oxford University Press.

行政院性別平等會, 2020,「國際指標――人類發展指數（HDI）」,（2020 年 1 月 10 日取得, https://www.gender.ey.gov.tw/gecdb/Stat_International_Node0.aspx?s=AvSV9dDW2%2bBQgQ0IVv50XQ%3d%3d）.

de Haas, Hein and Tineke Fokkema, 2011, "The Effects of Integration and Transnational Ties on International Return Migration Intentions," *Demographic Research*, 25: 755-782.

濱田国佑, 2006,「在日ブラジル人の定住化とその意識」『北海道大学教育学研究科

紀要』97: 225-239.

Haug, Sonja, 2008, "Migration Networks and Migration Decision-Making," *Journal of Ethnic and Migration Studies*, 34（4）: 585-605.

樋口直人，2010，「経済危機と在日ブラジル人——何が大量失業・帰国をもたらしたのか」『大原社会問題研究所雑誌』622: 50-66.

浜松市企画調整部国際課，2018，『浜松市における日本人市民及び外国人市民の意識実態調査報告書』．

平松誠・三谷はるよ，2017，「市民参加を活発化させる地域とは——マルチレベル分析を用いた地域特性の効果の検討」『ソシオロジ』62（2）: 59-76.

Jensen, Peter and Peder J. Pedersen, 2007, "To Stay or Not to Stay? Out-Migration of Immigrants from Denmark," *International Migration*, 45（5）: 87-113.

梶田孝道・丹野清人・樋口直人，2005，『顔の見えない定住化』名古屋大学出版会．

Khoo, Siew-Ean, 2003, "Sponsorship of Relatives for Migration and Immigrant Settlement Intention," *International Migration*, 41（5）: 177-199.

駒井洋編，1995，『定住化する外国人』明石書店．

是川夕，2019，『移民受け入れと社会的統合のリアリティ——現代日本における移民の階層的地位と社会学的課題』勁草書房．

Massey, Douglas S., Joaquin Arango, Graeme Hugo, Ali Kouaouci, Adela Pellegrino and J. Edward Taylor, 1993, "Theories of International Migration: A Review and Appraisal," *Population and Development Review*, 19（3）: 431.

松宮朝，2012，「経済不況下におけるブラジル人の生活状況と今後の展望」『JICA 横浜海外資料館研究紀要』6: 21-33.

森博美，1994，「日系ブラジル人就業者の定住希望意識について」『法政大学日本統計研究所研究所報』20: 77-89.

大石奈々，2018，「高度人材・専門人材をめぐる受入れ政策の陥穽——制度的同型化と現実」『社会学評論』68（4）: 549-566.

小内透・酒井恵真編，2001，『日系ブラジル人の定住化と地域社会——群馬県太田・大泉地区を事例として』御茶の水書房．

Paparusso, Angela and Elena Ambrosetti, 2017, "To Stay or To Return? Return Migration Intentions of Moroccans in Italy," *International Migration*, 55（6）: 137-155.

Paul, Anju Mary, 2011, "Stepwise International Migration: A Multistage Migration Pattern for the Aspiring Migrant," *American Journal of Sociology*, 116（6）: 1842-1886.

Portes, Alejandro, 2000, "Globalization from below: The Rise of Transnational Communities," D. Kalb, M. V. der Land, R. Staring, N. Wilterdink and B. V. Steenbergen eds., *The Ends of Globalization: Bringing Society Back in*, Rowman & Littlefield.

Portes, Alejandro and Min Zhou, 1993, "The New Second Generation: Segmented Assimilation and Its Variants," *The ANNALS of the American Academy of Political and*

Social Science, 530（1）: 74-96.

Reher, David S. and Javier Silvestre, 2009, "Internal Migration Patterns of Foreign-Born Immigrants in a Country of Recent Mass Immigration: Evidence from New Micro Data for Spain," *International Migration Review*, 43（4）: 815-849.

Rogers, Rosemarie, 1983, "Return Migration in Comparative Perspective," *International Migration Review*, 17（1）: 277-300.

Sjaastad, Larry A., 1962, "The Costs and Returns of Human Migration," *Journal of Political Economy*, 70（5）: 80-93.

Stark, Oded and David E. Bloom, 1985, "The New Economics of Labor Migration," *The American Economic Review*, 75（2）: 173-178.

総務省統計局，2019,『統計でみる市区町村のすがた 2019』,（2020 年 1 月 10 日取得，https://www.stat.go.jp/data/s-sugata/pdf/all_shi.pdf）.

Toruńczyk-Ruiz, Sabina and Zuzanna Brunarska, 2018, "Through Attachment to Settlement: Social and Psychological Determinants of Migrants' Intentions to Stay," *Journal of Ethnic and Migration Studies*, 1-19.

UNDP, 2019, "Human Development Data（1990-2018）| Human Development Reports,"（Retrieved January 10, 2020, http://www.hdr.undp.org/en/data）.

Von Hippel, Paul T., 2007, "Regression with Missing Ys: An Improved Strategy for Analyzing Multiply Imputed Data," *Sociological Methodology*, 37（1）: 83-117.

de Vroome, Thomas and Frank van Tubergen, 2014, "Settlement Intentions of Recently Arrived Immigrants and Refugees in the Netherlands," *Journal of Immigrant & Refugee Studies*, 12（1）: 47-66.

White, Michael J. and David P. Lindstrom, 2019, "15 Internal Migration," D. L. Poston ed., *Handbook of Population*, Cham: Springer International Publishing, 383-419.

日本における移民の社会統合

永吉　希久子

1　各章で何がわかったのか

　本書ではここまで，2018年に実施した外国籍者に対する社会調査データの分析をもとに，日本における移民の社会統合の状況とその規定要因を検証してきた．では，何が明らかになったのだろうか．

　各章の結果を通じて見ると，全体として移民の社会統合は十分に進んでいるとはいえない．日本国籍者との比較が可能な項目では，社会経済的統合，社会的統合，心理的統合の多くの面で日本国籍者と比べて悪い条件にいることがわかる．社会経済的統合では，非正規雇用・マニュアル職への偏りが見られ（**第2章**），日本の大学や西洋諸国の高等教育機関を出た人の人的資本へのリターンは日本国籍者よりも大きい一方で，非西洋諸国の大学を出たことのリターンは見られなかった（**第3章**）．社会的統合についても，多くの移民が日本人のサポートネットワークを持つ一方で（**第6章**），地縁組織である自治会・町内会への参加は日本国籍者に比べ限定的なものにとどまっていた（**第5章**）．そして，心理的統合についても，メンタルヘルスの状況が悪い人の割合が日本国籍者に比べ高くなっていた（**第6章**）．また，文中では言及していないが，SSM調査を用いた比較を行ったところ，生活満足度についても移民が日本国籍者よりも低い傾向にあった．**序章**で見たように，本書の調査に回答した人はどちらかといえば

高学歴で高技能職に従事する層，すなわち相対的に統合に有利な層に偏っている可能性がある．そうだとすれば，統合における困難は過少に現れるはずである．それでもなお統合に障壁が見られるということは，深刻に受け止めなければならない．

しかし，分節化された同化理論や新しい同化理論が指摘しているように，統合の程度には移民内部での多様性がある．以下ではまず各章の結果をまとめた上で，そこからうかがえる日本の移民の統合の特性を検討する．

1.1 社会経済的統合

第1部では，移民の社会経済的統合に影響を与える要因を検証した．

第1章では社会経済的地位に大きな影響を与えると考えられる，移民の教育達成の状況と，それに対する出身背景の影響を検証した．その結果，在留資格にもとづくグループ間で，教育達成の状況と出身階層の両方に多様性があることが示された．仕事に関する在留資格を持って滞在するグループは相対的に出身階層が高く，本人の教育水準も高い．つまり，日本に来る時点で豊富な資本を持っているグループといえる．これに対し，身分や地位にもとづく在留資格を持つグループは出身背景も本人の教育水準も多様であった．石田が論じるように，日本人の配偶者であるなどの「身分や地位」にもとづいて滞在が認められる後者に対し，前者の在留資格を持つ人は，日本で就くことのできる職が限定されており，その職に見合ったスキルを持つことを示す必要がある[1]．この結果は，出入国管理制度が，移民がどのような資本を持って日本に入ってくるのかを規定することを示している．

ただし，**第2章**，**第3章**で示したように，来日前の人的資本の高さがそのまま日本における社会経済的統合を促進させるわけではない．たしかに，来日前に高い学歴を得たことや，専門職で働いた経験を持つことは，日本で専門職に

---

1 **第1章**でも指摘されているように，現在の在留資格と入国時の在留資格が同一であるとは限らないため，現在身分・地位にもとづく在留資格で滞在している人でも，入国時には就労に関する在留資格を持っていた場合もある．したがって，現在の在留資格をもとに入国時の選抜の有無を判断することはできないことは留意する必要がある．

就く確率を高めていた．しかし，これらの要素は必ずしも正規雇用での就労に
はつながっておらず，専門職としての就労経験はむしろ非正規雇用への就職確
率を高めていた．さらに，人的資本の移転可能性は国籍によっても異なる．人
的資本の多寡をふまえてもなお，ブラジル・ペルー籍者やフィリピン籍者は中
国籍者よりもマニュアル職や非正規雇用に就きやすい傾向が見られた（第2章）．

　こうした職業や雇用形態の分離は，賃金にも反映されていた．同じ大学卒の
学歴を持っていたとしても，西洋諸国や日本で得た学歴が高い賃金につながる
のに対し，非西洋諸国で得た学歴はほとんど賃金を上昇させていなかった（第
3章）．この差は雇用形態や職業，企業規模，勤続年数などによって説明される．
つまり，同じ企業で同種の職をしているにもかかわらず，非西洋諸国で学歴を得
た人が西洋諸国で学歴を得た人よりも悪い待遇を受けているというよりも，前
者が労働市場においてより不利な位置に置かれやすいことによって，学歴に見
合わない賃金しか得られていないことが示唆される．

　これにはいくつかの説明がありうる．第1に，雇用者の他国の学歴に対する
評価の影響から説明することができる（Lancee and Bol 2017）．つまり，雇用者が
非西洋諸国で得た学歴を低く評価する結果として生じている可能性がある．第
2に，日系ブラジル人について指摘されているように，日本の労働力需要に合
わせる形で，移民を低技能職に組み込むような移住システムが形成されており，
それを利用して日本の労働市場に入るために，人的資本に見合った職が得られ
ていない可能性がある（梶田ほか 2005）．どちらのメカニズムが機能しているのか
の検証は今後の課題として残されているが，いずれにせよ非西洋出身者は人的
資本によらず，社会経済的統合において不利な地位に置かれやすい状況が生じ
ている．また，家族滞在などの在留資格で滞在している人も，人的資本にかか
わらず低技能非正規雇用職に就く傾向が見られ，就労制限等の影響が示唆され
た（第2章）．

　また，第2章，第3章の分析からは，日本社会での人的資本の蓄積が社会経
済的統合において重要な役割を果たしていることが示された．特に，高い日本
語能力は正規雇用や管理職・事務職で就労する確率を高めるとともに，賃金を
上昇させる効果を持っていた．日本の第一次労働市場においては，労働者の訓

練可能性や企業内での人間関係の形成に役立つコミュニケーション能力が重視される（玄田 2008）．コミュニケーションが日本語で行われることが前提となるならば，日本語能力はコミュニケーション能力の一部となりうる．その結果として，高い日本語能力が第一次労働市場に入るために必要となっていると考えられる．一方，日本で高等教育を受けたことの賃金に対するリターンは，日本国籍者が日本で高等教育を受けたことのリターンよりも大きかったが，日本の学校を卒業することは正規雇用になるために必須の条件とはいえなかった．むしろ，教育を受けた場によらず，就労経験のない「新卒」として入職することが正規への雇用確率を高めていた．これは第一次労働市場への参入の経路が新卒一括採用を中心としていることを反映したものと考えられる．

　梶田（1994: 57）は日本における移民の階層構造を説明する中で，「『日本的経営』が厳然として存在する」，「新規学卒採用，企業内養成，内部昇進の途をたどる正社員」の分野には，移民の参入が難しいと指摘していた．しかし，梶田の分析から 20 年以上がたち，梶田が予見したように，新卒の留学生を中心に，日本的な人的資本を獲得した層で，このような分野への参入が可能となっていた．

　ただし，この日本での人的資本の蓄積による社会経済的統合には，2 つの点で制約がある．第 1 に，第一次労働市場の特徴として昇給の可能性が挙げられるが，**第 3 章**の分析では正規雇用者であっても勤続年数の長期化によって賃金が上昇する効果は確認されなかった．本調査では，「同じ仕事をしているのに，賃金が日本人従業員よりも低い」という質問に対し，あてはまると評価する割合が非正規雇用では 21.4％，正規雇用では 14.2％となっていた[2]．学歴への平均的なリターンという面では有利な状況であるにせよ，長期的に見た場合に移民が日本人従業員と同様の処遇を受けられているのかは，慎重に評価する必要がある．

　第 2 に，人的資本の蓄積が初職における不利を挽回し，上昇移動を促す可能性は限定的であった．日本語能力の向上は日本で最初の職として非正規雇用の

2　回答の選択肢は「とてもあてはまる」を 1，「まったくあてはまらない」を 5 とした 5 点尺度で与えられており，ここでは 1 または 2 を選んだ割合を示している．

職を得た移民が正規雇用に移行するのには，必ずしも有用ではない（**第2章**）．正規雇用と非正規雇用の間で分断が生じており，後者から前者への移動障壁がある日本の労働市場においては，たとえ就労を重ねるうちに日本語がうまくなったとしても，非正規雇用者として日本でのキャリアを始めた人が正規雇用の職を得るのは難しい．また，初職がマニュアル職であった人が専門職や事務・管理職に移行する確率に対しては効果が確認されたものの，強い効果とは言えなかった．さらに，日本での就労経験の蓄積は自営業を通じた達成につながりうるものの，そのルートは非常に狭かった（**第2章**）．日本の労働市場は初期の不利が持続しやすい構造にあるために，人的資本が不足していたり，それを正当に評価されなかったり，あるいはそれを生かせない経路で移住したために，初職で低技能・非正規職に就いた移民は，そうした不利から抜け出せないままにキャリアを重ねていかざるをえないことが示唆される．

1.2　社会的統合

第2部では，移民が日本でどのような社会関係を築いているのかを検証した．

第5章では，移民の社会的活動への参加の程度が日本国籍者と比べ限定的であり，またその中心はボランティア団体や同国人団体など，石田と龔の言葉で言えば「地縁から独立した場」となっていることが示された[3]．その規定要因を見ると，同国人団体への参加についてのみ，社会経済的地位の高い層で参加頻度が高い傾向が示された．これは裏を返せば，社会経済的地位の低い移民は同国人団体に参加しにくいことを意味している．分節化された同化理論ではエスニック・コミュニティが資源を十分に持たない移民の社会統合を促すと説明されていた．しかし日本では，少なくともフォーマルな同国人団体への参加という形で測定した場合には，資本を豊富に持たない移民はエスニック・コミュニティに参加しにくい．そうであるならば，エスニック・コミュニティは資本

3　**第5章**では言及していないが，本調査では宗教団体の礼拝や活動への参加も尋ねている．これについても「いつもしている」または「よくしている」と答える割合は8.8％にとどまり，「したことがない」人が62.6％と過半数を占めている．この結果からも，日本に暮らす移民の社会活動参加が限定的であることがうかがえる．

を豊富に持たない移民のセーフティネットとはなりえない．他方で，その他の社会活動参加やサポートネットワークは社会階層の高い層に偏っているという結果は見られず，むしろ等価所得の高い層では日本人のサポートネットワークが小さかった．また，日本国籍者では経営者や自営業者ほど社会活動参加率が高い傾向にあったが，移民ではそうした傾向は確認されなかった．したがって，社会経済的統合が社会的統合につながるとはいえない．

　他方で，社会的統合の契機の1つとして，家族形成の重要性が示された．配偶者や子どもがいることは，自治会や町内会への参加を促進しており，持ち家であることとともに，地縁が形成されるきっかけとなる．その他の形での社会参加や社会関係に対する影響は，配偶者の国籍によって異なっており，日本人との社会関係は日本国籍配偶者の存在によって，同国人との社会関係は外国籍の配偶者の存在によって促進されていた．たとえば，日本人のサポートネットワークは，日本国籍者と結婚している場合にのみ未婚者より多くなっていた（**第4章**）．また，配偶者も外国籍である場合，同国人団体への参加が促される一方，配偶者が日本国籍であれば参加確率は低下していた（**第5章**）．もちろんクロス・セクションの調査である以上，移民ネットワーク／日本人ネットワークへの埋め込みが移民／日本人との結婚を促すという逆の因果関係がある可能性は排除できない．しかし少なくとも，家族の存在が日本人／移民を問わず広範なネットワークを拡大するというわけではないようだ．

　では，滞日の長期化によって，社会的統合は進展するのだろうか．本書の分析では，そうした傾向は確認されず，社会的統合に対して滞日年数は効果を持たないか，むしろボランティア団体への参加確率は低下していた（**第5章**）．他方で，日本語能力が身につくならば，社会的統合は起こりやすくなる．高い日本語能力は日本人のサポートネットワークの多さやボランティア参加率の高さにつながっていた．つまり，言語面での同化が社会的統合にとって重要な要因となる．ただし，日本語能力が高いことは自治会・町内会参加とは関連が見られず，地縁の形成への影響は明確ではない（**第5章**）．

1.3　心理的統合

　第 3 部では心理的な統合を扱った．これらの章では，社会的統合の進展が心理的統合にとって重要であることが示された．これは日本に対する帰属意識や永住意図については当然ともいえる．日本人との社会関係があるからこそ，日本に帰属意識を感じ，永住したいと思うのは自然なことだろう．逆に，日本人から差別を受ければ，日本への帰属意識は低下し，永住したいとも思わなくなる（**第 7 章**，**第 8 章**）．しかし，このような「日本についてどう思うか」ということを超えて，日本人との関係がメンタルヘルスに対しても影響を持つことは重要である（**第 6 章**）．日本人のサポートネットワーク数が日本社会での承認感につながるという**第 5 章**の結果と合わせて見れば，日本人が圧倒的多数を占める社会の中で，頼りになる日本人がいないことは，移民を孤立させ，メンタルヘルスの状況を悪化させることがわかる．日本人との関係性の影響は，メンタルヘルスの状況が被差別経験によって悪くなることからもわかる．また，日本語能力が高い人がメンタルヘルスの状況が良いことは，長松が指摘するように，日本語能力の欠如が「日本社会との断絶や地位達成の見込みの欠如」につながり，メンタルヘルスを悪化させている可能性を示唆している．

　一方で，同国人とのつながりの効果は，どのような形のつながりに着目するかによって異なっていた．日本国内での自国出身者とのインフォーマルなネットワークについて見た場合には，明確な効果は見られない．自国出身の頼れる人が日本にいるかどうかがメンタルヘルスに与える明確な効果は確認できず，日本への帰属意識や永住意図とも関連が見られなかった[4]．地域に同国籍者がどの程度暮らしているかも帰属意識に統計的に有意な効果を持っていなかった（**第 7 章**）．少なくとも本書の分析では，エスニック・コミュニティが移民の心理的なサポートを提供しているとは言い切れない．唯一関連が見られたのは同国人団体への参加が滞日 10 年以下の人の帰国意図を高める効果のみである．前述したように，こうした団体には社会経済的地位の高い層の参加が多い．つまり，同国人団体は日本への定住に必要なサポートを提供するものというよりも，ビジ

4　**第 5 章**では分析されていないが，生活満足度や日本社会での承認感とも関連が見られなかった．

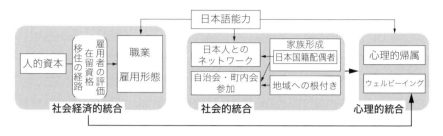

図終-1　日本における移民の統合の規定メカニズム

ネスに有用なトランス・ナショナルなネットワークを形成・維持する機能を持つ傾向にあるのかもしれない.

　母国とのトランス・ナショナルなネットワークは帰国意思を強める効果を持っていた（**第8章**）. 配偶者が出身国にいる場合に, 送金を行う割合が高く, 日本社会での承認感が低いという**第5章**の結果も, 出身国とのつながりの強さが, 帰国への志向性と関連していることを示している. しかし, 母国との心理的な・・・・つながりはむしろ心理的な統合を促していた. たとえば母国に帰属心を持つ人ほど, 日本への帰属意識は高くなっていた（**第7章**）. 自文化を日本で保持するのが難しいと感じている人ほど日本への帰属意識が低くなっているという結果もふまえ五十嵐が指摘するように, 自国への帰属心や文化を維持していける環境にあることが, 逆に日本への帰属心も強めているのだといえる.

　また, 社会経済的統合の程度も心理的統合に影響していた. 世帯の所得が高いことや雇用の安定によって, 生活満足度や日本社会での承認感は高まり, メンタルヘルスの状況もよくなる（**第5章**, **第6章**）. ただし, 社会経済的統合の程度は, 日本への帰属心や永住意図とは関連を示さなかった（**第7章**, **第8章**）. 経済的な安定を得ることは, 日本への帰属心を高めるわけではないが, 日本社会で受け入れられているとの認識を強め, 精神的な安定にも寄与する. 一方, 学歴の効果は異なり, 学歴の高い人の方が日本への帰属心は弱く, 生活満足度, 日本社会での承認感も低かった（**第5章**, **第7章**）. 先行研究では社会経済的地位の高い移民ほど差別が生活満足度を下げる効果が大きく, それは社会に対する期待と現実とのギャップがそうした移民で大きいからだと指摘されている（Gong

2018)．高学歴者の日本社会への帰属心や承認感の低さは，こうしたギャップから来ている可能性もある．この可能性の検証は，今後の課題となる．

　以上の結果をまとめれば，移民の統合の規定メカニズムは，**図終 -1** のように表現できる．

2　統合のメカニズムと障壁

2.1　日本における移民の社会統合の特徴

　上記の結果は，**序章**で見たような古典的な同化理論が想定する直線的な同化とも，新しい同化理論や分節化された同化理論とも異なる特徴を示している．

　第 1 に，社会経済的統合は社会的統合や日本への心理的帰属という面での心理的統合と分離している．安定的な雇用に就いていたり，高技能・高賃金の職に就いているからといって，日本人とのつながりが多かったり，日本への帰属感情が強かったりはしなかった．この結果は，高技能移民が日本人との社会関係を形成することが困難であり，それによって，彼ら／彼女らが日本での定住を望まなかったり，日本に帰属感情を持ちにくくなっているという先行研究の知見（大石 2018; Liu-Farrer 2020）を裏付けるものといえる．

　新しい同化理論では，特に移転可能な人的資本を持ち，移住当初から高技能・高賃金の職に就けるような高技能移民は，受け入れ社会住民との社会関係を相対的に形成しやすいと考えていた（Alba and Nee 2003）．これは高技能移民が人的資本や経済的資本を豊富に保有しているだけでなく，文化的にもアメリカの中流層と親和性があり，また当初からアメリカでの定住を予定しているからと説明される．しかし，このような特徴は必ずしも日本の高技能移民にはあてはまらない．年功賃金やジェンダー間の不平等，昇進におけるガラスの天井の存在など，日本企業の諸制度は高技能移民にとって魅力的なものとなっていない（坪谷 2008; 大石 2018）．本調査の対象者の中で，来日後 5 年以内の人に限定して見れば，「日本に永住したい」と回答した人は，正規雇用者で 26.0％，非正規雇用者 29.5％とほとんど差がなく，専門職者では 19.4％と販売・マニュアル職者の32.9％を下回っている．将来日本に住み続けるかが未定であれば，日本で社会

関係を作ったり，文化的に同化していくインセンティブは小さくなる．すでに社会経済的統合を実現している場合にはなおさらそうであろう（坪谷 2008）．さらに，高技能移民に対するインタビュー調査からは，文化的親和性よりも，日本の企業文化への違和感や日本人との言語にとどまらないコミュニケーションの上での障壁の存在が指摘されている（大石 2018; Liu-Farrer 2020）．インセンティブが必ずしも高くないことに加え，日本人との間の文化的また社会関係形成上の障壁が高技能移民にとっても低いわけではないことにより，社会経済的統合を果たしたとしても社会的・心理的には統合されないという状態が生じているのではないか．

　社会経済的統合と社会的統合の分離はまた，社会的統合が進んだとしても社会経済的統合が促進されるわけではない，ということも意味している．日本においては，インフォーマルなネットワークを通じた就職が条件の良い職につながるわけではない（佐藤 1998; 蔡・守島 2002; 石田 2009）．日本人との結婚は，銀行で融資を受ける際の保証など，移民が起業する上で必要となる資本を提供しうる（樋口編 2012）．しかし，本書のデータでは経営・自営層の割合自体が小さいこともあり，こうした結果は確認されなかった．日本人とのネットワークから得られる資源が日本の労働市場で十分生かせないことも，社会経済的統合と社会的統合の分離に寄与していると考えられる．

　ただし，社会経済的統合は生活満足度の向上や日本での承認感の醸成，メンタルヘルスの状態の改善につながっている点は銘記する必要がある．たとえ移民が滞在を一時的な出稼ぎと考えていたとしても，不安定な雇用や低い賃金を問題なく受け入れられるわけではない．経済的な安定が得られなければ生活に不満を持ち，不安定な雇用状態に置かれれば，社会に認められ，受け入れられていないように感じるのは移民にとっても同じである．したがって，社会経済的な統合は生活の質の向上のために必要な基盤となる．

　第 2 の特徴は，滞日の長期化がどの次元においても統合の進展につながっていないことである．確かに滞日の長期化が日本語能力の向上を促し，高い日本語能力が社会経済的，社会的，心理的統合を促すということは，「滞日が長期化すると統合が達成される」ということを意味してはいる．しかしこれは裏を返

242

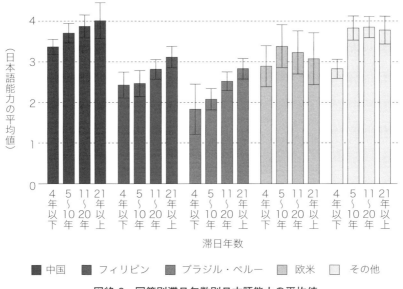

図終-2　国籍別滞日年数別日本語能力の平均値

出所：ILW 調査をもとに筆者作成．日本生まれの人を除く．

せば，長期間経過しても日本語能力が身につかないままであれば，統合は進展しないということである．

図終 -2 は国籍・滞日年数別に日本語能力の平均値を見たものである．これを見ると，滞日年数が 21 年を超えるグループであっても，ブラジル・ペルー国籍者の日本語能力の平均値は 5 点中の 3 点（選択肢では「まあまあできる」）を下回り，欧米諸国国籍者，フィリピン国籍者でも 3.1 点にとどまる．移民統合政策が整備されていないなか，日本語が習得できるかどうかは移民本人の意欲や能力，経済的・時間的余裕に加え，日本語教室など，学習の場が周囲にあるか，その質はどのようなものかといった環境要因に左右される．つまり，語学の習得に役立つような人的資本を十分に持っていない，賃金が低いために日本語を学習する経済的・時間的余裕がないなど，不利な条件の人ほど日本語能力を向上させることができず，結果として不利な条件から脱却できないままになる．

　さらに，日本語能力が不利な職からの移動を促す効果は限定的であった．移

民は柔軟な労働力としての需要を満たす形で日本の労働市場に入るために，初職として非正規雇用に就くことが多い．しかし，非正規雇用ではスキルを身につけるための機会は正規雇用と比べ少なく，非正規から正規への移行には障壁もある．移民は大きな不利を背負ってキャリアを始めることになり，滞在が長期化してもそこからの脱却は容易ではない．

　興味深いのは，自治会・町内会への参加に日本語能力が影響していなかった点である．日本国籍者同様に持ち家や家族の存在が効果を持つことを考慮すれば，地域に根付くことで，日本語能力にかかわらず，自治会や町内会に組み込まれていく構造があると考えられる．地域社会は望むと望まないとにかかわらず，増加していく移民を引き受ける場となってきたことが，この結果からもうかがえる．

　第3の特徴は，エスニック・コミュニティの社会統合への効果の弱さである．ただし，これは日本だけの特徴というわけではない．同じ出身国の移民とのつながりの効果は両義的であり，移民にとって差別に対する防壁となったり，即座の支援を提供したりする機能を持ちうる一方で，相互扶助の規範が負担となったり，限定的な情報や資源しか提供せず，その中で競合や搾取が生じる可能性もある（Portes 1998; Alba and Nee 2003; Ryan et al. 2008）．日本においても移民どうしのネットワークが十分な資源を持つものでなかったために，社会統合を促進しえなかった可能性がある．また，梶田らは日系ブラジル人について，先に移住した家族・親族などのネットワークを通じた移住ではなく，斡旋組織を通じた市場媒介型の移住が行われる傾向にあるため，移住後に新たに他の移民とのネットワークを形成する必要があること，それゆえに強いつながりを持ったネットワークを形成しにくいことを指摘している（梶田ほか 2005）．坪谷もまた，留学を通じて来日し，その後も日本に居住する中国系移民がエスニック・コミュニティの形成に積極的でないことを指摘している（坪谷 2008）．これらの知見が市場媒介型の移住システムで来日する他の移民にもあてはまるとすれば，同国出身者とのネットワークは十分な強度を持たないのかもしれない．竹ノ下は浜松市のブラジル籍者の調査から，親族ネットワークがメンタルヘルスの向上に役立つのに対し，同国出身者とのネットワークは必ずしも影響しないことを明ら

かにしている（Takenoshita 2015）．ここからも，日本国内での同国出身者とのネットワークが社会統合に影響するほどの強さのつながりを持ちえていない可能性が示唆される．

2.2　インプリケーションと今後の課題

　日本における移民の統合の規定メカニズムは，**序章**で見た諸制度に影響を受けていると考えられる．制度の影響メカニズムは複雑なものとなり，その解明は本調査のデータからの分析の範疇を超える．しかしきわめて大まかな形での検討を試みるならば，それはたとえば**図終 -3** のようなものとして表現できる．

　日本政府は「移民」の受け入れに消極的な姿勢を維持している．移民の多い一部の自治体では積極的な取り組みが行われてきたものの，国レベルでの体系的な統合政策はとられてこなかった．そのため，日本語教育など，統合の支援は十分に行われていない．さらに，在留管理制度の下で一部の在留資格では人的資本と職業を強く結びつけるが，一部の資格では就労に制約を課すことで，人的資本と見合った職で働くことを困難にする．また，制限的な移民の受け入れ政策が実施される場合，親族・友人などのネットワークを通じた連鎖的な移住は困難になり，斡旋組織などを通じた市場媒介型の移住が多くなる（樋口 2002）．前述したように，市場媒介型の移動が中心になると，移民は受け入れ社会で強いつながりを持つネットワークを形成しにくい．これは結果的に，エスニック・コミュニティの形成を妨げる．

　硬直的な労働市場や自営での参入機会の減少と非正規雇用の拡大は，非正規雇用での移民労働者の需要を高めるとともに，移民の上昇移動の可能性を減らしていく．移民が経済的に成功する機会に制限があることは，十分な資源を持ったエスニック・コミュニティの形成も阻害する．

　資源を持ったエスニック・コミュニティが形成されないことで，移民はそこからのサポートを得にくくなるのに加え，出身国の文化の保持を難しく感じる可能性もある．つまり，移民の社会経済的な地位達成の困難や，エスニック・

5　**序章**でふれた難民に対しての政策に加え，一部の「高度人材」に対しては永住権申請までに必要な期間の大幅な短縮など，定住を促進するための政策を実施している．

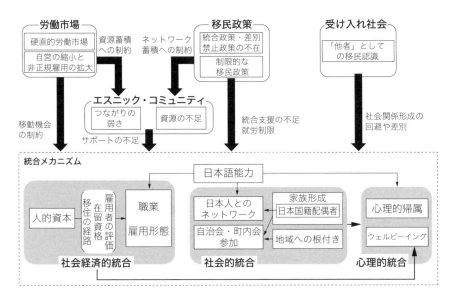

図終-3 日本における移民の統合と制度との関連

コミュニティの統合への影響の弱さは，こうした労働市場や移民政策の影響のもとで生じていると考えられる．

　市民は移民の受け入れに関して必ずしも否定的とはいえないものの（五十嵐・永吉 2019），「日本人」を血統と文化の共有から定義する傾向にあるため，移民の滞在がどれだけ長期化しても「外国人」と見なし続けることが指摘されている（Lie 2000; Liu-Farrer 2020）．「移民は自分たちの一員ではない」という認識は，不平等な取り扱いを当然視することにつながりうる．本調査では対象者の約半数が「外国人（外国籍）だという理由で，日本で，いやな経験やつらい思いをした」ことが「よくある」または「ときどきある」と答えている．被差別経験が統合の阻害要因になるのは，すでに見たとおりだ．

　序章で見たように，移民の社会統合は移民個人の持つ資本と移民を取り巻く制度との関係の中で規定される．日本の諸制度は，そこに暮らす市民の意識も含め，日本に定住し，ともに社会を作る構成員としての「移民」の受け入れを前提としていない．そのため，移民の社会統合を支援するよりもむしろ制約す

る方向で機能していると考えられる．制度が移民の統合を支援しないのであれば，どの程度統合が進むかは移民本人の資本に大きく依存するだけでなく，本書の結果で示されたように，たとえ豊富な資本を持っていたとしても，それを生かして統合することが困難になりうる．

　社会統合への制約があることは，負のフィードバック効果を持ちうる．日本語の習得や人間関係の形成などはコストを伴う．そのコストに見合う成果が得られないと見積もられた場合，移民にとって統合に必要となる資本を蓄積するインセンティブは小さくなるからだ．つまり，移民を一時的な滞在者としてしか扱わない制度が，移民自身の定住志向を低下させ，統合をさらに困難にしていくという悪循環が起こりうる．

　本書は移民第 1 世代を主な対象としているが，第 1 世代のこのような社会統合の状況は移民第 2 世代の社会統合に対しても重要なインプリケーションを与える．一方で，移民第 2 世代は第 1 世代以上に統合を遂げうる．日本語能力が社会統合に大きな影響を与えることを考慮すれば，第 2 世代の日本語能力の高さは大きなアドバンテージとなる．それに加えて，日本の学校を卒業し，新卒一括採用を通じて就職するという経路をたどるならば，日本型雇用に参入する可能性も高くなり，社会経済的統合を遂げやすくなる．他方で，障壁の存在も示唆される．第 1 の障壁は，親世代の資源の不足である．**第 1 章**で見たように，日本生まれの世代では親階層が再生産される率が高くなる．したがって，第 1 世代の社会統合が十分に果たせなければ，それは第 2 世代に不利としてのしかかる．また，第 1 世代が日本語を十分習得していない場合，たとえ十分な人的資本を持っていたとしても，第 2 世代に引き継ぐことが難しくなる可能性がある．結果として教育達成が遂げられなければ，社会経済的統合は阻害される．第 2 の障壁は，持続する差別の存在である．特に，日本で生まれて育った人を多く含む韓国・朝鮮籍者の半数以上が被差別経験を持つとの指摘（**第 6 章**）は，言語の同化や社会経済的統合が果たされたとしても，差別が障壁となり，社会的統合や心理的統合が阻害されうることを示唆している．

　では，移民の統合を促進するために，どのような取り組みが必要となるのか．第 1 に，すでに指摘されていることだが（樋口 2019; 丹野 2020），本書の分析結果も

また，移民の統合に向けて日本語学習の機会を提供することの重要性を示している．現在の日本の雇用や社会のあり方が変化しないのであれば，日本語能力が社会経済的にも，社会的にも，心理的にも，統合の鍵となるからだ．政府も日本語教育の拡充をめざしており，出入国管理法改定に合わせ発表された「外国人材の受入れ・共生のための総合的対応政策」の中で，日本語教育支援が組み込まれた．さらに，2019 年に施行された「日本語教育の推進に関する法律」では国や地方公共団体に加え，事業主が在留資格によらず，移民労働者の日本語教育に責任を持つよう定められた．しかし丹野（2020）はこれに対し，企業への罰則規定が盛り込まれておらず，結果責任は移民個人が負うものとなっていると指摘している．日本語を教える知識を身につけた人材の不足や，非集住地でどのように日本語教育の機会を提供するかなど課題は多いが，移民の社会統合を実現するために，置かれている環境によらず日本語を習得できる機会を整える必要がある．第 2 に，非正規雇用から正規雇用への移動障壁の緩和や，それを可能とするような就労支援も行われる必要がある．特に，入国時に十分な人的資本を持たない可能性のある，身分や地位にもとづく在留資格によって移住した人たちに対する支援が必要になろう．第 3 に，移民に対する差別の禁止の法制化，移民が自文化を維持できる環境の整備も重要となる．

　これらの政策の土台となるのは，労働力の需要を必要な期間だけ埋めてくれる存在としてではなく，今後も日本に滞在し続ける，日本社会の将来にわたる構成員として移民を位置付ける視点であろう．その視点に立って初めて，統合のために必要となる政策を打ち出せるのではないか．すでに実態としての移民の定住は始まっている．第 1 世代の不利が第 2 世代にまで引き継がれないような社会を作るためにも，移民の統合の実態を把握し，その障壁を取り除くために制度を変革していくことが求められている．

　ただし，上記の指摘はあくまでも本書の限られた分析にもとづけば，という注釈付きのものであることは否定できない．決して大きくないサンプルサイズを考慮しジェンダーによる違い，**序章**で検討した出身国による違いなど，細分化した分析は行わなかったが，細分化してみれば，内部により多様な統合のパターンが見えてくるだろう．また，どのような資本を持つ移民を，どのような

形で受け入れているのかには地域差が大きく，移民の集住地においては統合に向けた積極的な取り組みが行われているところも少なくない．そうした差を考慮に入れた，地域別での分析も必要となる．これらの点は本書では扱えておらず，今後の課題として残されている．本書で使用したデータはデータアーカイブを通じて一般公開する予定であるので，多くの方に活用して頂きたい．さらに，より大きな問題として，**序章**で見たように，本調査の対象者は高技能移民に偏る傾向にあり，技能実習生はほとんど含まれておらず，非正規移民は分析の対象となっていない．また，「日本の大学から送られてきた調査に協力的な人」ということに伴うバイアスもあるだろう．したがって，本書で示された統合状況とその規定要因が，日本社会に暮らす移民全体にあてはまるとはいえず，日本における移民統合の全体の把握には及んでいない．さらに規模の大きな，あるいはきめ細かい調査が行われることで，日本における移民の統合に向けた状況の改善につながる知見が提出されることを期待したい．

［文献］

Alba, R. and V. Nee, 2003, *Remaking the American Mainstream*, Cambridge: Harvard University Press.

Debnár, M., 2016, *Migration, Whiteness, and Cosmopolitanism: Europeans in Japan*, New York: Palgrave McMillan.

玄田有史，2008，「内部労働市場下位層としての非正規雇用」『経済研究』59（4）：340-355.

Gong, S., 2018, "Are the consequences of experiencing discrimination the same for immigrants of differing socio-economic status in Japan?" *International Migration*, 56（2）: 37-55.

樋口直人，2002，「国際移民の組織的基盤——移住システム論の意義と課題」『ソシオロジ』47（2）: 55-71.

————，2019，「労働——人材への投資なき政策の愚」髙谷幸編『移民政策とは何か——日本の現実から考える』人文書院，23-39.

樋口直人編，2012，『日本のエスニック・ビジネス』世界思想社．

五十嵐彰・永吉希久子，2019，「移民排斥——世論はいかに正当化しているか」髙谷幸編『移民政策とは何か——日本の現実から考える』人文書院，145-165.

石田光規，2009，「転職におけるネットワークの効果——地位達成とセーフティネット」『社会学評論』60（2）: 279-296.

梶田孝道, 1994, 『外国人労働者と日本』日本放送出版協会.

梶田孝道・丹野清人・樋口直人, 2005, 『顔の見えない定住化――日系ブラジル人と国家・市場・移民ネットワーク』名古屋大学出版会.

是川夕, 2019, 『移民受け入れと社会的統合のリアリティ――現代日本における移民の階層的地位と社会学的課題』勁草書房.

Lancee, B. and T. Bol, 2017, "The transferability of skills and degrees: Why the place of education affects immigrant earnings," *Social Forces*, 96（2）: 691-716.

Lie, J., 2000, *Multiethnic Japan*, Cambridge: Harvard University Press.

Liu-Farrer, G., 2011, "Making Careers in the Occupational Niche: Chinese Students in Corporate Japan's Transnational Business," *Journal of Ethnic and Migration Studies*, 37（5）: 785-803.

――――, 2020, *Immigrant Japan: Mobility and Belonging in an Ethno-nationalist Society*, Ithaca: Cornell University Press.

大石奈々, 2018, 「高度人材・専門人材をめぐる受入れ政策の陥穽――制度的同型化と現実」『社会学評論』68（4）: 549-566.

Portes, A., 1998, "Social Capital: Its Origins and Applications in Modern Sociology," *Annual Review of Sociology*, 24: 1-24.

Portes, A. and R. G. Rumbaut, 2001, *Legacies: The Story of the Immigrant Second Generation*, University of California Press. （村井忠政ほか訳, 2014, 『現代アメリカ移民第二世代の研究――移民排斥と同化主義に代わる「第三の道」』明石書店.）

Ryan, L., R. Sales, M. Tilki and B. Siara, 2008, "Social Networks, Social Support and Social Capital: The Experiences of Recent Polish Migrants in London," *Sociology*, 42（4）: 672-690.

蔡芒錫・守島基博, 2002, 「転職理由と経路, 転職結果」『日本労働研究雑誌』506: 38-49.

佐藤嘉倫, 1998, 「地位達成過程と社会構造――制度的連結理論の批判的再検討」『日本労働研究雑誌』457: 27-40.

Takenoshita, H., 2015, "Social Capital and Mental Health among Brazilian Immigrants in Japan," *International Journal of Japanese Studies*, 24（1）: 48-64.

丹野清人, 2020, 「地方から始まる外国人の新しい受入れ」『移民政策研究』12: 49-63.

坪谷美欧子, 2008, 『「永続的ソジョナー」中国人のアイデンティティ――中国からの日本留学にみる国際移民システム』有信堂.

外国籍者を対象とした社会調査をどのように実施するか

永吉希久子・前田忠彦・石田賢示

1　調査実施における検討事項

　本書を通じて用いた調査は，住民基本台帳を用いた，外国籍者に対する無作為抽出による全国調査という，社会学分野ではほとんど初めての試みによるものである[1]．このため，調査の実施にあたっては日本国籍者を対象に実施してきた調査には見られない，検討すべき点が存在した．それは主に (1) 調査方法，(2) 調査対象者の抽出方法，(3) 調査票の言語，(4) 階層変数の測定方法，の 4 点にまとめられる．以下では各点についてどのような検討を行い，本調査の様式を決定したのかを順に見ていく[2]．

1.1　調査方法

　本調査は SSM 調査を多分に意識したものとなっている．その根幹をなす職業経歴の把握のためには，同調査と同様に面接調査を行うことが望ましい．しかし，面接調査に関わる時間的・経済的コスト，調査対象者の使用言語を話せる

1　先行する調査として，2015 年 SSM 調査の一環として実施された「日本のくらしと仕事に関する全国調査」がある．本調査の調査設計に際しては，同調査から得られた知見が大きく役立った．調査の概要については，白波瀬ほか（2018）に詳しい．
2　調査の設計，実査に関わるより詳細な情報は，本調査の報告書（多文化社会における社会階層研究会 2020）に掲載されている．

面接員の配置の問題を考慮し，本調査では郵送調査を用いた．

1.2　調査対象者の抽出方法

　調査を実施するにあたり最大の問題となったのは，どのようにして対象者の抽出を行うのかである．2012 年 7 月の住民基本台帳法改正により，住民基本台帳に外国籍者が掲載されるようになったが，その形式は自治体によって異なっている．具体的には，外国籍者を日本国籍者と別の冊子にまとめている自治体（以下，分冊方式），外国籍者と日本国籍者を同じ冊子でまとめているものの，日本国籍／外国籍が区別可能である自治体（以下，混合方式），そして，完全に区別が不可能な自治体（以下，同一方式）の 3 つがある．このうち，同一方式の場合は外国籍者を調査対象として抽出することが不可能であるため，同方式を採用している自治体は調査対象地点から除外せざるをえない．分冊方式であれば外国籍者のみが掲載されているため，通常の社会調査と同様の抽出方法を適用できる．混合方式であれば調査対象者の抽出自体は可能だが，同じ台帳に日本国籍者と外国籍者が混在しているため，抽出方法を工夫する必要がある[3]．

　総人口における外国籍者の割合は 2％程度（2018 年現在）であり，単純に見れば 100 人に 2 人しか外国籍者は存在しない．名簿の 1 ページに 20 人の情報が記載されているとすれば，外国籍者が出てくるのは 2.5 ページに 1 人である．したがって，名簿全体からまんべんなく選ばれる間隔で調査対象者を抽出しようとすると，閲覧するページ数は膨大になり，時間的・経済的コストもそれに比例して増加する．そこで，調査対象者の抽出方法の決定にあたっては，調査の実現可能性（時間的・経済的コストも含む）と無作為抽出の原則の維持の間でバランスをとることが課題となった．

　この課題を前に，いくつかの妥協を行った．第 1 に，外国籍者の少ない自治体を調査対象から外した．これには 2 つの意味がある．1 つはそもそも調査対象となる人口が少ないために，自治体内のほとんどの外国籍者が調査対象者となることを避けるため，もう 1 つは調査対象者抽出のコストがかかりすぎるこ

3　調査票形式の状況については事前に自治体に問い合わせを行った．この結果については永吉（2019）に記載があるため，そちらを参照して頂きたい．

とを抑えるためである．自治体内のほとんどの外国籍者が対象者となった場合，調査への協力意欲が低下する懸念があるのに加え，匿名のデータとなった場合でも個人が特定されてしまうおそれがある．また，混合方式の名簿であった場合，外国籍者の各ページへの出現確率はきわめて低くなり，抽出に多大な時間的・経済的コストがかかると予想される．そこで，本調査では調査母集団を「外国籍人口の90％をカバーする範囲の市区町村に居住する20歳〜69歳の外国籍者」とした．

　これに加えて，自治体の中での調査地点となる町丁目を抽出する際にも，確率比例抽出を行い，外国籍人口の少ない町丁目は選ばれにくくしたほか，あまりにも少ない地点が抽出された際には他の町丁目と入れ替えた．

　第2に，住民基本台帳の形式に合わせ，対象者を抽出する際の抽出間隔を，通常よりも小さくした．具体的には，混合方式の自治体に関しては，ランダムに決めた最初の調査対象者を抽出して以降は，出現する外国籍者3人おきに，調査対象者として抽出した．3人という間隔に根拠があるわけではないが，できるだけ小さな間隔かつ同一世帯から2人以上抽出するということを避けられる人数ということで，抽出を担当する調査会社との相談の上で決めたものである．これによって，経済的・時間的コストを抑えることが可能となったが，回収された調査票を見ると同じ大学の学生寮からと思われるものもあり，似た環境の人が抽出されやすくなったというデメリットもあった．

　上記の検討のもとで，多段抽出により，対象者の抽出を行った．まず，「外国籍人口の90％をカバーする範囲」の市区町村から対象となる市区町村を，外国籍人口に応じた確率比例抽出により抽出した．これに合わせて，各市町村からは次の手続きで同じ人数の外国籍者を抽出している．

　調査対象となる町丁目を各市区町村から抽出する方法は，住民基本台帳の形式によって変更した．分冊形式地点については通常の社会調査の場合と同様に，10の町丁目を無作為に抽出し，10の町丁目から抽出される人数の合計が先に述べた指定人数になるように，等間隔で抽出を行った．一方，混合形式地点については，町丁目別の外国籍者人口に応じて確率比例抽出を行い，合計の外国籍

者数が 300 人になるまで地点を抽出した[4]. その上で, 外国籍者人数がきわめて少ない地点は, 他の地点と入れ替えを行った.

　対象者の抽出についても, 住民基本台帳の形式に合わせ 2 種類の方法を用いた. 分冊形式地点では通常の社会調査の場合と同様の手続きで抽出間隔を算出し, ランダムなスタート番号から先ほど算出した抽出間隔おきに対象者を抽出した.

　混合形式の地点については, 最初の町丁目についてランダムにスタート番号を決定した上で, そのスタート番号以降最初に現れた外国籍者を抽出, その後外国籍者 3 人おきに抽出を実施した. ただし, すでに選ばれた対象者と同一世帯に含まれると考えられる人が抽出対象となった場合は, その次に現れた人を抽出した. これを繰り返し, 各市区町村の抽出人数に達した時点で抽出を終了した.

1.3　使用言語

　本調査は, ふりがなをつけた日本語, 英語, 中国語, ポルトガル語の 4 か国語で作成した. 日本国内に暮らす国籍別外国籍人口（2017 年現在）からいえば, 韓国語, ベトナム語, タガログ語も候補となった. しかし韓国籍者の多くが日本で生まれ育った在日コリアンであるとすると, 日本語の調査票で回答可能と考えられた. また, 外国籍者に対する郵送調査の先行例（白波瀬ほか 2018）において韓国語の調査票への回答割合がごく少数であったことも考慮し, 韓国語の調査票は候補から外した. ベトナム語, タガログ語は調査言語として含めるメリットが大きかったが, 研究会メンバーにこれらの言語に精通した人がおらず, 調査票の質問文の等価性が保たれない可能性への懸念から, 研究会メンバー（と研究領域についての知識があり, 協力を依頼できる人）にその言語を母語とする人がいる言語のみを対象とすることとした. 言語に合わせて数多くの調査票を同封すればそれだけ印刷・郵送にかかる諸費用が増えるとともに, 対象者は大量の調査票の封入された分厚い郵便を受け取ることになり, そのことが協力意欲を低下

4　実際には 300 人では抽出が可能か不安であるとの調査会社からの指摘を受け, 多くの地点で合計の外国籍者数が 400 ～ 700 人程度になるまで町丁目を抽出した.

表補-1　国籍別調査回答言語の分布

	日本語	英語	中国語	ポルトガル語	合計
中国	143	3	237	1	384
韓国・朝鮮	194	6	0	0	200
フィリピン	18	102	0	0	120
ブラジル	16	1	0	109	126
ベトナム	20	12	0	0	32
台湾	18	0	14	0	32
アメリカ	5	26	0	0	31
インド	1	32	0	0	33
タイ	12	3	0	0	15
ペルー	8	1	0	15	24
インドネシア	4	6	0	0	10
オーストラリア	0	7	0	0	7
イギリス	1	7	0	0	8
カナダ	0	8	0	0	8
シンガポール	0	4	0	0	4
スリランカ	2	1	0	0	3
ロシア	2	1	0	1	4
ミャンマー	2	4	0	0	6
ネパール	4	4	0	0	8
バングラディシュ	3	6	0	0	9
フランス	0	8	0	0	8
その他	18	26	0	2	46
無回答	3	0	0	1	4
合計	474	268	251	129	1,122

させないかという懸念もあった.

　調査票は翻訳会社を通じて日本語版からの翻訳を行った後，日本語以外はそれぞれを母語とする大学院生や研究協力者に内容を確認してもらい，修正した. その上で，翻訳者を通じてバックトランスレーションを行い，等価性が保たれているかを確認した.

　回答者がどの言語の調査票で回答したのか，国籍別に見ると，日本語での回答数が最も多く，次いで英語，中国語，ポルトガル語となっている（**表補 -1**）. 国籍国の公用語が調査票言語として用意されていない人の場合，英語での回答が多くなっている. これらの国の人の場合，英語または日本語を話すことができる層の回答率が高くなるという点で，結果にバイアスをもたらしている可能性がある.

　調査実施期間には，英語，日本語，中国語での電話対応が可能な体制を用意

した．ポルトガル語での応対の体制を用意できなかった点は反省点となる．調査票と合わせて，ホームページも4言語で作成し，調査票にアドレスを記載したが，アクセス数は非常に少なかった．

本調査では督促を一度実施したが，この際費用の面と一目で内容が伝わることを重視して督促状をハガキ1枚で作成し，日本語と英語のみの文章を掲載した．当然のことながら対象者の中には日本語や英語を理解しない人もおられる．すでに調査に協力頂いた方の中には謝礼の受け取りについての説明が書いてあると思い，問い合わせて来られた方もいた．何について書いてあるのかわからない手紙が届くことがもたらす不安への配慮を欠いていたと言わざるをえない．これについては，圧着式のハガキを用いることで，開封の手間を減らしつつ，4言語で文面を作成することも可能であったと考えられる．

1.4　階層変数の測定方法

第4の検討課題は，調査票作成時の諸変数の測定である．本プロジェクトの目的の1つは移民の社会経済的統合の規定要因の検証にあるため，階層研究で用いられてきた地位の指標や，それに影響を与えることが指摘されている諸変数を適切に測定することが必要となる．しかし，移民の方々を対象として考えた場合には従来の調査で伝統的に用いられてきた方法では実態をとらえられない可能性がある．以下では階層研究で特に重要とされる，職業移動と学歴についてふれる．

通常，ライフコースにおける職業移動では，最後に離学した後に就いた職と現在の職（これに加えて45歳などのある年齢時点の職）を問題とすることが多い．しかし，移民の教育歴は多様であり，母国で大学を出た後しばらく働き，その後日本で大学院に進学して就職，というように，「離学→就職」という一方向の移動のみがあるわけではない．このような場合，最後に離学した後に最初についた職を尋ねた場合，日本に来る前にしていた仕事を把握できなくなってしまう．

そこで，本調査は階層移動をとらえる際の注目点を，(1) 移民が日本に来て上昇移動を遂げたのか，下降移動を経験したのか，(2) 日本での滞在が長期化するにつれて，職業的地位を上げることができたのか，できなかったのかの2

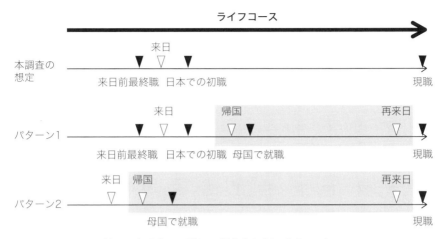

図補-1　本調査での職歴の想定と把握できないパターン

点に定め，これらの把握を目標に，どの時点の職業的地位を尋ねる必要がある
か検討した.

　ただし，移動は必ずしも一方向，一度きりのものではない. 母国と日本の間
を何度も行き来しているような場合や，最初は親に帯同して子どものうちに来
日したが，その後母国に戻り学校を卒業してから再び来日したような場合もあ
るだろう. また，母国と日本の間の移動だけでなく，第三国で働いたのちに日
本に来るようなパターンもありえる. こうした検討をふまえ，来日前の最後の
職業，来日当初の職業，現在の職業の3つを尋ねた. この結果，たとえば，**図
補-1** で示したパターン1, パターン2の網掛け部分で示したような職業経歴は，
本調査では把握できていない.[5]

　学歴についても，同様の問題に直面した. 最終学歴が何であるのかは，階層
的地位達成に大きな影響を与えるとともに，それ自体が1つの地位達成の指標
となる. しかし，移民の場合には「学校→就労」という単線的な移行のみがあ

5　来日前の最終職は「日本に来る前，最後に働いていた仕事」というワーディングで尋ねた
　が（**図補 -3** 参照），この「日本に来る前」を「初来日」の時のことととらえるか，現在の
　滞在につながる最後の「来日」の時のこととととらえるかは調査対象者に任されているため，
　場合によっては網掛け部分の回答は得られている一方，その前の部分については情報が得
　られていない可能性もある.

るわけではない．また，母国で大学を卒業後，日本で日本語学校に進学という場合，最終学歴は日本語学校になるが，階層的地位を考える上では大学を卒業したという事実の方が重要になる可能性もある．この場合，「最後に卒業した学校」を尋ねることが，階層的地位の規定構造の把握に有効であるとはいえない．「最も高い学歴」を尋ねる方法もあるが，「最も高い」を対象者がどのように評価するかはわからない．さらに，国によって学校制度が異なるという問題もある．

　最終的に，本調査では「学校に通った年数」（教育年数）を尋ねるとともに，日本で通った学校，日本以外の国で通った学校のそれぞれについて，あらかじめ選択肢を用意し，最後に通った学校に○をつけてもらう形式で尋ねた．これによって少なくとも，母国で大学を出て，日本で日本語学校に通った，などの場合に両方の学歴を把握することができる．

　学校のカテゴリについては，日本の学校教育制度にもとづく区分を基本として選択肢を作成した．日本以外の国に日本の制度に沿った区分をあてはめることは，学校段階に関する誤解にもとづく測定誤差を生み出す原因となりかねない．一方，異なる制度状況を考慮しようとする場合，結局のところ何らかの基準が必要となる．国際標準教育分類（ISCED）の区分名を用いることも一案かもしれないが，実際の選択肢のワーディングとしてはやや抽象的である．その結果，選択肢の内容理解のあいまいさによる測定誤差が生じる可能性も考えられる．より正確な選択肢の設計の方策は今後の課題となるが，今回は調査主体の側で各区分についてある程度十分な理解があり，ISCED にもある程度は対応しているということで，日本の学校教育制度にもとづく名称の枠組みを用いることとした．また，先述のとおり本調査では教育年数を尋ねている．教育年数と最後に通った学校の両方を聞くことで，その人の経てきた教育歴を大まかでも把握でき，のちのデータクリーニングにも有効だった．すなわち，教育年数と学校段階の回答のあいだに大きな乖離が見られる場合，他の調査事項（職業，在留資格，親の学歴など）の回答状況から総合的に判断し，教育年数あるいは学校段階を修正することができた．

2　実　査

2.1　調査経過

　本調査の回収率はすでに**序章**で示したが，調査会社から提供された情報をもとに，年齢×性別別の回収率を**図補 -2** に示した．これを見ると，全般的に女性の回収率が男性を上回り，60 歳以上の層では男女が同程度の回収率となっている．女性ほど，高齢層ほど回収率が高いのは郵送調査に一般的に見られる傾向であり（前田 2005），今回の調査に特徴的なものではないが，年齢による回収率の差が小さいのは特徴といえよう．

　ただし，母集団の年齢構成が若い層に偏っているため，有効回答のあった対象者の分布も相対的に若い層の割合が高くなっている（**表補 -2**）.

　調査の過程で，問い合わせ窓口に 30 件の問い合わせがあった．その内容を**表補 -3** にまとめた．30 件のうち 7 件が調査票や督促が読めないとの問い合わせであり，調査票や督促状の言語を限定したことによる問題が明らかになった．また，調査対象者の家主や次の居住者からの転居の連絡や，家族から対象者が調査不能である旨を伝える連絡が 8 件あった．また，調査の目的・意義についての問い合わせが 5 件，個人情報の入手方法についての質問が 5 件あった．こうした情報は依頼状に記載したものの，十分に疑問や不安をぬぐえない結果となった．

　調査対象者からの問い合わせは，こちらが見落としていた様々な問題に気づかせてくれた．この点については本章の最後にふれる．

2.2　回答の齟齬，無回答

　本調査は母語でない言語で回答した対象者が多かったと考えられるが，得られた回答でクリーニングが必要となった回答の齟齬のほとんどは，日本国籍者を対象とした調査でも見られるものであり，修正が必要なケースに調査票の言語での目立った偏りはなかった．

259

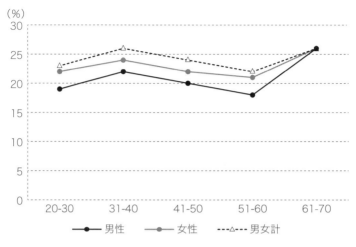

図補-2　年齢×性別ごとの回収率の比較

表補-2　調査対象者全体および有効回答のあった対象者の年齢，性別分布（全体%）

	全体			回収あり		
	男性	女性	n	男性	女性	n
20-30	13.8	13.2	1,348	11.8	13.6	284
31-40	13.9	14.0	1,393	13.9	16.0	335
41-50	9.8	11.5	1,064	8.8	12.2	236
51-60	7.0	8.0	753	5.3	8.0	152
61-70	4.1	4.7	442	4.8	5.4	115
全体	48.6	51.4	5,000	44.8	55.2	1,122

表補-3　問い合わせの内容と件数（複数回答）

内容	件数
個人情報について	5
調査の意義・目的について	5
転居・調査不能の連絡	8
調査票・督促ハガキが読めない	7
調査協力期間を過ぎた回答の可否について	3
その他	4

図補-3　本調査における来日前最終職の聞き方

　いくつかの質問では無回答率が高くなっていた[6]．これは（1）プライバシーに抵触すると認識された[7]，（2）質問がわかりにくかった，という2つの理由から発生していると考えられる．ただし，前者に該当するケースは多くない．例外として，資産関連項目で11％程度が無回答となっている．後者の代表的なものとしては，「日本以外での最終学歴」およびその卒業の有無（15％程度）や「日本に来る前の最後の仕事」に関する項目（10％程度）である．日本と母国以外で学歴や職歴を持っている人もいると考え，「他の国で」という表現を用いたが（**図補-3**参照），これが日本と出身国以外の第三国と解釈された可能性がある．

3　調査の反省点と今後の課題

　本調査を行う過程では，従来の社会調査が日本で生まれ育った，日本語を母語とする人を前提として設計されてきたことを改めて認識させられた．検討の過程で解決できたこともあれば，できなかったこともある．解決できなかった反省点として，以下のことが挙げられる．
　第1に，調査言語の問題がある．前述したように，あらゆる言語を準備することはコストの面から難しい．しかし，答えられる言語がないことが回収率を下げた可能性があるのに加え，読めない郵便物が届くことが対象者の方に不安

6　ここでは選択肢として用意された「わからない」を選んだ場合は除き，質問に回答がなかった場合を「無回答」としている．
7　調査の依頼の際に，答えたくない質問には答えなくてよいことを伝えているため，こうした形で無回答が生じること自体は不思議ではない．

感を与えたことは，問い合わせ件数の多さからわかる．特に督促状の言語を調査票と同じだけ準備する必要がある．また，さらなる調査票の多言語化に向けては，ウェブによる調査実施の可能性と合わせて検討すべきだろう．

　第2に，職歴の尋ね方にはさらなる工夫が可能であろう．しかし自記式調査では整合性のある回答を得るのは限界がある．一部の対象者に対しては，質的調査と組み合わせ，より詳しい職歴を聞くなど，異なるタイプの調査を組み合わせたミックスドメソッドによる調査が求められる．

　第3に，調査対象となった1つの自治体は，住民基本台帳が同一方式であった．この自治体は問い合わせ時点では外国籍者のみからの抽出が可能とのことだったが，調査の申請をした後で同一方式であるとの回答になった．すでに調査地点の変更が難しい時期だったため，この地点も含めて調査を実施した．抽出方法は混合形式と同様の方法を採用し，外国籍かどうかの判断は名前をもとに行った．これは適切な方法とはいえず，事前の自治体との意思疎通が十分でなかったため，このような事態が生じたことは反省点となる．

　最後に，最大の反省点は調査票を送る封筒に「くらしと仕事に関する外国籍市民調査」という調査名を記載したことである．外国籍の方の中には，自分が外国籍であることを周囲に告げていない方もおられる．それがこの調査によって望まない形で外国籍者であることが露見する可能性が生じた．外国籍者の方が置かれている状況への十分な配慮がなかったことに，調査対象者および居住自治体からの問い合わせの電話を受けて初めて気づくこととなった．その後，督促状では調査名から「外国籍」の言葉を外したほか，調査のウェブサイトで「日本国籍の方にも届く可能性がある」旨を記載した（3点目に挙げたように，実際に日本国籍の方に届く可能性もあった）．問い合わせの電話をくださった方の，「電話をかけないだけで，この調査で傷ついている人はたくさんいる」という言葉を重く受け止めなければならない．

　第1点目，第2点目については外国籍者の方を対象とした調査のみならず，今後移民の受け入れが進み，多様なバックグラウンドを持つ人が増えていく中で，社会調査を行う際にも直面する課題であろう．本調査の記録が今後調査を行う人にとって何らかの役に立てば幸いである．

［文献］

白波瀬佐和子・竹ノ下弘久・田辺俊介・永吉希久子・石田賢示・大槻茂実・安井大輔，2018，「『日本のくらしと仕事に関する全国調査』の概要と調査設計」保田時男編『2015 年 SSM 調査報告書 1 調査方法・概要』2015 年 SSM 調査研究会，（2020 年 2 月 18 日取得，http://www.l.u-tokyo.ac.jp/2015SSM-PJ/report1.html）．

多文化社会における社会階層研究会，2020，「『くらしと仕事に関する外国籍市民調査』報告書 科学研究費補助研究（若手研究 A「外国籍者の階層的地位に関する実証的研究」16H05954）成果報告書」多文化社会における社会階層研究会．

前田忠彦，2005，「郵送調査法の特徴に関する一研究——面接調査法との比較を中心として」『統計数理』53（1）: 57-81.

永吉希久子，2019，「日本における外国籍者の階層的地位——外国籍者を対象とした全国調査をもとにして」是川夕編『移民・ディアスポラ研究 8 人口問題と移民——日本の人口・階層構造はどう変わるのか』明石書店，114-133.

執筆者紹介

（執筆順，＊は編者）

＊永吉 希久子（ながよし きくこ）　▶序章，第2章，第3章 ［共著］，第4章 ［共著］，
　　　　　　　　　　　　　　　　　　　終章，補論 ［共著］

東京大学社会科学研究所准教授

大阪大学大学院人間科学研究科博士後期課程修了　博士（人間科学）

〔主要業績〕

『移民と日本社会』（中央公論新社，2020年，第37回大平正芳記念賞（特別賞）受賞）

「日本における外国籍者の階層的地位 —— 外国籍者を対象とした全国調査をもと
　にして」（是川夕編『移民・ディアスポラ研究8 人口問題と移民 —— 日本の人
　口・階層構造はどう変わるのか』明石書店，2019年）

石田 賢示（いしだ けんじ）　▶第1章，第5章 ［共著］，補論 ［共著］

東京大学社会科学研究所准教授

東北大学大学院教育学研究科博士課程後期修了　博士（教育学）

〔主要業績〕

「社会的孤立を生み出す2段階の格差 —— 友人関係の獲得と喪失の過程に着目し
　て」（石田浩・有田伸・藤原翔編『人生の歩みを追跡する —— 東大社研パネル調
　査でみる現代日本社会』勁草書房，2020年）

「移民受け入れへの態度をめぐるジレンマ —— 個人のライフコースに着目して」
　（東大社研・玄田有史・飯田高編『危機対応の社会科学 —— 想定外を超えて 上』
　東京大学出版会，2019年）

竹ノ下 弘久（たけのした ひろひさ）　▶第3章 ［共著］，第4章 ［共著］

慶應義塾大学法学部教授

慶應義塾大学大学院社会学研究科博士課程単位取得退学　社会学修士

〔主要業績〕

『仕事と不平等の社会学』（弘文堂，2013 年）

「管理職への到達をめぐる不平等 —— 世代間移動と職業キャリアの視点から」（『日本労働研究雑誌』690: 18-30，2018 年）

"Immigration Challenges in Japan"（Healy Ernest et al. eds., *Creating Social Cohesion in an Interdependent World: Experiences of Australia and Japan*, Palgrave Macmillan, 2016）

長南 トルングレン さや佳（おさなみ Törgren さやか）　▶第 4 章［共著］

Malmö Institute for Studies of Migration, Diversity and Welfare, Malmö University 准教授

Linköping University, Department of Social and Welfare Studies 博士後期課程修了　博士（Migration and Ethnic Studies）

〔主要業績〕

"Challenging the 'Swedish' and 'immigrant' dichotomy: How do multiracial and multiethnic Swedes identify themselves?"（*Journal of Intercultural Studies*, 41（4）: 457-473, 2020）

"Understanding Mixed Experiences: Towards a Conceptual Framework of Mixedness"（Co-authored, *Journal of Ethnic and Migration Studies*, 2019）

"Toward building a conceptual framework on intermarriage"（Co-authored, *Ethnicities*, 16（4）: 497-520, 2016）

龔　　順（Gong, Shun）　▶第 5 章［共著］

中国社会科学院社会学研究所助教

東北大学大学院人間科学研究科博士後期課程修了　博士（人間科学）

〔主要業績〕

"Are the Consequences of Experiencing Discrimination the Same for Immigrants of Differing Socio-Economic Status in Japan?"（*International Migration*, 56（2）, 2018）

"Japanese Attitudes Toward China and the United States: A Sociological Analysis"（Co-authored, *Chinese Sociological Review*, 51（3）, 2019）

"Chinese College Students' Attitudes towards the United States, Japan, and Russia"（『青年研究（中国語）』2020（01）, 2020）

長松 奈美江（ながまつ　なみえ）　▶第 6 章

関西学院大学社会学部教授

大阪大学大学院人間科学研究科博士後期課程修了　博士（人間科学）

〔主要業績〕

「労働組合と賃金格差拡大 —— RIF 回帰分析および要因分解法による検討」（『社会学評論』71（3）: 394-410，2020 年）

「階級・階層研究における多様な職業的地位尺度の比較分析」（『日本労働研究雑誌』697: 18-28, 2018 年）

「サービス産業化がもたらす働き方の変化 ——『仕事の質』に注目して」（『日本労働研究雑誌』666: 27-39, 2016 年）

五十嵐　彰（いがらし　あきら）　▶第 7 章

大阪大学人間科学研究科講師

東北大学大学院文学研究科博士後期課程修了　博士（文学）

〔主要業績〕

"Till multiculturalism do us part: Multicultural policies and the national identification of immigrants in European countries"（*Social Science Research*, 2019）

「排外主義 —— 移民増加はその源泉となるか」（田辺俊介編『日本人は右傾化したのか —— データ分析で実像を読み解く』勁草書房，2019 年）

"Territorial conflicts and Japanese attitudes towards East Asian countries: Natural experiments with foreigners' landings on disputed islands"（*Political Psychology*, 2018）

木原　盾（きはら　たて）　▶第 8 章

ブラウン大学大学院社会学研究科博士課程在籍中

東京大学大学院教育学研究科修士課程修了　修士（教育学）

〔主要業績〕

"Socioeconomic Selectivity of Japanese Migration to the Continental United States During the Age of Mass Migration"（*Journal of Ethnic and Migration Studies*, 48（11）: 2577-2600, 2022）

"The Life Course Origins of the Immigrant Advantage? Parental Nativity, Parental Education, and Academic Achievement Gaps From Kindergarten to High School in the United States" (*International Migration Review*, 56（2）: 463-498, 2022)

"The Educational Gradient in Health Among Children in Immigrant Families" (Co-authored, *Population Research and Policy Review*, 38（6）: 869-897, 2019)

前田 忠彦（まえだ　ただひこ）　▶補論［共著］
情報・システム研究機構データサイエンス共同利用基盤施設准教授
早稲田大学大学院文学研究科博士後期課程単位取得退学　文学修士
〔主要業績〕
『言語研究のための統計入門』（共編著，くろしお出版，2010 年）
『心理統計法への招待──統計をやさしく学び身近にするために』（共著，サイエンス社，2006 年）

日本の移民統合
—— 全国調査から見る現況と障壁

2021 年 6 月 10 日　初版第 1 刷発行
2022 年 8 月 10 日　初版第 2 刷発行

編　者───永 吉 希 久 子
発行者───大 江 道 雅
発行所───株式会社 明石書店

　　　　　〒 101-0021　東京都千代田区外神田 6-9-5
　　　　　電話 03（5818）1171　FAX 03（5818）1174
　　　　　https://www.akashi.co.jp/

装　幀　　明石書店デザイン室
印刷・製本　モリモト印刷 株式会社
ISBN 978-4-7503-5202-2　© Kikuko Nagayoshi 2021, Printed in Japan
（定価はカバーに表示してあります）

にほんで、いきる

外国からきた子どもたち

毎日新聞取材班 編

■四六判／並製／272頁 ◎1600円

外国人労働者の受け入れ拡大のなか、就学状況が不明な子どもが少なくとも1万6000人いることが判明した。文部科学省による全国調査の実施など、行政を動かす原動力にもなった連載の待望の書籍化。新聞労連ジャーナリズム大賞優秀賞、新聞協会賞受賞。

アンダーコロナの移民たち

日本社会の脆弱性があらわれた場所

鈴木江理子編著

◎2500円

「発達障害」とされる外国人の子どもたち

フィリピンから来日したきょうだいをめぐる、10人の大人たちの語り

金春喜著

◎2200円

芝園団地に住んでいます

住民の半分が外国人になったとき何が起きるか

大島隆著

◎1600円

人口問題と移民

日本の人口階層構造はどう変わるのか

移民・ディアスポラ研究8

駒井洋監修 是川夕編著

◎2800円

図表でみる移民統合

OECD／EU インディケータ（2018年版）

経済協力開発機構（OECD）・欧州連合（EU）編著

斎藤里美・三浦綾希子・藤浪海監訳

◎6800円

日本社会の移民第二世代

エスニシティ間比較でとらえる「ニューカマー」の子どもたちの今

世界人権問題叢書103

清水睦美・児島明・角替弘規・額賀美紗子・三浦綾希子・坪田光平著

◎5900円

ルポ コロナ禍の移民たち

室橋裕和著

◎1600円

五色のメビウス

「外国人」とともにはたらき ともにいきる

信濃毎日新聞社編

◎1800円

〈価格は本体価格です〉